U0659610

全国基层
文化队伍培训用书

公共文化政策法规解读 [修订版]

金武刚　李国新　著

Training Books for
National Grassroots Cultural Teams

“全国基层文化队伍培训用书”编委会

总　序

公共文化服务体系建设是满足公民基本文化需求、维护公民基本文化权益的保障，是解决好文化发展不平衡不充分问题的重要方式。近年来，中共中央、国务院高度重视公共文化服务体系建设，随着《中华人民共和国公共文化服务保障法》和《中华人民共和国公共图书馆法》等一系列政策法规的出台、实施，我国公共文化服务体系布局日趋合理，资源建设日渐丰富，服务能力不断提高，人民群众的幸福感日益提升。

加快构建现代公共文化服务体系，队伍是基础，人才是关键。为提高基层文化队伍理论素养和业务能力，文化和旅游部自2010年启动全国基层文化队伍培训，并组织编写“全国基层文化队伍培训用书”。首批18种图书出版后，受到全国文化系统学员的普遍欢迎。为适应新时代公共文化服务发展的新要求，第二批“全国基层文化队伍培训用书”选取当前实践中的热点问题，重点涵盖公共文化服务理论政策、实践案例及工作实务三方面内容，突出科学性和实用性，为相关从业人员提供规范、有用的指导参考。

“全国基层文化队伍培训用书”由文化和旅游部公共服务司指导，中央文化和旅游管理干部学院组织编写，来自国家公共文化服务体系建设专家委员会和全国文化馆、图书馆的优秀专家担任主编。在编写过程中，编者查阅了大量资料，付出了宝贵的心血，在此一并致谢。从书交付出版正值国务院机构改革之际，原文化部与原国家旅游局合并组建为文化和旅游部，因时间仓促，书中所涉部分仍以文化部为称，特此说明。受编者水平所限，书中内容难免有所疏漏，恳请各位读者批评指正。

前　言

加快构建现代公共文化服务体系，是全面建成小康社会的一项重要任务，是丰富人民群众精神文化生活、传承中华优秀传统文化、弘扬社会主义核心价值观、增强文化自信、促进中国特色社会主义文化繁荣发展、提高全民族文明素质的基础工程，也是深化文化改革发展、更好地发挥文化适应和引领经济发展新常态突出作用、实现“五位一体”协调发展的重要战略举措。

政策法规是满足公民基本文化需求、维护公民基本文化权益的重要手段和根本保障。改革开放以来，特别是党的十八大以来，在习近平新时代中国特色社会主义思想指引下，我国公共文化投入稳步增加，公共文化设施条件明显改善，服务体系布局日趋合理，资源建设丰富多样，服务能力不断提高，人民群众获得感、幸福感、安全感日益提升。从公共文化服务体系创新实践中探索提炼出来的、行之有效的运行模式、管理体制、保障机制等，不断以政策法规形式加以固化推广，从而推动了公共文化服务走上现代化、规范化的发展之路。

目前，我国已经基本建立较为完备的公共文化政策法规体系，为加快推进现代公共文化服务体系建设起到了保驾护航的作用。但是，由于现有公共文化政策法规类型多样、分布广泛、数量繁多，特别是党的十八届三中全会召开以来，又是现代公共文化服务理念在我国落地生根、逐步形成的重要时期，因此，广大基层公共文化服务从业人员迫切需要权威性的政策法规普及读本，以便全面贯彻习近平新时代中国特色社会主义思想，正确解读现代公共文化服务理念、科学指导现代公共文化服务体系的创新实践。

《公共文化政策法规解读》一书作为全国基层文化队伍培训通用书，以当前我国公共文化建设与发展为主线，全面汇集与公共文化建设密切相关的政策法规，并作出适当解读，旨在帮助公共文化从业人员通过本书，快速、全面系统地了解相应的政策法规，并在实践中加以正确、合理地应用。2014 年，《公共文化政策法规解读》初次出版，主要针对 2013 年年底之前的有关公共文化政策法规作出解读。

2014 年以来，中央又陆续推出一系列重磅的公共文化政策法规，特别是全面贯彻习近平新时代中国特色社会主义思想的《关于加快构建现代公共文化服务体系的意见》《中华人民共和国公共文化服务保障法》，为我国现代公共文化服务体系建设创新实践勾勒了蓝图，确立了方向，统一了认识，指明了路径。因此，此次《公共文化政策法规解读》修订版，紧密结合中央最新精神，调整了解读框架结构，增加了公共文化服务标准化、均等化、体制机制展示等重要内容，强化了当前公共文化服务体系建设中的重大改革任务，并对原有各章内容作了调整和更新。

希望本次修订版内容能够更好地满足读者需求，进一步增强我国基层文化队伍的依法治国意识，在习近平新时代中国特色社会主义思想指引下，全面完成党和国家交办的各项公共文化建设和改革任务。

目 录

第五章　公共文化体制机制改革/89

第六章　公共文化设施免费开放/112

第七章　公共文化设施建设规范/133

第八章　公共文化机构运营管理/180

第一章　公共文化政策法规体系构成

【目标与任务】

掌握我国公共文化政策法规体系的基本要点、构成层级；了解宪法、法律、行政法规、地方性法规、行政规章、政府规范性指导性文件、标准规范的各自性质与相互关系；了解我国公共文化政策法规体系的主要特点、发展方向；熟悉获取、利用现行各类公共文化政策法规信息的主要来源、重要途径等。

一、我国公共文化政策法规体系的构成层级

政策法规是对法律法规、标准规范，以及党政机关制定的规定、办法、准则、指导意见等规范性文件的统称。

公共文化是社会主义文化建设的基本任务，满足人民群众基本文化需求，维护人民群众基本文化权益。我国现行的公共文化政策法规的基本要点是：以政府为主导，以公共财政为支撑，以公益性文化机构为骨干，以全体人民为服务对象，以城市社区、农村基层为重点，以保障人民群众看电视、听广播、读书看报、进行公共文化鉴赏、参与公共文化活动等基本文化权益为主要内容，鼓励全社会参与；建设覆盖城乡、结构合理、功能健全、实用高效的公共文化服务体系。

党的十七届六中全会通过的《中共中央关于深化文化体制改革推动社会主义文化大发展大繁荣若干重大问题的决定》提出了加快文化立法，提高文化建设法制化水平的战略任务，其中首先提出需要制定和完善的就是公共文化服务保障方面的法律法规。这是因为相对于文化建设的其他方面来说，公共文化的持续稳定发展依靠市场驱动、产业驱动、利益驱动的特点不明显，加强法制建设，形成强有力的法律政策保障，显得尤为重要。对于公共文化行业的从业人员来说，熟悉现行有效的法律法规和政策规章，提高公共文化建设、管理和运行的法制化水平，是提升自身素质的重要方面。

目前，我国公共文化政策法规体系主要由以下层级构成。

(一)法律渊源

法律渊源，又称法源或法的渊源，一般是指不同国家机关制定或认可的，因而具有不同法律效力和地位的法的外部表现形式。我国社会主义法律渊源主要由宪法、法律、行政法规、地方性法规、行政规章等规范性法律文件构成。

1. 宪法

宪法是一国的根本大法，是国家的总章程，它规定国家的根本制度和根本任务，具有最高的法律地位和法律效力，是制定一切法律法规的依据，任何法律法规都不得与宪法抵触。

我国现行宪法是1982年通过颁行的宪法和四个修正案，宪法的第二十二条，明确写入“国家发展为人民服务、为社会主义服务的文学艺术事业、新闻广播电视事业、出版发行事业、图书馆博物馆文化馆和其他文化事业，开展群众性的文化活动”。

公共文化与文化事业，在内涵上非常接近，几近同义。在宪法条款中写明国家发展文化事业，表明从中央到地方各级人民政府，有责任、有义务建设文化事业，提供公共文化服务。

2. 法律

法律有广义和狭义两种含义。广义的法律是指所有具备法律效力的规范性文件的总和，即一国的全部法律法规。狭义上的法律是指由最高国家立法机关，即全国人大及其常委会制定并颁布的规范性法律文件，其法律效力仅次于宪法。这里使用的是狭义上的法律。

在十八届三中全会之前，我国公共文化领域的法律只有《中华人民共和国文物保护法》《中华人民共和国非物质文化遗产法》，以及与公共文化关系密切的《中华人民共和国著作权法》，俗称“二部半”法。2014年年初，全国人大启动了《中华人民共和国公共文化服务保障法》立法工作。2016年12月25日，《中华人民共和国公共文化服务保障法》经全国人大常委会第25次会议表决通过，于2017年3月1日起施行。《中华人民共和国公共文化服务保障法》的出台是文化立法的重大突破，其着眼点在于保障人民群众基本的文化权益，重视推进促进公共文化服务均等化，规范公益性和普惠性的文化建设和文化服务，鼓励提高公共文化设施的使用效能，明确各级政府的职责，引导社会力量参与。

3. 行政法规

行政法规是指最高国家行政机关，即国务院依据宪法和法律而制定和颁布的关于国家行政管理活动方面的规范性法律文件。行政法规的效力等级在宪法、法律之下，不能与宪法及法律相抵触。行政法规是国家通过行政机关行使行政权管理国家的一种重要形式，它调整的社会关系和规定的事项非常广泛、具体，通常采用“条例”“规定”和“办法”等名称。

当前，我国与公共文化有关的行政法规，可以分为两类：一类是直接规范公共文化的行政法规，如《公共文化体育设施条例》等；一类是与公共文化相关的行政法规，如《中华人民共和国政府信息公开条例》《信息网络传播权保护条例》《公共场所卫生管理条例》等。

4. 地方性法规

地方性法规，是指省、自治区、直辖市以及省政府所在地的市和经国务院批准的较大的市以及经济特区市的人大及其常委会，为执行和实施宪法、法律、行政法规，根据本行政区域的具体情况和实际需要，在法定权限内制定和发布的规范性法律文件。地方性法规的法律效力低于宪法、法律和行政法规。一般情况下，地方立法应当抓住本地区经济发展中迫切需要解决而国家立法尚未涉及的问题进行规范。在国家立法已有规定而需要制定实施性的地方性法规时，要针对本地区的情况或存在的问题制定实施办法或实施细则。地方性法规通常采用“条例”“办法”“规则”“规定”“实施细则”等名称。

地方性法规在我国的法律体系中占有重要地位，不仅数量多，而且对国家法律法规原则与精神在不同地区因地制宜贯彻落实，对制定全国统一法律法规的先行先试，都发挥了重要作用。例如，广东省于 2011 年 9 月出台了《广东省公共文化服务促进条例》，上海市于 2012 年 11 月出台了《上海市社区公共文化服务规定》，江苏省于 2015 年 12 月出台了《江苏省公共文化服务促进条例》。再如，国家层面的公共图书馆立法目前尚在进行过程中，地方性法规早在 1997 年就已经出现，截至 2016 年 12 月共有 6 件图书馆地方性法规出台，如《深圳经济特区公共图书馆条例(试行)》(1997 年 7 月)、《内蒙古自治区公共图书馆管理条例》(2000 年 8 月)、《湖北省公共图书馆条例》(2001 年 7 月)、《北京市图书馆条例》(2002 年 7 月)、《四川省公共图书馆条例》(2013 年 7 月)和《广州市公共图书馆条例》(2015 年 1 月)，从而为公共图书馆的国家立法奠定了坚实的基础。

5. 行政规章

行政规章，是指有关行政机关依法制定的关于行政管理的规范性法律文件的总称，它包括部门规章和政府规章两种。

部门规章是国务院各部委根据法律和国务院的行政法规、决定、命令，在本部门的权限范围内，制定的各种规范性法律文件。它规定的事项应当属于执行法律或国务院的行政法规、决定、命令的事项。部门规章的地位低于宪法、法律、行政法规。

与公共文化相关的部门规章，主要由文化部制定、发布，如《博物馆管理办法》《乡镇综合文化站管理办法》《世界文化遗产保护管理办法》等。在部门规章中，近年来公共文化领域一个重要的进展，是文化部会同国家发展和改革委员会、住房和城乡建设部、国土资源部等部门颁布的公共文化设施建设用地指标和公共文化设施建设标准，前者如《文化馆建设用地指标》《公共图书馆建设用地指标》等，后者如《文化馆建设标准》《公共图书馆建设标准》《乡镇综合文化站建设标准》等。

政府规章是省、自治区、直辖市和较大的市的人民政府，根据法律、行政法规和本省、自治区、直辖市的地方性法规，制定的规范性法律文件。政府规章除不得与宪法、法律、行政法规相抵触外，还不得与上级和同级地方性法规相抵触。

有关公共图书馆的省级地方政府规章目前已发布多件，如《上海市公共图书馆管理办法》(1996 年 11 月发布，2015 年 5 月第四次修订)、《河南省公共图书馆管理办法》(2002 年 7 月)、《浙江省公共图书馆管理办法》(2003 年 8 月)、《山东省公共图书馆管理办法》(2009 年 4 月)。此外还有一些省以下地方政府发布的政府规章，如《乌鲁木齐市公共图书馆管理办法》(2008 年 3 月)等。

6. 国际条约

国际条约，是指我国同外国缔结或我国加入并生效的国际法规范性文件。国际条约是国际法的主要表现形式，不属于我国国内法的范畴；但是，我国签订的国际条约生效后，对于国内的国家机关、单位和公民，都具有法律上的约束力。

目前，与我国公共文化关系密切的国际条约主要有《经济、社会及文化权利国际公约》《保护非物质文化遗产公约》《保护和促进文化表现形式多样性公约》等。

(二)政府规范性、指导性文件

各级政府制定、颁发的非立法性文件，是各级政府部署、指导工作的常规手段。内容具有约束力，要求严格遵照执行的，一般称为规范性文件；内容为方向性、引导性的，约束力不强，要求结合当地实际因地制宜加以贯彻落实的，一般称为指导性文件。

在公共文化领域，政府规范性、指导性文件在整个政策法规体系中占据重要地位。目前阶段，公共文化建设和发展更多地需要以政府规范性、指导性文件为依据。

近年来，公共文化建设中许多重要事项是通过政府规范性文件部署和实施的。如中共中央办公厅、国务院办公厅发布的《关于进一步加强农村文化建设的意见》(2005 年 11 月)、《关于加强公共文化服务体系建设的若干意见》(2007 年 8 月)、《关于加快构建现代公共文化服务体系的意见》(2015 年 1 月)，文化部和财政部发布的《关于推进全国美术馆公共图书馆文化馆(站)免费开放工作的意见》(2011 年 1 月)等。

对于公共文化建设中出现的一些新情况、新问题，往往以政府指导性文件的形式对其发展方向、基本路径、主要措施作出引导，以利于各地因地制宜加以贯彻落实。如为了引导各地重视解决公共文化服务“最后一公里”瓶颈问题，文化部发布了《关于加强村级文化建设的指导意见》(2011 年 3 月)；为了全面保障“农民工”权益，从根本上解决农民工的城市融入问题，文化部、人力资源和社会保障部、中华全国总工会联合发布了《关于进一步加强农民工文化工作的意见》(2012 年 5 月)；为了推动志愿者活动的深入开展，文化部、中央文明办发布了《关于广泛开展基层文化志愿服务活动的意见》(2012 年 9 月)等。

(三)标准规范

标准规范，是指纳入国家或地方标准体系的规范。名称中有无“标准”二字，并不是判断是否为国家或行业标准的依据。如《公共图书馆建设标准》《江西省公共图书馆服务标准》，名称中虽有“标准”，但实际上是行政规章。相反，《公共图书馆服务规范》(2011 年 12 月 30 日发布)，名称中虽无“标准”，但却是纳入国标系列的国家标准。

我国现行的标准体系分为 4 个层级：国家标准、行业标准、地方标准和企业标准。国家标准是指由国家标准化主管机构批准发布，在全国范围内统一技术要素的标准。行业标准是对没有国家标准而又需要在全国某个行业范围内统一技术要求所制定的标准。地方标准是对没有国家标准和行业标准而又需要在省、自治区、直辖市范围内统一技术要素或要求的标准。按性质区分，标准分为强制性标准和推荐性标准两类。按标准化对象区分，标准分为技术标准、管理标准和工作标准三类。

在我国现行的标准体系中，国家标准、行业标准和地方标准中都有与公共文化相关的部分。从内容上看，相关部分主要涉及三个方面。一是公共文化设施建设、运营管理中事关公众人身和财产安全、重大社会公共利益的强制性标准。如《建筑设计防火规范》《建筑工程抗震设防分类标准》《公共建筑节能设计标准》等。二是规范公共文化服务质量的推荐性标准。其中有国家标准，如《公共图书馆服务规范》；也有地方标准，如《山东省图书借阅服务规范》《嘉兴市文化馆总分馆服务体系管理规范》。三是文化行业标准。这类标准数量最多，集中在业务规范、技术支撑的行业标准上，如《古籍定级标准》《舞台灯光图符代号及制图规则》等。文化行业标准的制定、修订、发布、实施由文化部归口管理。文化部所属专业标准化技术委员会是文化行业标准体系框架的编制者、标准立项和制订计划建议的提出者、标准内容的审查和鉴定者。目前，经国家标准化管理委员会批准的文化部所属专业标准化技术委员会共有 8 个，分别是：全国剧场标准化技术委员会、全国剧场标准化委员会舞台机械分技术委员会、全国图书馆标准化技术委员会、全国文化馆标准化技术委员会、全国网络文化标准化技术委员会、全国文化娱乐场所标准化技术委员会、全国社会艺术水平考级服务标准化技术委员会、全国文化艺术资源标准化技术委员会。

二、我国公共文化政策法规体系的主要特点

(一)与中国特色社会主义法律体系已经形成的总体格局相比，文化法制建设相对滞后，公共文化法制建设相对薄弱

1997年，党的十五大提出了到2010年形成中国特色社会主义法律体系的目标。在2011年3月召开的十一届全国人大第四次会议上，吴邦国委员长宣布，我国以宪法为统帅，以宪法相关法、民法、商法等多个法律部门的法律为主干，由法律、行政法规、地方性法规等多个层次的法律规范构成的中国特色社会主义法律体系已经形成。但是，我国文化法制建设仍然明显滞后。即便在广义的文化范畴内，效力级别属于法律的也只有《中华人民共和国文物保护法》《中华人民共和国非物质文化遗产法》等寥寥几种。国务院颁布的行政法规在大文化的范畴内有30多件，除《公共文化体育设施条例》外，大多是有关出版、演出、广播、电视、互联网、著作权等方面的，与公共文化相关度不高。至于专门规范公共图书馆、文化馆(站)、美术馆等公共文化机构运行和服务的法律法规，目前尚存诸多空白；地方性法规虽有，但为数不多。总体上看，我国的公共文化建设还处于主要依靠部门规章、“红头文件”层次，还没有完全走上法制化轨道。好在2016年12月《中华人民共和国公共文化服务保障法》出台，打开了公共文化立法的突破口，扭转了长期以来的颓势，成为公共文化领域的“基本法”，是公共文化建设的重要规范。

(二)公共文化涉及的各领域的政策法规建设发展不平衡

总体而言，公共图书馆领域相对完善，博物馆次之，文化馆(站)最为薄弱。目前，公共图书馆领域政策法规体系的框架已经基本形成。2017年11月4日，《中华人民共和国公共图书馆法》经第十二届全国人民代表大会常务委员会第三十次会议审议通过，是我国首部图书馆专门法，包括：总则，设立，运行，服务，法律责任，附则等6章55条。立法目的为保障公民基本文化权益，提高公民科学文化素质，发挥图书馆功能。该法明确公共图书馆是收集、整理、保存文献信息并提供查询、借阅及相关服务，开展社会教育的公共文化设施，向公众免费开放。该法还规定县级以上人民政府必须设立公共图书馆，因地制宜建立总分馆制并向城乡基层延伸；鼓励公民、法人和其他组织自筹资金设立公共图书馆；要求公共图书馆按照平等、开放、共享的原则向社会公众提供服务，推动、引导、服务全民阅读。地方性公共图书馆法规和政府规章，目前已有十多件。公共图书馆的设施建设、公众服务、行业自律都已经有了基本规范，业务工作和数字化建设的标准规范已经出台了一批。博物馆领域的立法工作近两年有了较大突破，作为国务院行政法规的《博物馆条例》已于2015年2月正式颁布，部门规章

《博物馆建设标准》即将出台，地方性法规开始出现，但目前数量还有限。博物馆服务的地方标准已在一些地区试行，如北京市文物局于2011年开始试行的《北京地区博物馆接待服务标准及工作流程》，安徽省文物局于2012年开始试行的《安徽省博物馆服务标准》等。文化馆领域目前最高层级的管理规范是1992年文化部发布的《群众艺术馆文化馆管理办法》，属于部门规章，今天看其内容已经基本过时，目前正在修订过程中。文化馆方面的政府规章数量也不多，如《浙江省文化馆管理办法》和《上海市公共文化馆管理办法》。关于乡镇综合文化站的设施建设标准，有住房和城乡建设部与国家发展和改革委员会2012年出台的《乡镇综合文化站建设标准》，管理规范目前最高层级的是2009年文化部发布的《乡镇综合文化站管理办法》。有关文化馆(站)的服务规范，目前只有少数几种层级较低的政府规章，如《安徽省文化馆服务标准(试行)》《新疆维吾尔自治区文化馆服务标准(试行)》等。文化馆(站)的业务规范、数字化建设标准目前基本上是空白。未来公共文化政策法规建设的重点，应在文化馆(站)、美术馆等薄弱领域。

(三)相关领域的政策法规对公共文化建设的关注程度不高

公共文化是一项社会事业。公共文化建设与许多领域、许多方面密切相关。比如公共文化设施建设涉及土地管理、城市规划、建筑施工等，公共文化机构运行涉及经费和人员保障、资源建设、网络管理、著作权保护等。所谓公共文化政策法规体系，从政策法规的类型上说，应该是法律、行政法规、地方性法规、部门规章、政府规章、标准规范、党政机关公文等相辅相成，互为补充；从政策法规的内容上说，应该既包括公共文化方面的专门法律法规，又包括与公共文化相关的其他领域、其他方面的法律法规，如财政预算、土地管理、城市规划、设施建设、人事管理等方面的政策法规。相关领域的政策法规如果能关注到公共文化建设，对与公共文化相关的事项作出规定，其实施效果更好。因此，相关领域的政策法规对公共文化建设的关注程度，是公共文化政策法规体系健全、完善程度的重要指标。目前，我国的公共文化政策法规体系中，“相关法”的要素还比较薄弱，相关领域对公共文化建设的关注程度还比较低。因此，在加强公共文化政策法规建设的同时，强化相关领域政策法规对公共文化的关注程度和规制力度，是提高公共文化法制化水平的重要任务。

(四)公共文化设施建设和标准方面的政策法规成果丰硕

设施建设方面的政策法规以2005年以来文化部、国家发展和改革委员会、住房和城乡建设部、国土资源部等中央部委联合编制的公共文化设施“建设用地指标”和“建设标准”为代表。目前，公共图书馆和文化馆的“建设用地指标”和“建设标准”，以及科技馆、乡镇综合文化站的“建设标准”已经正式颁布。“建设用地指标”主要规范了公共文化设施“建在哪”的问题，提出了我国目前阶段各类公共文化设施的服务半径、覆盖面积指标；“建设标准”主要规范了公共文化设施“怎么建”的问题，提出了我国目前阶段各类公共文化设施的规模面积控制原则和指标。一系列公共文化设施“建设用地指标”和“建设标准”的颁布，使我国的公共文化设施建设迅速走上了有法可依的道路。

服务标准方面的政策法规建设以作为国家标准发布的《公共图书馆服务规范》和一些地方性的公共图书馆、文化馆、博物馆等公共文化机构服务标准为代表。目前，全国性的文化馆服务标准、乡镇综合文化站服务标准、社区文化中心服务标准、乡镇图书馆服务标准都在研究、制定过程中。服务标准相对较多地出现，说明公共文化机构“服务为本”的理念已经深入人心，提升服务能力、改善服务效益的问题已经受到高度重视。

三、我国公共文化政策法规内容的获取利用

现有的公共文化政策法规类型多样，分布广泛，数量繁多。在实际工作中要想方便地利用，首先需要解决信息来源、获取途径、检索方法、遴选策略等问题。

目前获取公共文化政策法规最方便的途径是利用互联网资源和专题数据库。法律法规资源是目前我国数字化程度较高的文献资源类型。一般来说，1949 年以后颁布的各种类型、各个层次的法律法规，都可以通过开放的互联网或专题数据库获得。

利用网络数字化资源，需要掌握基本的方法与策略。首先，需要熟悉重要、常用的开放性网络信息源或专题数据库有哪些，即需要熟悉文献信息源；其次，需要掌握计算机环境下文献信息资源检索的基本方法；最后，需要掌握从海量信息中选择所需资源的策略。

(一)政府网站

政府网站是获取有关公共文化政策法规信息的重要来源。按照《中华人民共和国政府信息公开条例》规定，各级政府对行政法规、行政规章和规范性文件等需要社会公众广泛知晓或参与的信息，应主动公开。目前，各级政府以及政府部门网站一般设有政府公开信息或政策法规栏目，及时收载最新的政策法规。

与公共文化相关度较高的全国性政府网站主要有中国政府网(http://www.gov.cn/)、文化部网站(http://www.mcprc.gov.cn/)，地方性网站主要是地方政府网站以及地方文化厅局网站。这些网站一般设有与政策法规相关的栏目。

中国政府网设有“政策”栏目，将中央出台的文件，按发布时间排列，并配有部门、

专家、媒体对政策出台的解读文章，以及通俗易懂的图解政策等专题。提供标题、正文、发文字号、公文种类、成文日期等检索途径，并提供政策全文，可见图 1-1。

图 1-1　中国政府网“政策”栏目检索页面

文化部网站“政务公开”栏目下，专门辟有“政策法规”专题，收载的政策法规做了多角度的分类归并集中，有主题分类、体裁分类和机构分类，同时也配有按政策法规的索引号、名称、正文、发文日期、文号、主题词进行检索的功能，可见图 1-2。

图 1-2　文化部网站“政务公开”专题及高级检索页面

国家图书馆开发建设的“中国政府公开信息整合服务平台”(http://govinfo.nlc.cn/)，是“一站式”获得全国各级政府主动公开的政策法规等政府信息的有效工具。该平台整合了全国各级公共图书馆分层建设的当地政府公开信息查询系统，链接了全国各地政府网站中的政府信息公开栏目，实现了对全国各级政府公开信息的多途径、多角度“一站式”检索和获取。目前该平台对海量政府信息的整合界面可见图 1-3。

图 1-3　中国政府公开信息整合服务平台首页

其整合方式主要有以下几种：

1. 主题分类

“主题分类”整合方式，是指将全部政府公开信息按内容分类集中。有关公共文化方面的政府信息，集中收于“文化、广电、新闻出版”类别。

2. 政府公报

它集中收载了国务院、中央各部委、各级人民政府出版发行的政府公报。

3. 专题资源

这是指围绕社会热点问题对全国各地政府公开信息进行整合形成的专题资源，如目前在线的“保障性安居工程”专题、“个人所得税”专题。

4. 分站导航

它是由各省、市公共图书馆按照平台统一规范建设的本省、市政府公开信息整合平台。

5. 政府机构

它以省级行政区划为单位，对该省人民政府以及政府各部门网站中政府信息公开栏目进行链接。

另外，该平台有多样化的检索途径。检索词检索包括简单检索和高级检索。高级检索又包括全文组合检索和元数据组合检索，可见图 1-4。与内容分类检索相配合的，

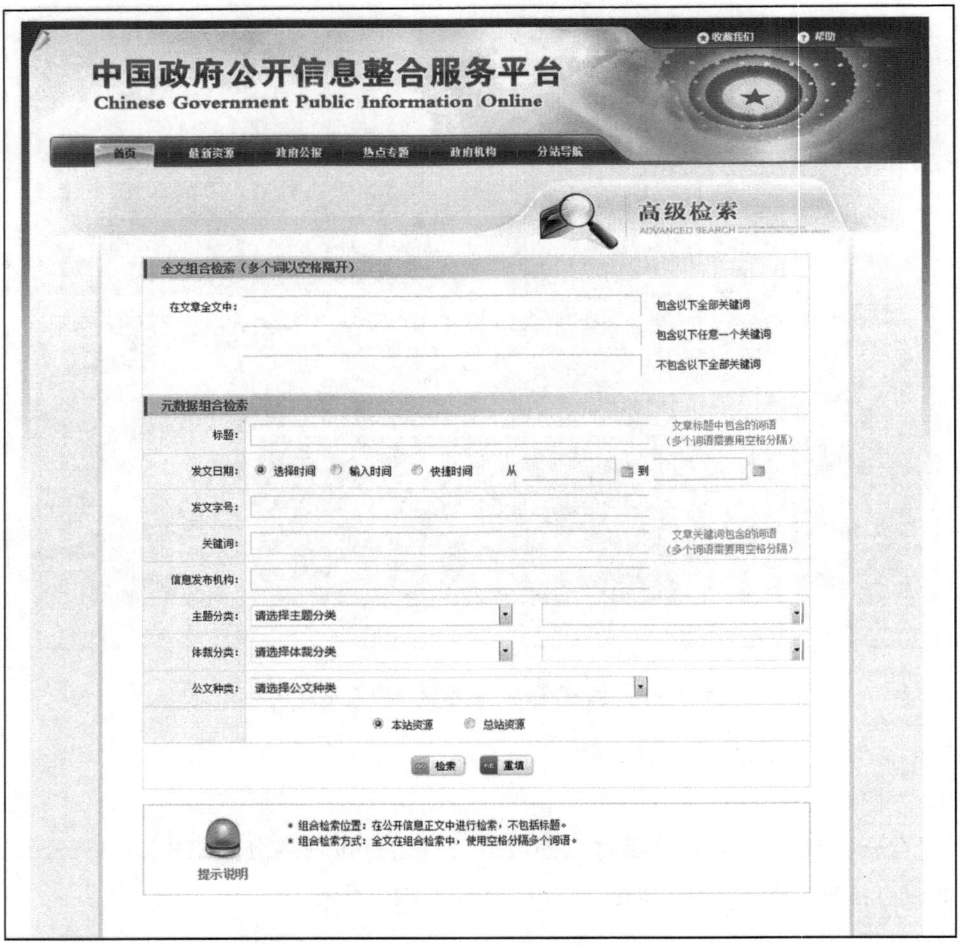

图 1-4　中国政府公开信息整合服务平台“高级检索”页面

还有按发布机构和发布时间检索的功能。

(二)专题数据库

法律法规专题数据库，是检索和获取公共文化政策法规的权威检索工具。以下是目前国内有代表性的法律法规专题数据库。

1. 法律法规全文检索系统

国务院法制办公室网站(http://www.chinalaw.gov.cn/)上设有“法律法规规章”栏目，分为法律、行政法规、法规解读、部门规章、地方政府规章五大类型，提供 2001 年以来的新法规全文。并且还提供“法律法规数据库”，可以按照法规标题、正文检索、发布时间、实施时间等途径进行检索，获取现行的法律、行政法规、国务院部门规章及地方性法规、地方政府规章的全文，可见图 1-5。

图 1-5　国务院法制办公室网站“法律法规规章”栏目及“法律法规数据库”高级检索页面

2. 北大法宝——中国法律检索系统

它是由北京大学法制信息中心与北大英华科技有限公司联合开发建设的法律法规数据库。查考政策法规文件，主要利用该系统中的“中央法规司法解释数据库”（以下简称“中央库”）和“地方法规规章数据库”（以下简称“地方库”）。“中央库”包括了全国人大及其常委会、国务院及其各部委、最高人民法院、最高人民检察院批准和颁布的各类现行法律、行政法规、部门规章、规范性文件、司法解释；截至 2015 年 4 月，总量为 23 万件。“地方库”包括了全国各省、自治区、直辖市、省会城市、国务院批准的较大城市等地方人大及其常委会、地方政府和其他机构颁布的地方性法规、规章、规范性文件，民族自治地方的自治条例和单行条例，以及部分地级市政府颁布的规范性文件；截至 2015 年 4 月，总量为 94.3 万件。

与同类数据库相比，该数据库有两大突出特点。一是对收入的法律法规进行了多角度的分类归并集中，便于从不同角度进行推荐性检索查询。目前的类聚方式包括：效力级别、发布部门、时效性、法规类别。可见图 1-6。

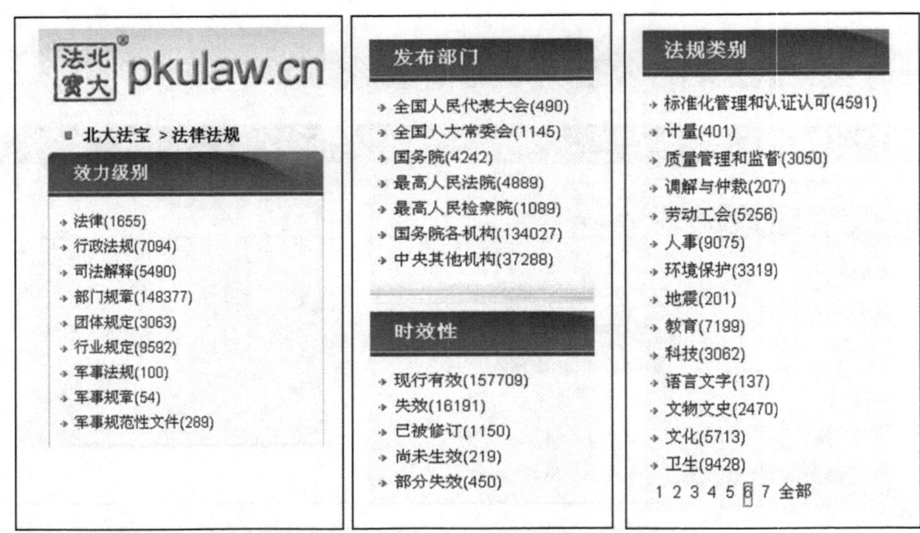

图 1-6　北大法宝——中国法律检索系统的类聚方式

二是对所收入的政策法规文本进行了内容上的联想、扩展和挖掘，即将法律法规条文和相关的司法解释、案例、裁判文书、研究文献等以超链接技术联系起来(可见图 1-7)，从而使查询的结果大为扩展，使数据库具有了“智慧联想”功能，实现了文献信息的立体化呈现。

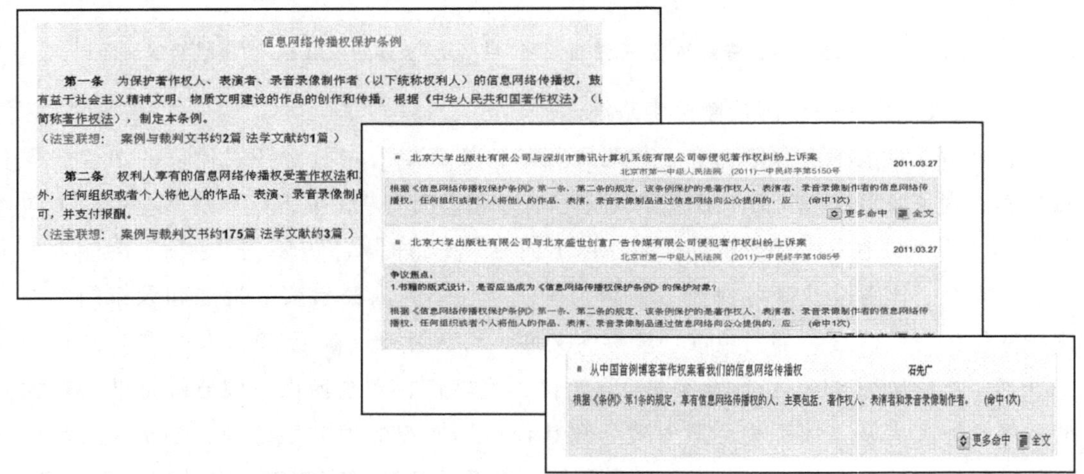

图 1-7　北大法宝——中国法律检索系统的内容联系个案界面

除通过政府网站及利用法律法规专题数据库获取政策法规外，与公共文化相关的年鉴(如《中国文化年鉴》《中国图书馆年鉴》《中国博物馆年鉴》等)也是获取政策法规的常用工具书。还有一些专题性政策法规汇编也可以利用。如《地方性文化法规选编》(文化艺术出版社，1993 年)，汇集了地方文化法规 300 多件；《中华人民共和国文化法规汇编(1997—2001)》(文化艺术出版社，2002 年)，汇集了 1997—2001 年颁布的文化法律、法规、部门规章 80 多件。中共中央宣传部政策法规研究室所编的《宣传文化法规汇编》(学习出版社，2012 年)是一部内容较新的文化法规汇编，收录了宣传文化系统现行有效的法律、行政法规、部门规章和司法解释 156 部，较全面反映了宣传文化系统的立法成果。总的来说，印刷版的法规汇编一则编辑出版的连续性、系统性不够，二则由于出版时滞，难以及时反映最新的情况，已经不是今天查考、获取政策法规的首选文献源。

四、重要政策法规选编

《中华人民共和国公共文化服务保障法》①

中华人民共和国公共文化服务保障法

（2016 年 12 月 25 日第十二届全国人民代表大会常务委员会第二十五次会议通过）

第一章　总　则

第一条　为了加强公共文化服务体系建设，丰富人民群众精神文化生活，传承中华优秀传统文化，弘扬社会主义核心价值观，增强文化自信，促进中国特色社会主义文化繁荣发展，提高全民族文明素质，制定本法。

第二条　本法所称公共文化服务，是指由政府主导、社会力量参与，以满足公民基本文化需求为主要目的而提供的公共文化设施、文化产品、文化活动以及其他相关服务。

第三条　公共文化服务应当坚持社会主义先进文化前进方向，坚持以人民为中心，坚持以社会主义核心价值观为引领；应当按照“百花齐放、百家争鸣”的方针，支持优秀公共文化产品的创作生产，丰富公共文化服务内容。

第四条　县级以上人民政府应当将公共文化服务纳入本级国民经济和社会发展规划，按照公益性、基本性、均等性、便利性的要求，加强公共文化设施建设，完善公共文化服务体系，提高公共文化服务效能。

第五条　国务院根据公民基本文化需求和经济社会发展水平，制定并调整国家基本公共文化服务指导标准。

省、自治区、直辖市人民政府根据国家基本公共文化服务指导标准，结合当地实

---

① 中华人民共和国公共文化服务保障法[EB/OL].［2017-01-08］. http://www.npc.gov.cn/npc/xinwen/2016－12/25/content_2004880.htm。为保证政策法规的准确性，本书中各章附上的政策法规均保持原文内容，特此说明。

际需求、财政能力和文化特色，制定并调整本行政区域的基本公共文化服务实施标准。

第六条　国务院建立公共文化服务综合协调机制，指导、协调、推动全国公共文化服务工作。国务院文化主管部门承担综合协调具体职责。

地方各级人民政府应当加强对公共文化服务的统筹协调，推动实现共建共享。

第七条　国务院文化主管部门、新闻出版广电主管部门依照本法和国务院规定的职责负责全国的公共文化服务工作；国务院其他有关部门在各自职责范围内负责相关公共文化服务工作。

县级以上地方人民政府文化、新闻出版广电主管部门根据其职责负责本行政区域内的公共文化服务工作；县级以上地方人民政府其他有关部门在各自职责范围内负责相关公共文化服务工作。

第八条　国家扶助革命老区、民族地区、边疆地区、贫困地区的公共文化服务，促进公共文化服务均衡协调发展。

第九条　各级人民政府应当根据未成年人、老年人、残疾人和流动人口等群体的特点与需求，提供相应的公共文化服务。

第十条　国家鼓励和支持公共文化服务与学校教育相结合，充分发挥公共文化服务的社会教育功能，提高青少年思想道德和科学文化素质。

第十一条　国家鼓励和支持发挥科技在公共文化服务中的作用，推动运用现代信息技术和传播技术，提高公众的科学素养和公共文化服务水平。

第十二条　国家鼓励和支持在公共文化服务领域开展国际合作与交流。

第十三条　国家鼓励和支持公民、法人和其他组织参与公共文化服务。

对在公共文化服务中作出突出贡献的公民、法人和其他组织，依法给予表彰和奖励。

第二章　公共文化设施建设与管理

第十四条　本法所称公共文化设施是指用于提供公共文化服务的建筑物、场地和设备，主要包括图书馆、博物馆、文化馆(站)、美术馆、科技馆、纪念馆、体育场馆、工人文化宫、青少年宫、妇女儿童活动中心、老年人活动中心、乡镇(街道)和村(社区)基层综合性文化服务中心、农家(职工)书屋、公共阅报栏(屏)、广播电视播出传输覆盖设施、公共数字文化服务点等。

县级以上地方人民政府应当将本行政区域内的公共文化设施目录及有关信息予以公布。

第十五条　县级以上地方人民政府应当将公共文化设施建设纳入本级城乡规划，根据国家基本公共文化服务指导标准、省级基本公共文化服务实施标准，结合当地经济社会发展水平、人口状况、环境条件、文化特色，合理确定公共文化设施的种类、数量、规模以及布局，形成场馆服务、流动服务和数字服务相结合的公共文化设施网络。

公共文化设施的选址，应当征求公众意见，符合公共文化设施的功能和特点，有利于发挥其作用。

第十六条　公共文化设施的建设用地，应当符合土地利用总体规划和城乡规划，并依照法定程序审批。

任何单位和个人不得侵占公共文化设施建设用地或者擅自改变其用途。因特殊情况需要调整公共文化设施建设用地的，应当重新确定建设用地。调整后的公共文化设施建设用地不得少于原有面积。

新建、改建、扩建居民住宅区，应当按照有关规定、标准，规划和建设配套的公共文化设施。

第十七条　公共文化设施的设计和建设，应当符合实用、安全、科学、美观、环保、节约的要求和国家规定的标准，并配置无障碍设施设备。

第十八条　地方各级人民政府可以采取新建、改建、扩建、合建、租赁、利用现有公共设施等多种方式，加强乡镇(街道)、村(社区)基层综合性文化服务中心建设，推动基层有关公共设施的统一管理、综合利用，并保障其正常运行。

第十九条　任何单位和个人不得擅自拆除公共文化设施，不得擅自改变公共文化设施的功能、用途或者妨碍其正常运行，不得侵占、挪用公共文化设施，不得将公共文化设施用于与公共文化服务无关的商业经营活动。

因城乡建设确需拆除公共文化设施，或者改变其功能、用途的，应当依照有关法律、行政法规的规定重建、改建，并坚持先建设后拆除或者建设拆除同时进行的原则。重建、改建的公共文化设施的设施配置标准、建筑面积等不得降低。

第二十条　公共文化设施管理单位应当按照国家规定的标准，配置和更新必需的服务内容和设备，加强公共文化设施经常性维护管理工作，保障公共文化设施的正常使用和运转。

第二十一条　公共文化设施管理单位应当建立健全管理制度和服务规范，建立公共文化设施资产统计报告制度和公共文化服务开展情况的年报制度。

第二十二条　公共文化设施管理单位应当建立健全安全管理制度，开展公共文化设施及公众活动的安全评价，依法配备安全保护设备和人员，保障公共文化设施和公众活动安全。

第二十三条　各级人民政府应当建立有公众参与的公共文化设施使用效能考核评价制度，公共文化设施管理单位应当根据评价结果改进工作，提高服务质量。

第二十四条　国家推动公共图书馆、博物馆、文化馆等公共文化设施管理单位根据其功能定位建立健全法人治理结构，吸收有关方面代表、专业人士和公众参与管理。

第二十五条　国家鼓励和支持公民、法人和其他组织兴建、捐建或者与政府部门合作建设公共文化设施，鼓励公民、法人和其他组织依法参与公共文化设施的运营和管理。

第二十六条　公众在使用公共文化设施时，应当遵守公共秩序，爱护公共设施，不得损坏公共设施设备和物品。

第三章　公共文化服务提供

第二十七条　各级人民政府应当充分利用公共文化设施，促进优秀公共文化产品的提供和传播，支持开展全民阅读、全民普法、全民健身、全民科普和艺术普及、优秀传统文化传承活动。

第二十八条　设区的市级、县级地方人民政府应当根据国家基本公共文化服务指导标准和省、自治区、直辖市基本公共文化服务实施标准，结合当地实际，制定公布本行政区域公共文化服务目录并组织实施。

第二十九条　公益性文化单位应当完善服务项目、丰富服务内容，创造条件向公众提供免费或者优惠的文艺演出、陈列展览、电影放映、广播电视节目收听收看、阅读服务、艺术培训等，并为公众开展文化活动提供支持和帮助。

国家鼓励经营性文化单位提供免费或者优惠的公共文化产品和文化活动。

第三十条　基层综合性文化服务中心应当加强资源整合，建立完善公共文化服务网络，充分发挥统筹服务功能，为公众提供书报阅读、影视观赏、戏曲表演、普法教育、艺术普及、科学普及、广播播送、互联网上网和群众性文化体育活动等公共文化服务，并根据其功能特点，因地制宜提供其他公共服务。

第三十一条　公共文化设施应当根据其功能、特点，按照国家有关规定，向公众免费或者优惠开放。

公共文化设施开放收取费用的，应当每月定期向中小学生免费开放。

公共文化设施开放或者提供培训服务等收取费用的，应当报经县级以上人民政府有关部门批准；收取的费用，应当用于公共文化设施的维护、管理和事业发展，不得挪作他用。

公共文化设施管理单位应当公示服务项目和开放时间；临时停止开放的，应当及时公告。

第三十二条　国家鼓励和支持机关、学校、企业事业单位的文化体育设施向公众开放。

第三十三条　国家统筹规划公共数字文化建设，构建标准统一、互联互通的公共数字文化服务网络，建设公共文化信息资源库，实现基层网络服务共建共享。

国家支持开发数字文化产品，推动利用宽带互联网、移动互联网、广播电视网和卫星网络提供公共文化服务。

地方各级人民政府应当加强基层公共文化设施的数字化和网络建设，提高数字化和网络服务能力。

第三十四条　地方各级人民政府应当采取多种方式，因地制宜提供流动文化服务。

第三十五条　国家重点增加农村地区图书、报刊、戏曲、电影、广播电视节目、网络信息内容、节庆活动、体育健身活动等公共文化产品供给，促进城乡公共文化服务均等化。

面向农村提供的图书、报刊、电影等公共文化产品应当符合农村特点和需求，提高针对性和时效性。

第三十六条　地方各级人民政府应当根据当地实际情况，在人员流动量较大的公共场所、务工人员较为集中的区域以及留守妇女儿童较为集中的农村地区，配备必要的设施，采取多种形式，提供便利可及的公共文化服务。

第三十七条　国家鼓励公民主动参与公共文化服务，自主开展健康文明的群众性文化体育活动；地方各级人民政府应当给予必要的指导、支持和帮助。

居民委员会、村民委员会应当根据居民的需求开展群众性文化体育活动，并协助当地人民政府有关部门开展公共文化服务相关工作。

国家机关、社会组织、企业事业单位应当结合自身特点和需要，组织开展群众性文化体育活动，丰富职工文化生活。

第三十八条　地方各级人民政府应当加强面向在校学生的公共文化服务，支持学校开展适合在校学生特点的文化体育活动，促进德智体美教育。

第三十九条　地方各级人民政府应当支持军队基层文化建设，丰富军营文化体育活动，加强军民文化融合。

第四十条　国家加强民族语言文字文化产品的供给，加强优秀公共文化产品的民族语言文字译制及其在民族地区的传播，鼓励和扶助民族文化产品的创作生产，支持开展具有民族特色的群众性文化体育活动。

第四十一条　国务院和省、自治区、直辖市人民政府制定政府购买公共文化服务的指导性意见和目录。国务院有关部门和县级以上地方人民政府应当根据指导性意见和目录，结合实际情况，确定购买的具体项目和内容，及时向社会公布。

第四十二条　国家鼓励和支持公民、法人和其他组织通过兴办实体、资助项目、赞助活动、提供设施、捐赠产品等方式，参与提供公共文化服务。

第四十三条　国家倡导和鼓励公民、法人和其他组织参与文化志愿服务。

公共文化设施管理单位应当建立文化志愿服务机制，组织开展文化志愿服务活动。

县级以上地方人民政府有关部门应当对文化志愿活动给予必要的指导和支持，并建立管理评价、教育培训和激励保障机制。

第四十四条　任何组织和个人不得利用公共文化设施、文化产品、文化活动以及其他相关服务，从事危害国家安全、损害社会公共利益和其他违反法律法规的活动。

第四章　保障措施

第四十五条　国务院和地方各级人民政府应当根据公共文化服务的事权和支出责任，将公共文化服务经费纳入本级预算，安排公共文化服务所需资金。

第四十六条　国务院和省、自治区、直辖市人民政府应当增加投入，通过转移支付等方式，重点扶助革命老区、民族地区、边疆地区、贫困地区开展公共文化服务。

国家鼓励和支持经济发达地区对革命老区、民族地区、边疆地区、贫困地区的公共文化服务提供援助。

第四十七条　免费或者优惠开放的公共文化设施，按照国家规定享受补助。

第四十八条　国家鼓励社会资本依法投入公共文化服务，拓宽公共文化服务资金来源渠道。

第四十九条　国家采取政府购买服务等措施，支持公民、法人和其他组织参与提供公共文化服务。

第五十条　公民、法人和其他组织通过公益性社会团体或者县级以上人民政府及其部门，捐赠财产用于公共文化服务的，依法享受税收优惠。

国家鼓励通过捐赠等方式设立公共文化服务基金，专门用于公共文化服务。

第五十一条　地方各级人民政府应当按照公共文化设施的功能、任务和服务人口规模，合理设置公共文化服务岗位，配备相应专业人员。

第五十二条　国家鼓励和支持文化专业人员、高校毕业生和志愿者到基层从事公共文化服务工作。

第五十三条　国家鼓励和支持公民、法人和其他组织依法成立公共文化服务领域的社会组织，推动公共文化服务社会化、专业化发展。

第五十四条　国家支持公共文化服务理论研究，加强多层次专业人才教育和培训。

第五十五条　县级以上人民政府应当建立健全公共文化服务资金使用的监督和统计公告制度，加强绩效考评，确保资金用于公共文化服务。任何单位和个人不得侵占、挪用公共文化服务资金。

审计机关应当依法加强对公共文化服务资金的审计监督。

第五十六条　各级人民政府应当加强对公共文化服务工作的监督检查，建立反映公众文化需求的征询反馈制度和有公众参与的公共文化服务考核评价制度，并将考核评价结果作为确定补贴或者奖励的依据。

第五十七条　各级人民政府及有关部门应当及时公开公共文化服务信息，主动接受社会监督。

新闻媒体应当积极开展公共文化服务的宣传报道，并加强舆论监督。

第五章　法律责任

第五十八条　违反本法规定，地方各级人民政府和县级以上人民政府有关部门未履行公共文化服务保障职责的，由其上级机关或者监察机关责令限期改正；情节严重的，对直接负责的主管人员和其他直接责任人员依法给予处分。

第五十九条　违反本法规定，地方各级人民政府和县级以上人民政府有关部门，有下列行为之一的，由其上级机关或者监察机关责令限期改正；情节严重的，对直接负责的主管人员和其他直接责任人员依法给予处分：

（一）侵占、挪用公共文化服务资金的；

（二）擅自拆除、侵占、挪用公共文化设施，或者改变其功能、用途，或者妨碍其正常运行的；

（三）未依照本法规定重建公共文化设施的；

（四）滥用职权、玩忽职守、徇私舞弊的。

第六十条　违反本法规定，侵占公共文化设施的建设用地或者擅自改变其用途的，由县级以上地方人民政府土地主管部门、城乡规划主管部门依据各自职责责令限期改正；逾期不改正的，由作出决定的机关依法强制执行，或者依法申请人民法院强制执行。

第六十一条　违反本法规定，公共文化设施管理单位有下列情形之一的，由其主管部门责令限期改正；造成严重后果的，对直接负责的主管人员和其他直接责任人员，依法给予处分：

（一）未按照规定对公众开放的；

（二）未公示服务项目、开放时间等事项的；

（三）未建立安全管理制度的；

（四）因管理不善造成损失的。

第六十二条　违反本法规定，公共文化设施管理单位有下列行为之一的，由其主管部门或者价格主管部门责令限期改正，没收违法所得，违法所得五千元以上的，并处违法所得两倍以上五倍以下罚款；没有违法所得或者违法所得五千元以下的，可以处一万元以下的罚款；对直接负责的主管人员和其他直接责任人员，依法给予处分：

(一)开展与公共文化设施功能、用途不符的服务活动的；

(二)对应当免费开放的公共文化设施收费或者变相收费的；

(三)收取费用未用于公共文化设施的维护、管理和事业发展，挪作他用的。

第六十三条　违反本法规定，损害他人民事权益的，依法承担民事责任；构成违反治安管理行为的，由公安机关依法给予治安管理处罚；构成犯罪的，依法追究刑事责任。

第六章　附　则

第六十四条　境外自然人、法人和其他组织在中国境内从事公共文化服务的，应当符合相关法律、行政法规的规定。

第六十五条　本法自 2017 年 3 月 1 日起施行。

【本章小结】

本章介绍了我国公共文化政策法规体系的基本内涵、构成层次，阐述了宪法、法律、行政法规、行政规章、地方性法规、政府规范性指导性文件、标准规范的各自性质和相互关系，并以公共文化相关方面的现行政策法律举例说明。论证了我国公共文化政策法规体系的主要特点。较为系统地介绍了我国现行公共文化政策法规信息的获取和利用的主要来源、重要途径、检索方法等。

【思考题】

1. 我国公共文化政策法规体系的构成层级。
2. 我国公共文化政策法规体系建设的未来发展重点。
3. 获取利用现行各类公共文化政策法规信息的主要途径。
4. 《中华人民共和国公共文化服务保障法》出台的意义价值。

第二章　现代公共文化服务体系构建

【目标与任务】

了解我国公共文化服务体系理念、政策发展演变的线索，了解构建现代公共文化服务体系的重点突破方向；正确理解和认识公共文化服务建设的时代任务与特点，重点掌握公共文化服务体系五大子系统的具体内容，以及现代公共文化服务体系的内涵与特点。

一、公共文化服务体系建设理念、政策的兴起与发展

文化权益是人民群众的基本权益之一。长期以来，我们比较注重保障人民群众物质方面的“硬权益”，强调“耕者有其田，食者有其粮”。改革开放以来，随着经济社会的发展和人民生活水平的提高，人民群众对精神文化生活的需求越来越迫切，保障人民群众基本文化权益的问题日益凸显。21 世纪以来，构建公共文化服务体系已成为文化建设的重要任务。

“公共文化”“公共文化服务”“公共文化服务体系”这些概念在我国出现的时间并不长。过去我们有“群众文化”“社会文化”的说法，但没有公共文化。经过改革开放 30 多年的思想和物质积累，进入 21 世纪以后，公共文化、公共文化服务体系的理念、思想、方针、政策开始出现并逐步形成。

早在 1966 年 12 月，第 21 届联合国大会通过了著名的《经济、社会及文化权利国际公约》。该公约规定了现代社会公民所拥有的基本文化权利，主要包括三项：(1)人人有权参加文化生活；(2)人人有权享受科学进步及其应用所产生的利益；(3)人人有权对其本人的任何科学、文学或艺术作品所产生的精神上和物质上的利益，享受被保护的权利。1997 年 10 月，中国政府签署了该公约。2001 年 2 月，第九届全国人大常委会第 20 次会议批准该公约在中国生效，标志着国际社会普遍认可的现代社会公民拥有

的基本文化权利进入了我国公民基本权利的范畴，党和政府对公民基本文化权利的理解、认识和保障跨入了新阶段。

2002 年 11 月，党的十六大报告明确提出要切实尊重和保障人民的政治、经济和文化权益。保障人民文化权益被提到了与保障政治、经济权益同等重要的高度。报告进一步指出，保障人民文化权益的主要途径是发展文化公益事业，由此拉开了新时期通过大力发展公益性文化事业来保障人民基本文化权益的序幕。

2005 年 10 月，党的十六届五中全会提出建设公共文化服务体系的构想。会议要求“加大政府对文化事业的投入，逐步形成覆盖全社会的比较完备的公共文化服务体系”，这是建设公共文化服务体系的构想第一次出现在党和政府的正式文件中。

2005 年 11 月，中共中央办公厅、国务院办公厅发布了《关于进一步加强农村文化建设的意见》(中办发〔2005〕27 号)，构建公共文化服务体系的思想被应用于农村文化建设。该意见明确提出要加强文化基础设施建设，构建农村公共文化服务网络；明确提出农村文化建设的“五个纳入”：纳入各级党委和政府的重要议事日程，纳入经济和社会发展规划，纳入财政支出预算，纳入扶贫攻坚计划，纳入干部晋升考核指标。

2006 年 9 月，新中国第一个国家级的文化发展专项五年规划——《国家“十一五”时期文化发展规划纲要》出台。该纲要以浓墨重彩阐述了公共文化服务的新理念、新思想：公共文化服务以实现和保障公民基本文化权益、满足广大人民群众基本文化需求为目标；兼顾城乡之间、地区之间协调发展的普遍均等原则；实用、便捷、高效是对公共文化服务体系的总要求。这些较为系统的理念、思想的提出，令人耳目一新，给公共文化建设注入了空前的活力和动力。

2006 年 10 月，党的十六届六中全会通过了《关于构建社会主义和谐社会若干重大问题的决定》，要求“加快建立覆盖全社会的公共文化服务体系”，彰显了构建公共文化服务体系是建设和谐社会的重要内容。

2007 年在新时期公共文化服务体系建设进程中具有重要意义。当年 6 月，中共中央政治局全体会议专题研究公共文化服务体系建设，要求按照结构合理、发展平衡、网络健全、运行有效、惠及全民的原则，以政府为主导，以公益性文化单位为骨干，鼓励全社会参与，努力建设公共文化产品生产供给、设施网络、资金人才技术保障、组织支撑和运行评估为基本框架的覆盖全社会的公共文化服务体系，切实保障人民群众看电视、听广播、读书看报、进行公共文化鉴赏、参加大众文化活动等基本文化权益。2007 年 8 月，中共中央办公厅、国务院办公厅下发了《关于加强公共文化服务体系建设的若干意见》，落实中央政治局会议的精神，全面部署了新时期公共文化服务体系建设任务，成为指导新时期公共文化服务体系建设的纲领性文件。以此为标志，我国公共文化服务体系建设驶入了快车道。

2007年10月，党的十七大召开。十七大报告提出了到2020年实现全面建设小康社会奋斗目标的新要求，其中包括“覆盖全社会的公共文化服务体系基本建立”。报告要求坚持把发展公益性文化事业作为保障人民基本文化权益的主要途径，推动社会主义文化大发展大繁荣，使人民基本文化权益得到更好保障，使社会文化生活更加丰富多彩，使人民精神风貌更加昂扬向上。

2010年10月，党的十七届五中全会提出了“十二五”时期我国文化建设的战略任务。公共文化建设的目标是：“覆盖全社会的公共文化服务体系基本建立，城乡居民能够较为便捷地享受公共文化服务，基本文化权益得到更好保障。”

2011年3月，在国家正式发布的“十二五”规划纲要中，公共文化被纳入基本公共服务范畴，成为和公共教育、社会保障、医疗卫生、住房保障等同样重要的基本民生事业，公共文化在经济社会发展中的基础性地位、作用得以确立。

2011年10月，党的十七届六中全会召开。会议专题研究文化改革和发展，通过了《中共中央关于深化文化体制改革推动社会主义文化大发展大繁荣若干重大问题的决定》(以下简称《决定》)。该决定对新时期我国文化改革发展的理论和实践进行了系统总结，全面部署了未来文化改革发展的战略任务，提出了建设社会主义文化强国的宏伟目标。该决定明确了公共文化服务体系建设是社会主义文化建设基本任务的性质定位，并指出了建设方式、建设内容和建设目标：以公共财政为支撑，以公益性文化单位为骨干，以全体人民为服务对象，以保障人民群众看电视、听广播、读书看报、进行公共文化鉴赏、参与公共文化活动等基本文化权益为主要内容，完善覆盖城乡、结构合理、功能健全、实用高效的公共文化服务体系。该决定要求把主要公共文化产品和服务项目、公益性文化活动纳入公共财政经常性支出预算，保障公共文化服务体系的建设和运行；提出了加快城乡文化一体化发展、加强社区公共文化设施建设、把农民工纳入城市公共文化服务体系等重点任务。以十七届六中全会为标志，我国公共文化服务体系建设的思想、理论基本形成，方针政策逐步完善，建设实践跨入新的阶段，标志着公共文化服务体系建设实现了历史性转折。

十七届六中全会之后，2012年2月，《国家“十二五”时期文化改革发展规划纲要》发布，提出了公共文化服务体系建设的“七大文化惠民工程”。2012年5月，《文化部“十二五”时期文化改革发展规划》发布，提出了公共文化服务体系建设的“九大重点工程”。这两个规划的内容，都对十七届六中全会提出的任务进行了量化、项目化、具体化。

2012年7月，《国家基本公共服务体系“十二五”规划》发布，首次明确将公共文化服务纳入基本公共服务的范畴，这是公共文化服务体系建设在理论上的重大突破，它明确了公共文化服务的性质功能，使公共文化成为政府向老百姓提供的制度化产品与服务成为可能，为政府主导公共文化服务体系建设，以及公共文化服务以保障公众基本文化权益、满足公众基本文化需求为目标，奠定了坚实的理论基础。

2012 年 11 月，党的十八大召开。十八大报告对扎实推进社会主义文化强国建设作出了全面部署，明确提出让人民享有健康丰富的精神文化生活，是全面建成小康社会的重要内容，要求加快推进重点文化惠民工程，加大对农村和欠发达地区文化建设的帮扶力度，继续推动公共文化设施向社会免费开放。针对我国目前公共文化服务体系建设的现状，十八大报告在十七届六中全会的基础上，进一步提出了完善公共文化服务体系、提高服务效能的新要求。

2013 年 11 月，党的十八届三中全会召开。会议在全面深化改革的背景下，提出了推进文化体制机制创新、构建现代公共文化服务体系的时代任务，并指明了五大重点突破方向。第一，建立公共文化服务体系的协调机制，要协调文化系统以及全社会的资源，统筹公共文化的设施网络和服务体系建设。第二，以公共文化的普遍均等、惠及全民作为目标，形成以群众需求为导向的，以经济社会发展水平为依据的公共文化服务标准，以标准化促进均等化，以均等化体现公平正义。第三，对基层公共文化资源要从组织体系、经费机制、资源配置、人员保障等方面进行深度的整合，形成合力和优势，有效对接群众的需求，建立综合性的基层文化服务中心，实现多位一体的文化服务机制。第四，公益性文化事业单位推广法人治理结构，实行理事会制度，通过建立民主管理制度和机制来解决政府“办文化”问题，解决公益性文化事业单位行政化问题。第五，推动公共文化服务社会化发展，培育文化非营利组织，鼓励社会力量、社会资本参与公共文化服务体系建设，拓宽公共文化服务的渠道和范围，增加公共文化服务的开放性。

2015 年 1 月，中共中央办公厅、国务院办公厅正式印发《关于加快构建现代公共文化服务体系的意见》，进一步明确了发展目标：到 2020 年，基本建成覆盖城乡、便捷高效、保基本、促公平的现代公共文化服务体系。公共文化设施网络全面覆盖、互联互通，公共文化服务的内容和手段更加丰富，服务质量显著提升，公共文化管理、运行和保障机制进一步完善，政府、市场、社会共同参与公共文化服务体系建设的格局逐步形成，人民群众基本文化权益得到更好保障，基本公共文化服务均等化水平稳步提高。

从 2002 年党的十六大报告，到 2012 年党的十七届六中全会决定，再到 2013 年党的十八届三中全会“构建现代公共文化服务体系”，以及 2015 年中共中央办公厅、国务院办公厅印发的专项意见出台，十多年来，我国公共文化服务体系建设的理念、思想逐步形成，方针政策逐步完善，现代公共文化服务体系建设实践取得了丰硕成果。

二、公共文化服务的时代任务及特点

按照实现全面建设小康社会奋斗目标新要求，中共十七届六中全会通过的《决定》提出了到2020年公共文化发展的奋斗目标：文化事业全面繁荣，覆盖全社会的公共文化服务体系基本建立，努力实现基本公共文化服务均等化。

覆盖全社会的公共文化服务体系基本建立，努力实现基本公共文化服务均等化，这是公共文化建设的时代任务。全覆盖的公共文化服务体系基本建立和基本公共文化服务均等化之间，存在着相辅相成的内在逻辑联系。实现基本公共文化服务均等化是目标，建立覆盖全社会的公共文化服务体系是实现途径；换言之，只有建立起全覆盖的公共文化服务体系，才能实现提供均等化的公共文化服务的目标。因此，构建覆盖全社会的公共文化服务体系，成为各级政府发展文化事业的首要责任。

(一)覆盖全社会的公共文化服务体系基本建立的标志

覆盖全社会的公共文化服务体系基本建立的标志有五个：

第一，形成了具有覆盖所有人群能力、形式多样的公共文化设施网络体系；第二，形成了政府主导的多样化的公共文化产品生产供给体系；第三，形成了强有力的公共文化服务人才、技术、资金保障体系；第四，形成了完善的公共文化服务组织支撑体系；第五，形成了科学有效的公共文化服务运行评估体系。对公共文化服务体系建设目标的总要求，简单地说就是：覆盖城乡、结构合理、功能健全、实用高效。

(二)建立覆盖全社会的公共文化服务体系的途径

自2005年公共文化服务体系建设被提上重要日程以来，经过不断探索和实践，目前已经形成较为明确的方针政策，这就是：以政府为主导，以公共财政为支撑，以公益性文化机构为骨干，以农村基层、城市社区为重点，以全体人民为服务对象，以保障人民群众看电视听广播、读书看报、进行公共文化鉴赏、参加公共文化活动等基本文化权益为主要内容。

公共文化服务的目标和任务是保障人民群众基本文化权益，满足人民群众基本文化需求。在我国目前的经济社会发展阶段，所谓基本文化需求，现行政策的界定就是老百姓看电视、听广播、读书、看报、进行公共文化鉴赏、参与公共文化活动的需求。基本公共文化服务具有地域性和阶段性两大特征。地域性是指由于经济社会发展的不平衡，不同地域的人群享受的基本公共文化服务不完全相同；阶段性是指同一地域的人群在不同发展阶段享受的基本公共文化服务不完全相同。因此，在努力实现基本公共文化服务均等化的原则下，要理解“均等化”的相对性，理解基本公共文化服务内涵的相对性和动态性。

（三）公共文化服务的突出特点

21世纪以来，经过理论上的不断探索、实践上的不断验证，目前公共文化服务的突出特点在政策性文件中已有确定表述，这就是所谓“四性”：公益性、基本性、均等性、便利性。

“公益性”是指公共文化服务不以营利为目的，不以市场为导向，具有公益属性。对政府来说，公共文化服务是社会财富二次分配支持的事业，即所谓公共资金支持的事业；对老百姓来说，以免费或优惠的形式享受公共文化服务，是对自身提前以纳税形式支付的社会管理和发展成本的享用，体现的是个人基本文化权利的实现，个体在社会中全面发展的实现。让人民群众广泛享有免费的或优惠的基本公共文化服务，这就是现行政策对公共文化服务公益性的要求。

“基本性”是指公共文化服务所保障的权益、所满足的需求，以“基本”为尺度。超出“基本”范围的文化需求，就需要通过市场满足。所以，在社会主义市场经济条件下，发展文化产业是满足人民群众多样化文化需求的主要途径。“基本”的尺度和范围不是一成不变的，“基本服务”也具有地域性和阶段性的特征，但公共文化服务首先需要确定“基本”的内容、范围和边界。

“均等性”是公共文化服务最本质的特点。所谓均等性，就是不分性别、年龄、贫富、地域，人人都可以公平享受服务，公共文化服务是惠及全民的服务。所以，包括基本公共文化服务在内的基本公共服务也是社会公平、正义的体现。公共文化服务之所以要形成体系，公共文化服务体系之所以要求覆盖城乡、结构合理，公共文化服务体系建设之所以需要政府主导和公共资金支持，都是为了实现服务的普遍均等、惠及全民。当公平和效率发生矛盾时，公共文化服务应坚持公平优先、兼顾效率，这与文化产业效率优先、兼顾公平的思路不同。

“便利性”是指公共文化服务必须是老百姓身边的服务，必须是在老百姓生活中发挥作用的服务，必须是老百姓能够方便享用的服务。便利性要求公共文化服务具有覆盖所有人的能力，因此，设施要考虑服务半径、覆盖面积，要形成固定设施、流动服务、数字传播相辅相成的网络体系；资源配置要遵循规律，达到足以支撑服务的临界标准；服务要考虑手段、方式的体系化，要具备达到基本服务标准的服务能力，讲求服务效益。公共文化服务具有覆盖所有人的能力，不是仅通过公共文化设施或服务向所有人敞开大门就能实现的。

公益性、基本性、均等性、便利性是公共文化服务最突出的特点。这四大特点不是简单的平行关系、并列关系或包含关系，而是存在着内在的逻辑联系。在四大特点中，均等是核心，公益是保障，基本是尺度，便利是前提。准确而深刻地理解公共文化服务的特点，对指导公共文化服务实践有重要意义。

三、公共文化服务体系及其子系统

公共文化服务体系是政府主导的、以保障公民基本文化权益为目标的基本文化产品与服务提供、制度和系统建设的统称。它是政府向老百姓提供公共文化服务的实现途径和保障体系。

公共文化服务是各级政府向全体公民提供的基本公共服务之一。政府提供基本公共文化服务，需要建立约束与保障机制，也需要建立公众接受和参与的保障与促进机制，还需要建立提供能力和服务效果的监督评价机制，所有这些构成了公共文化服务体系的基本要素。政府通过构建公共文化服务体系，来实现和完成向公众提供公共文化服务的任务；公众依靠公共文化服务体系提供的设施和资源，以及建立的制度和机制，实现自身的基本文化权益。

一个完善的公共文化服务体系，主要包括五大子系统。

(一)设施网络体系

设施网络体系，包括由单体设施建设到设施形成网络的全部。单体设施建设需要解决网点布局、建设标准的问题，要提高公共文化设施的设置率；设施形成网络，需要建立公共文化设施的服务半径、覆盖面积指标，提高公共文化设施的覆盖率。设施体系不等于服务体系，但服务体系一定是以设施体系为基础的。从这个意义上说，没有覆盖全社会的公共文化设施体系，就没有覆盖全社会的公共文化服务体系。

在当今时代，所谓设施网络体系，不能简单地理解为仅指固定设施。公共文化设施的网络体系既包括固定设施体系，也包括流动服务体系和数字传播体系。三者互为补充、相辅相成，共同构成一个覆盖全社会的公共文化设施体系。

现行政策强调以大型公共文化设施为骨干，以县(市)、乡镇(街道)和村(社区)基层文化设施为基础，统筹规划，合理布局，使固定设施体系的整体效益得以充分发挥。流动服务体系是目前设施网络体系建设的“短板”，十七届六中全会鼓励文化单位面向农村提供流动服务。数字传播具有跨越时空、无所不在的特点，但数字传播也需要有节点，需要有设施设备，文化共享工程基层点、党员远程教育基层点、农村公共信息服务点等共同构成了基层数字传播设施网络体系。提高公共文化服务的数字化、网络化水平，是未来公共文化建设的重要任务。

(二)产品生产供给体系

产品生产供给体系的基本内容是建立群众基本文化需求的反馈机制，以及城乡群众基本文化服务内容及量化指标，明确并落实公共文化资源生产供给主体、方式、渠道。公共文化机构实行经常性开放和免费提供基本服务，有针对性地设立和实施重大文化惠民项目，重点解决突出矛盾和问题。

建立公共文化产品生产和供给体系，需要处理好政府与市场的关系。公共文化的政府主导，意味着政府是公共文化产品、资源提供的责任主体，至于产品和资源的生产与供给，要充分利用市场机制。采用政府采购、项目补贴、定向资助、贷款贴息、税收减免等多种政策措施鼓励文化企业参与公共文化服务，这是形成完善的公共文化服务产品生产供给体系的方向和路径。公共文化产品和资源的生产途径多元化，供给方式由文化系统的“内循环”转变为市场化的“大循环”，公共文化就会成为涵养文化产业发展的阵地，成为促进文化产业发展的动力，最终形成公益性文化事业和经营性文化产业协调发展、共同繁荣的局面。

(三)人才、技术、资金保障体系

公共文化服务体系建设的人才保障，需要打造三支队伍：高层次的领军人物，高素质的专业人才队伍，规模宏大、结构合理的基层公共文化人才队伍。领军人物队伍建设，目前需要重点解决基层公共文化机构馆长、站长遴选与任命的科学化、规范化、专业化问题，造就一批堪当事业发展中坚的职业化的领军人才。专业人才队伍建设，需要逐步建立和完善公共文化服务专业人员的资格要求和聘任制度，深化职称制度改革，建立有效的激励机制，为专业人才的成长和发展提供良好的制度环境。要形成一种共识：现代社会的公共文化服务是一种专业化的服务，离开了高素质的专业人才支撑，公共文化服务就没有可持续发展的能力。基层公共文化人才队伍建设，一方面要完善机构编制、学习培训、待遇保障等方面的政策措施，重视选好、配齐专职人员，另一方面需要加强基层文化志愿者队伍建设，完善领导体制和运行机制，依托公益性文化设施、重点文化惠民工程、重要节日纪念日以及各种形式的文化帮扶活动，开展多彩的基层文化志愿服务活动。基层公共文化服务需要一支规模宏大、结构合理、专兼职相结合的公共文化人才队伍。

信息时代的公共文化服务，对技术的要求和依赖越来越强。技术应用改变了服务手段、服务方式，也改变了人们享用公共文化服务的方式。公共文化服务要建立现代传播体系、现代服务体系，必须建立相应的技术保障体系。所谓技术保障体系，基本目标是建立公共文化机构利用新技术、新媒体、新手段开展服务和管理的基础设施建设和设备配置标准，以及相应的技术支撑条件，让所有的公共文化机构都具有数字资源提供能力、远程服务能力。

经过长期的探索与实践，对于公共文化服务体系建设的资金保障，十七届六中全会通过的《中共中央关于深化文化体制改革推动社会主义文化大发展大繁荣若干重大问题的决定》以及《国家“十二五”时期文化改革发展规划纲要》等重要文件已确立了明确的方针和原则。第一，公共文化产品和服务项目、公益性文化活动纳入公共财政经常性支出预算；第二，保证公共财政对文化建设投入的增长幅度高于财政经常性收入增长幅度；第三，提高文化支出占财政支出的比例；第四，中央、省（自治区、直辖市）、市三级设立农村文化发展建设专项资金，保证一定数量的中央转移支付资金用于乡镇和村文化建设；第五，设立国家文化发展基金，扩大有关文化基金和专项资金规模，提高各级彩票公益金用于文化事业的比重。总的要求是，建立健全同国力相匹配、同人民群众文化需求相适应的政府投入保障机制，增加公共文化服务体系建设资金和经费保障投入，保障公共文化服务体系的建设和运行。

（四）组织支撑体系

组织支撑体系包括公共文化服务体系建设的领导体制、工作机制，以及公共文化机构的运行机制。

领导体制，首先要加强和改进党委、政府对文化建设的领导。各级党委、政府，要切实负担起推进文化改革发展的政治责任；要把文化建设摆在全局工作的重要位置；把文化改革发展成效纳入科学发展考核评价体系，作为衡量领导班子和领导干部工作业绩的重要依据；把文化建设的内容纳入干部培训计划和各级党校、行政学院、干部学院教学体系。

公共文化服务体系建设的工作机制，目标是形成党委统一领导、党政齐抓共管、宣传部门统一协调、有关部门分工负责、社会力量积极参与的工作格局。在形成文化建设强大合力的同时，文化领域各部门发挥文化建设主力军作用。

公共文化机构作为公益性文化事业单位、独立事业法人，是公共文化服务体系的“细胞”。细胞的活力决定着体系的活力。公共文化机构内部机制改革遵循增加投入、转换机制、增强活力、改善服务的原则进行。公共文化机构运行机制改革的方向是形成政府宏观管理、行业组织指导专业发展与行业自律、公共文化机构实行法人治理结构模式，在这一过程中，特别需要建立和强化公共文化机构的专家咨询制度、公众参与制度。

（五）评估体系

评估体系的基本目标是建立公共文化服务指标体系和绩效考核办法。指标体系是对公共文化服务项目、保障标准、服务标准、支出责任、覆盖水平形成量化标准，有了服务的指标体系，考核服务绩效才有依据。

建立以服务绩效为导向的评价机制，是提升服务能力、改善服务效益所必需的。绩效考核办法要向多元、立体的方向发展，上级考核与第三方评价相结合，体制内考核与社会评价相结合，服务提供者评价与服务受众评价相结合，历时性评价与共时性评价相结合。尤其要着力建设独立第三方评估机制和公众满意度指数，形成政府、社会、公共文化机构、服务受众共同参与的科学高效的绩效考核办法。

四、现代公共文化服务体系的内涵与特点

当今世界，伴随着政治多极化、经济全球化及科学技术日新月异，文化建设和发展理念在走向现代化。文化民生、文化权益、文化善治、公平正义等现代理念与思想融入文化建设实践，改变了文化建设的内容、结构和实现方式。党的十八届三中全会在部署全面深化改革、推进文化体制机制创新任务时，提出了构建现代公共文化服务体系的时代任务，这是世纪之交以来我国公共文化服务体系建设顺应时代发展要求的必然结果，标志着我国公共文化服务体系建设进入了一个新阶段。2015 年 1 月，中共中央办公厅、国务院办公厅正式印发《关于加快构建现代公共文化服务体系的意见》，使构建现代公共文化服务体系有了具体可操作的路径与方法。

现代公共文化服务体系是指具有时代性、创新性和开放性的公共文化服务理念思想、组织体制、运行机制、政策体系、服务系统、传播方式的统称。现代公共文化服务体系的价值目标是崇尚现代文明，弘扬主流观念，引领时代风尚，传承优秀文化。在当代中国，紧紧围绕建设社会主义核心价值体系、社会主义文化强国开展工作，就是现代公共文化服务体系价值目标中国特色的体现。现代公共文化服务体系的体制机制，强调形成政府、社会、市场之间的良性互动关系，建立起多元共治的现代治理结构，激发所有利益相关方的创造活力和参与热情，让体制机制释放出解放生产力、激发创造活力、促进事业发展的巨大能量。现代公共文化服务体系的服务系统和传播方式，强调以人民群众的需求为出发点和落脚点，以体系化的内容建设、服务供给满足人民群众多样化的基本文化需求，在传统服务方式的基础上，强化依托现代信息技术的现代传播体系建设。政策体系是现代公共文化服务体系的制度支撑。现代公共文化服务体系从本质上说，就是现代社会公共文化服务的制度安排、制度建设；形成框架完整、内容健全、运行有效的现代公共文化服务制度体系，是现代公共文化服务体系持续、公平、规范发展的根本保证。全面深化改革的总目标是推进国家治理体系和治理能力的现代化，治理体系和治理能力必然包括文化体系和文化治理能力，因此，现代公共文化服务体系是现代化的国家治理体系的组成部分，是现代化的国家治理能力的必备要素。

以现代治理理念推动现代公共文化服务体系建设，在实践中应把握的基本原则、体现的主要特点有以下六个方面。

(一)公共文化是文化强国战略的基础工程

建设社会主义文化强国，是党的十七届六中全会提出的宏伟战略目标。在文化强国建设的总体格局中，建设以满足人民群众基本文化需求为己任的公共文化，是社会主义文化建设的基本任务。十八届三中全会部署的全面深化文化体制改革任务，要求

紧紧围绕建设社会主义核心价值体系、社会主义文化强国而展开。因此，建设公共文化是文化强国战略基础工程的治理理念，以改革创新的思路、途径、方法夯实文化大厦的公共文化基础，是现代公共文化服务体系中国特色的鲜明体现。

（二）公共文化纳入基本公共服务

《中华人民共和国国民经济和社会发展第十二个五年规划纲要》及《国家基本公共服务体系"十二五"规划》提出了我国目前阶段基本公共服务的领域范围，公共文化位列其中。把公共文化纳入基本公共服务，从理论上回答了公共文化应由政府主导、公共财政支持的合理性与合法性，奠定了公共文化政府主导的理论基础。把公共文化服务作为制度化产品提供给老百姓，这是现代公共文化服务体系的又一鲜明特点。

（三）政府主导，政事分开

现代公共文化服务体系强调政府主导，但政府主导不是政府包办，政府要由"办文化"向"管文化"转变，政府提供公共文化服务的方式需要创新，让市场手段在资源配置、服务提供上发挥更大的作用。文化事业单位需要去行政化，通过建立法人治理结构，形成独立运行、具有内生动力的公共文化服务提供者。正确处理好政府、社会、市场三者的关系，是现代公共文化服务体系的内在要求。

（四）以人民为中心的工作导向

首先，要强调公共文化服务以人民群众的需求为出发点和落脚点，以公共财政的支撑能力为尺度，真正实现资源配置、服务提供与老百姓实际需求的有效对接。其次，公共文化服务实践要充分发挥人民群众的文化创造力，为人民群众的自我表现、自我服务、自我教育创造环境、搭建平台、提供条件，实现全社会文化创造活力竞相迸发、充分涌现。

（五）推动公共文化服务社会化发展

公共文化服务社会化发展首先是坚持和完善引导、鼓励社会力量、社会资本参与公共文化服务体系建设的方针政策。一个新的战略性任务是培育文化类社会组织。为什么要培育？这是现代公共文化服务体系多元共治理念的具体体现，是现代社会公共文化服务提供主体多元化的必然要求，是实现服务型政府更多地以市场手段配置资源、提供服务的必然要求。怎样培育？最重要的是各级政府管理的公共文化资金、项目、服务向所有社会组织开放。

（六）完善现代传播体系

现代信息技术的发展改变了人们的思维模式、行为方式和生活习惯。公共文化服务必须采用现代传播手段，才能与人们特别是年轻一代的接受方式、接受习惯、接受条件相适应。现代传播体系的总要求是：技术先进、传输快捷、覆盖广泛。就公共文化机构来说，必须具有数字资源提供能力和远程服务能力，营造出数字化服务环境和条件；就公共文化服务体系建设来说，必须建立以数字化促进全覆盖、促进均等化的指导思想。

五、重要政策法规选编

(一)《关于加快构建现代公共文化服务体系的意见》[①]

关于加快构建现代公共文化服务体系的意见(节选)

……

一、总体要求

(一)指导思想。以邓小平理论、“三个代表”重要思想、科学发展观为指导，贯彻落实党的十八大和十八届三中、四中全会精神，贯彻落实习近平总书记系列重要讲话精神，按照全面建成小康社会的总体要求，牢固树立以人民为中心的工作导向，以改革创新为动力，以基层为重点，构建体现时代发展趋势、适应社会主义初级阶段基本国情和市场经济要求、符合文化发展规律、具有中国特色的现代公共文化服务体系，促进基本公共文化服务标准化、均等化，推动社会主义文化大发展大繁荣，提高全民族文化素质，增强民族凝聚力，为实现中华民族伟大复兴中国梦提供强大的精神动力和文化支撑。

(二)基本原则

坚持正确导向。以人民为中心，以社会主义核心价值观为引领，发展先进文化，创新传统文化，扶持通俗文化，引导流行文化，改造落后文化，抵制有害文化，巩固基层文化阵地，促进在全社会形成积极向上的精神追求和健康文明的生活方式。

坚持政府主导。从基本国情出发，认真研究人民群众的精神文化需求，因地制宜，科学规划，分类指导，按照一定标准推动实现基本公共文化服务均等化，切实保障人民群众基本文化权益，促进实现社会公平。

坚持社会参与。简政放权，减少行政审批项目，引入市场机制，激发各类社会主体参与公共文化服务的积极性，提供多样化的产品和服务，增强发展活力，积极培育和引导群众文化消费需求。

坚持共建共享。加强统筹管理，建立协同机制，明确责任，优化配置各方资源，做到物尽其用、人尽其才，发挥整体优势，提升综合效益。

---

① 关于加快构建现代公共文化服务体系的意见[EB/OL]. [2015-01-14]. http://www.gov.cn/xinwen/2015-01/14/content_2804250.htm。

坚持改革创新。加快转变政府职能，完善管理体制机制，创新公共文化服务内容和形式，促进文化与科技深度融合，推动文化事业和文化产业协调发展。

（三）主要目标。到2020年，基本建成覆盖城乡、便捷高效、保基本、促公平的现代公共文化服务体系。公共文化设施网络全面覆盖、互联互通，公共文化服务的内容和手段更加丰富，服务质量显著提升，公共文化管理、运行和保障机制进一步完善，政府、市场、社会共同参与公共文化服务体系建设的格局逐步形成，人民群众基本文化权益得到更好保障，基本公共文化服务均等化水平稳步提高。

二、统筹推进公共文化服务均衡发展

（四）促进城乡基本公共文化服务均等化。把城乡基本公共文化服务均等化纳入国民经济和社会发展总体规划及城乡规划。根据城镇化发展趋势和城乡常住人口变化，统筹城乡公共文化设施布局、服务提供、队伍建设、资金保障，均衡配置公共文化资源。整合利用闲置学校等现有城乡公共设施，依托城乡社区综合服务设施，加强城市社区和农村文化设施建设。拓展重大文化惠民项目服务“三农”内容。加大对农村民间文化艺术的扶持力度，推进“三农”出版物出版发行、广播电视涉农节目制作和农村题材文艺作品创作。完善农家书屋出版物补充更新工作。统筹推进农村地区广播电视用户接收设备配备工作，鼓励建设农村广播电视维修服务网点。大力开展流动服务和数字服务，打通公共文化服务“最后一公里”。建立公共文化服务城乡联动机制。以县级文化馆、图书馆为中心推进总分馆制建设，加强对农家书屋的统筹管理，实现农村、城市社区公共文化服务资源整合和互联互通。推进城乡“结对子、种文化”，加强城市对农村文化建设的帮扶，形成常态化工作机制。

（五）推动革命老区、民族地区、边疆地区、贫困地区公共文化建设实现跨越式发展。与国家扶贫开发攻坚战略结合，编制老少边穷地区公共文化服务体系建设发展规划纲要。根据国家基本公共文化服务指导标准，明确老少边穷地区服务和资源缺口，按照精准扶贫的要求，以广播电视服务网络、数字文化服务、乡土人才培养、流动文化服务、农村留守妇女儿童文化帮扶等为重点，集中实施一批文化扶贫项目。落实对国家在贫困地区安排的公益性文化建设项目取消县以下（含县）及西部地区集中连片特困地区市地级配套资金的政策。加强边境地区基层公共文化设施建设。促进地区对口帮扶，加大人才交流和项目支援力度。深入实施边远贫困地区、边疆民族地区、革命老区人才文化工作者专项支持计划。支持老少边穷地区挖掘、开发、利用民族民间文化资源，充实公共文化服务内容。力争在较短时间内使老少边穷地区公共文化服务能力和水平有明显改善。

（六）保障特殊群体基本文化权益。将老年人、未成年人、残疾人、农民工、农村留守妇女儿童、生活困难群众作为公共文化服务的重点对象。积极开展面向老年人、未成年人的公益性文化艺术培训服务、演展和科技普及活动。开展学龄前儿童基础阅读促进工作和向中小学生推荐优秀出版物、影片、戏曲工作。指导互联网网站、互联网文化企业等开发制作有利于青少年身心健康的优秀作品。将中小学生定期参观博物馆、美术馆、纪念馆、科技馆纳入中小学教育教学活动计划。加强乡村学校少年宫建设。实施青少年体育活动促进计划。公共文化服务机构要为残疾人提供无障碍设施。实施盲文出版项目，开发视听读物，建设有声图书馆，鼓励和支持有条件的电视台增加手语节目或加配字幕。加强对残疾人文化艺术的扶持力度。加快将农民工文化建设纳入常住地公共文化服务体系，以公共文化机构、社区和用工企业为实施主体，满足农民工群体尤其是新生代农民工的基本文化需求。

（七）建立基本公共文化服务标准体系。以人民群众基本文化需求为导向，围绕看电视、听广播、读书看报、参加公共文化活动等群众基本文化权益，根据国家经济社会发展水平和供给能力，明确国家基本公共文化服务的内容、种类、数量和水平，以及应具备的公共文化服务基本条件和各级政府的保障责任，确立国家基本公共文化服务指导标准，明确政府保障底线，做到保障基本、统一规范。各地要根据国家指导标准，制定与当地经济社会发展水平相适应、具有地域特色的地方实施标准，逐步形成既有基本共性又有特色个性、上下衔接的标准指标体系。标准以县为基本单位推进落实。建立基本公共文化服务标准动态调整机制，根据经济社会的发展变化，适时调整提高具体指标。

（八）提升公共文化设施建设、管理和服务水平。健全公共文化设施布局、土地使用、建设规模、设计和施工规范以及技术要求等标准。按照城乡人口发展和分布，坚持均衡配置、严格预留、规模适当、功能优先、经济适用、节能环保的原则，合理规划建设各类公共文化设施。结合基层公共服务设施建设，制定村（社区）综合公共文化服务中心建设标准，充分利用现有城乡公共设施，统筹建设集宣传文化、党员教育、科技普及、普法教育、体育健身等多功能于一体的基层公共文化服务中心，配套建设群众文体活动场地。坚持设施建设和运行管理并重，健全公共文化设施运行管理和服务标准体系，规范各级各类公共文化机构服务项目和服务流程，完善内部管理制度，提高服务水平。

三、增强公共文化服务发展动力

（九）培育和促进文化消费。在公共文化服务体系建设中统筹考虑群众的基本文化需求和多样化文化需求，推动公共文化服务向优质服务转变，实现标准化和个性化服务的有机统一。广泛开展公益性文化艺术活动，培养健康向上的文艺爱好，扩大和提升文化消费需求。鼓励有条件的公共文化机构挖掘特色资源，加强文化创意产品研发，创新文化产品和服务内容。完善公益性演出补贴制度，通过票价补贴、剧场运营补贴等方式，支持艺术表演团体提供公益性演出。鼓励在商业演出和电影放映中安排低价场次或门票，鼓励出版适应群众购买能力的图书报刊，鼓励网络文化运营商开发更多低收费业务，推动经营性文化设施、非物质文化遗产传习场所和传统民俗文化活动场所等向公众提供优惠或免费的公益性文化服务。积极发展与公共文化服务相关联的教育培训、体育健身、演艺会展、旅游休闲等产业，引导和支持各类文化企业开发公共文化产品和服务，满足人民群众多层次的文化消费需求。

（十）鼓励和引导社会力量参与。进一步简政放权，减少行政审批项目，吸引社会资本投入公共文化领域。建立健全政府向社会力量购买公共文化服务机制。出台政府购买公共文化服务指导性意见和目录，将政府购买公共文化服务资金纳入财政预算。推广运用政府和社会资本合作等模式，促进公共文化服务提供主体和提供方式多元化。鼓励和支持社会力量通过投资或捐助设施设备、兴办实体、资助项目、赞助活动、提供产品和服务等方式参与公共文化服务体系建设。推动建立健全公开透明的社会捐赠管理制度。鼓励党政机关、国有企事业单位和学校的各类文体设施向社会免费或优惠开放。创新公共文化设施管理模式，有条件的地方可探索开展公共文化设施社会化运营试点，通过委托或招投标等方式吸引有实力的社会组织和企业参与公共文化设施的运营。

（十一）培育和规范文化类社会组织。加强对文化类行业协会、基金会、民办非企业单位等社会组织的引导、扶持和管理，促进规范有序发展。制定完善关于文化类社会组织的规章，明确功能定位。鼓励各类公共文化服务机构成立行业协会，发挥其在行业自律、行业管理、行业交流等方面的重要作用。加快推进文化行业协会与行政机关脱钩，将适合由社会组织提供的公共文化服务事项交由社会组织承担。引导文化类社会组织依法依规开展公共文化服务。加大政府向文化类社会组织购买服务力度。加强政府管理和社会监督，严格执行社会组织年检制度和信息公开制度，开展运营绩效评估和社会信用评估，实现依法管理、依法运营。

（十二）大力推进文化志愿服务。大力弘扬志愿服务精神，坚持志愿服务与政府服务、市场服务相衔接，奉献社会与自我发展相统一，社会倡导和自愿参与相结合，构建参与广泛、内容丰富、形式多样、机制健全的文化志愿服务体系。创新服务内容、工作方式和活动载体，探索具有地方或行业特色的文化志愿服务模式。完善文化志愿者注册招募、服务记录、管理评价和激励保障机制。动员组织专家学者、艺术家、优秀运动员等社会知名人士参加志愿服务，提高社会影响力。要建立“结对子、种文化”工作机制，推动专业艺术院团、体育运动队和艺术体育院校等到基层教、学、帮、带，建立志愿服务下基层制度。加强对文化志愿队伍的培训，提升文化志愿者的服务意识、服务能力和服务水平。

四、加强公共文化产品和服务供给

（十三）提升公共文化服务效能。完善公共文化设施免费开放的保障机制。深入推进公共图书馆、博物馆、文化馆、纪念馆、美术馆等免费开放工作，逐步将民族博物馆、行业博物馆纳入免费开放范围。推动科技馆、工人文化宫、妇女儿童活动中心以及青少年校外活动场所免费提供基本公共文化服务项目。建立群众文化需求反馈机制，及时准确了解和掌握群众文化需求，制定公共文化服务提供目录，开展“菜单式”、“订单式”服务。加强公共文化服务品牌建设，推动形成具有鲜明特色和社会影响力的服务项目。加大对跨部门、跨行业、跨地域公共文化资源的整合力度。以行业联盟等形式，开展馆际合作，推进公共文化机构互联互通，开展文化服务“一卡通”、公共文化巡展巡讲巡演等服务，实现区域文化共建共享。加强基层广播电视播出机构服务能力建设。充分利用广播、电视、网络双向互动功能，为各级政府部门便民服务提供窗口和平台。

（十四）丰富优秀公共文化产品供给。进一步发挥国家级评奖和艺术、出版等基金的引导带动作用，创作生产更多传播当代中国价值观念、体现中华文化精神、反映中国人审美追求，思想性、艺术性、观赏性有机统一的优秀文化产品。建立优秀传统文化传承和发展体系。加强戏曲等优秀文化艺术的普及推广工作。开展优秀文化遗产、高雅艺术进校园、进社区，推进送戏、送书、送电影下乡等项目和优秀出版物推荐活动。提高网络文化产品和服务供给能力，促进优秀传统文化瑰宝和当代文化精品网络传播。推动少数民族地区广播电视播出机构在推广国家通用语言文字的同时，开办少数民族语言的频率频道，提高少数民族语言节目译制、制作、播映和传输覆盖能力；继续实施少数民族新闻出版“东风工程”，加强少数民族文字及双语出版物的出版发行和少数民族语言文艺作品的创作；推进少数民族语言文字网站建设。加强知识产权审核和版权保护，防止侵权或盗版产品进入公共文化服务供给体系。大力发展公益广告，有效推广公益慈善理念。

（十五）活跃群众文化生活。深入开展全民阅读活动，推动全民阅读进家庭、进社区、进校园、进农村、进企业、进机关。积极开展全民艺术普及、全民健身、全民科普和群众性法治文化活动。实施基层特色文化品牌建设项目，以富有时代感的内容形式，吸引更多群众参与文化活动。引导广场文化活动健康、规范、有序开展。推进民间文化艺术之乡建设。以“我们的节日”为主题，组织开展群众性节日民俗活动；传承和发展民族民间传统体育，广泛开展形式多样的群众性体育活动。鼓励群众自办文化，支持成立各类群众文化团队。通过组织示范性展演等形式，为民间文化队伍提供展示交流的平台。推进红色文化、社区文化、乡土文化、校园文化、企业文化、军旅文化、家庭文化建设，培育积极健康、多姿多彩的社会文化形态。促进边疆少数民族地区和其他地区群众文化交往交流交融。加强群众性文化活动的国际交流，支持群众文化走出去，形成多层次的对外文化交流格局。

五、推进公共文化服务与科技融合发展

（十六）加大文化科技创新力度。围绕公共文化服务体系建设的重大科技需求，发挥文化和科技相互促进的作用，结合中央财政科技计划（专项、基金等）管理改革要求，将公共文化科技创新纳入科技发展专项规划，深入实施国家文化科技创新工程。研究制定公共文化服务领域科技标准规范。开展文化专用装备、软件、系统的研发应用，推进公共文化服务创新手段、提高效能。加强科技成果转化应用，实施一批公共文化服务科技创新应用示范项目；支持公共文化机构、科研院所、高科技企业合作开展各类关键技术研究。依托国家公共文化服务体系建设示范区（项目）、高新技术园区和可持续发展实验区，开展公共文化服务与科技融合示范工作。

（十七）加快推进公共文化服务数字化建设。结合“宽带中国”、“智慧城市”等国家重大信息工程建设，加快推进公共文化机构数字化建设。统筹实施全国文化信息资源共享、数字图书馆博物馆建设、直播卫星广播电视公共服务、农村数字电影放映、数字农家书屋、城乡电子阅报屏建设等项目，构建标准统一、互联互通的公共数字文化服务网络，在基层实现共建共享。提高资源供给能力，科学规划公共数字文化资源建设，建设分布式资源库群，鼓励各地整合中华优秀文化资源，开发特色数字文化产品。支持数字版权公共服务平台建设，实现公共数字文化资源有效保护。加强公共文化大数据采集、存储和分析处理。加快推进数字文化资源在智能社区中的应用，实现“一站式”服务。

（十八）提升公共文化服务现代传播能力。着眼于形成与我国经济社会发展水平相称的传播能力，加快构建现代文化传播体系，保障信息传播的高效快捷和安全有序。灵活运用宽带互联网、移动互联网、广播电视网、卫星网络等手段，拓宽公共文化资源传输渠道。大力推进“三网融合”，促进高清电视、互动电视、交互式网络电视（IPTV）、手机电视等新业务发展，推广数字智能终端、移动终端等新型载体。推进数字出版，构建数字出版物传播平台。加强广播电视台、发射台（站）、监测台（站）建设，继续实施广播电视高山无线发射台站建设工程。积极推进有线电视网络建设和数字化双向化改造，加快推进直播卫星和地面数字电视覆盖建设，努力实现广播电视户户通。实施国家和地方应急广播工程，完善应急广播覆盖网络，打造基层政务信息发布、政策宣讲和灾害预警应急指挥平台。

六、创新公共文化管理体制和运行机制

（十九）建立公共文化服务体系建设协调机制。立足当前公共文化服务体系建设实际，完善党委领导、政府管理、部门协同、权责明确、统筹推进的公共文化服务体系建设管理制度。以国家公共文化服务体系建设协调组为平台，由文化部门牵头，充分发挥各部门职能作用和资源优势，在规划编制、政策衔接、标准制定和实施等方面加强统筹、整体设计、协调推进。各地要根据实际，建立相应的协调机制。推进国家公共文化服务体系示范区（项目）创建。发挥基层党委和政府作用，建立统一的基层公共文化服务平台，加强各类重大文化项目的统筹实施，探索整合基层公共文化服务资源的方式和途径，实现共建共享，提升综合效益。

（二十）加大公益性文化事业单位改革力度。按照关于深化文化体制改革和推进事业单位分类改革的要求，理顺政府和公益性文化事业单位之间的关系，探索管办分离的有效形式。进一步落实公益性文化事业单位法人自主权，强化公共服务功能，增强发展活力，发挥公共文化服务骨干作用。全面推进人事制度、收入分配制度、社会保障、经费保障制度改革。创新运行机制，建立事业单位法人治理结构，推动公共图书馆、博物馆、文化馆、科技馆等组建理事会，吸纳有关方面代表、专业人士、各界群众参与管理，健全决策、执行和监督机制。完善年度报告和信息披露、公众监督等基本制度，加强规范管理。加强和改进公益性文化事业单位党组织建设，充分发挥基层党组织的战斗堡垒作用和共产党员的先锋模范作用。

（二十一）创新基层公共文化管理机制。发挥城乡基层群众性自治组织的作用，推动开展公共文化服务参与式管理，推广居民、村民评议等行之有效的做法，健全民意表达和监督机制，引导城市社区居民和村民参与公共文化服务项目规划、建设、管理和监督，维护群众的文化选择权、参与权和自主权。调动驻村（社区）单位、企业和社会组织等多方面力量，统筹资源，共同参与基层文化的管理和服务，形成多元联动格局。扎实推进社区文化志愿服务。推进将公共文化服务纳入基层社区服务网格进行管理，培育城乡社区互助文化，营造社区和谐环境。

（二十二）完善公共文化服务评价工作机制。以效能为导向，制定政府公共文化服务考核指标，作为考核评价领导班子和领导干部政绩的重要内容，纳入科学发展考核体系。建立公共文化机构绩效考评制度，考评结果作为确定预算、收入分配与负责人奖惩的重要依据。加强对重大文化项目资金使用、实施效果、服务效能等方面的监督和评估。完善服务质量监测体系，研究制定公众满意度指标，建立群众评价和反馈机制。探索建立公共文化服务第三方评价机制，增强公共文化服务评价的客观性和科学性。

七、加大公共文化服务保障力度

（二十三）加强组织领导。各有关部门和单位要进一步认识构建现代公共文化服务体系的重要意义，根据本意见的要求，结合“十三五”规划的编制，尽快制定完善相关配套政策，明确责任，统筹建设，协同推进，狠抓落实。地方各级党委和政府要将构建现代公共文化服务体系纳入本地区国民经济和社会发展总体规划，纳入重要议事日程，切实加强组织领导，并结合实际制订实施方案、规划或专项行动计划，明确责任和时间表、路线图，集中力量推进工作落实。做好宣传和舆论引导工作，形成全社会支持和参与现代公共文化服务体系建设的良好氛围。

(二十四)加大财税支持力度。合理划分各级政府基本公共文化服务支出责任，建立健全公共文化服务财政保障机制，按照基本公共文化服务标准，落实提供基本公共文化服务项目所必需的资金，保障公共文化服务体系建设和运行。进一步完善转移支付体制，加大中央财政和省级财政转移支付力度，重点向革命老区、民族地区、边疆地区、贫困地区倾斜，着力支持农村和城市社区基层公共文化服务设施建设，保障基层城乡居民公平享有基本公共文化服务。进一步拓展资金来源渠道，加大政府性基金与一般公共预算的统筹力度。创新公共文化服务投入方式，采取政府购买、项目补贴、定向资助、贷款贴息等政策措施，支持包括文化企业在内的社会各类文化机构参与提供公共文化服务。落实现行鼓励社会组织、机构和个人捐赠公益性文化事业所得税税前扣除政策规定。加强对公共文化服务资金管理使用情况的监督和审计，开展绩效评价。

(二十五)加强基层文化队伍建设。进一步完善选人用人机制，着力培养一批具有现代意识、创新意识的公共文化管理者和基层公共文化服务人才队伍。按照控制总量、盘活存量、优化结构、有减有增的要求，研究制定公共文化机构人员编制标准，并根据业务发展状况进行动态调整。对实行免费开放后工作量大量增加、现有机构编制难以满足工作需要的公益性文化事业单位，要结合实际和财力，合理增加机构编制。加强对农村文化队伍的管理和使用，在现有编制总量内，落实每个乡镇综合文化站(中心)编制配备不少于1至2名的要求，规模较大的乡镇适当增加。设立城乡基层公共文化服务岗位，配置由公共财政补贴的工作人员。将公共文化服务专业人才培养纳入国民教育体系。稳步推进基层公共文化服务队伍培训，建立培训上岗制度，全面提高从业人员素质。乡镇综合文化站(中心)从业人员应熟悉广播电视技术，具备组织群众文化活动等多方面的服务能力。完善基层公共文化服务人才激励和保障机制。加强基层乡土文化人才建设。发展壮大社会体育指导员队伍。

(二十六)建立健全公共文化服务法律体系。加快建立健全坚持社会主义先进文化前进方向、遵循文化发展规律、有利于激发文化创造力、保障人民基本文化权益的文化法律制度，依法保障公民的文化权利得到有效落实。加快出台公共文化服务保障法等相关法律法规，为现代公共文化服务体系建设提供法律支撑。加强公共文化立法与文化体制改革重大政策的衔接，加快制定地方性公共文化服务法律规范，提高公共文化服务领域法治化水平。

(二)《中共中央关于全面深化改革若干重大问题的决定》[①]

中共中央关于全面深化改革若干重大问题的决定(节选)

(2013 年 11 月 12 日中国共产党第十八届中央委员会第三次全体会议通过)

十一、推进文化体制机制创新

建设社会主义文化强国，增强国家文化软实力，必须坚持社会主义先进文化前进方向，坚持中国特色社会主义文化发展道路，培育和践行社会主义核心价值观，巩固马克思主义在意识形态领域的指导地位，巩固全党全国各族人民团结奋斗的共同思想基础。坚持以人民为中心的工作导向，坚持把社会效益放在首位、社会效益和经济效益相统一，以激发全民族文化创造活力为中心环节，进一步深化文化体制改革。

(38)完善文化管理体制。按照政企分开、政事分开原则，推动政府部门由办文化向管文化转变，推动党政部门与其所属的文化企事业单位进一步理顺关系。建立党委和政府监管国有文化资产的管理机构，实行管人管事管资产管导向相统一。

健全坚持正确舆论导向的体制机制。健全基础管理、内容管理、行业管理以及网络违法犯罪防范和打击等工作联动机制，健全网络突发事件处置机制，形成正面引导和依法管理相结合的网络舆论工作格局。整合新闻媒体资源，推动传统媒体和新兴媒体融合发展。推动新闻发布制度化。严格新闻工作者职业资格制度，重视新型媒介运用和管理，规范传播秩序。

(39)建立健全现代文化市场体系。完善文化市场准入和退出机制，鼓励各类市场主体公平竞争、优胜劣汰，促进文化资源在全国范围内流动。继续推进国有经营性文化单位转企改制，加快公司制、股份制改造。对按规定转制的重要国有传媒企业探索实行特殊管理股制度。推动文化企业跨地区、跨行业、跨所有制兼并重组，提高文化产业规模化、集约化、专业化水平。

鼓励非公有制文化企业发展，降低社会资本进入门槛，允许参与对外出版、网络出版，允许以控股形式参与国有影视制作机构、文艺院团改制经营。支持各种形式小微文化企业发展。

在坚持出版权、播出权特许经营前提下，允许制作和出版、制作和播出分开。建立多层次文化产品和要素市场，鼓励金融资本、社会资本、文化资源相结合。完善文化经济政策，扩大政府文化资助和文化采购，加强版权保护。健全文化产品评价体系，

---

① 中共中央关于全面深化改革若干重大问题的决定[EB/OL]. [2013-11-15]. http://www.gov.cn/jrzg/2013－11/15/content_2528179.htm。

改革评奖制度，推出更多文化精品。

(40)构建现代公共文化服务体系。建立公共文化服务体系建设协调机制，统筹服务设施网络建设，促进基本公共文化服务标准化、均等化。建立群众评价和反馈机制，推动文化惠民项目与群众文化需求有效对接。整合基层宣传文化、党员教育、科学普及、体育健身等设施，建设综合性文化服务中心。

明确不同文化事业单位功能定位，建立法人治理结构，完善绩效考核机制。推动公共图书馆、博物馆、文化馆、科技馆等组建理事会，吸纳有关方面代表、专业人士、各界群众参与管理。

引入竞争机制，推动公共文化服务社会化发展。鼓励社会力量、社会资本参与公共文化服务体系建设，培育文化非营利组织。

(41)提高文化开放水平。坚持政府主导、企业主体、市场运作、社会参与，扩大对外文化交流，加强国际传播能力和对外话语体系建设，推动中华文化走向世界。理顺内宣外宣体制，支持重点媒体面向国内国际发展。培育外向型文化企业，支持文化企业到境外开拓市场。鼓励社会组织、中资机构等参与孔子学院和海外文化中心建设，承担人文交流项目。

积极吸收借鉴国外一切优秀文化成果，引进有利于我国文化发展的人才、技术、经营管理经验。切实维护国家文化安全。

【本章小结】

本章介绍了我国公共文化服务体系理念、政策的兴起与发展历程，系统梳理了党和政府在公共文化服务体系建设方面的重大方针政策及其内容演进，重点解读了"覆盖全社会的公共文化服务体系基本建立"这一时代任务实现的保障政策——以政府为主导，以公共财政为支撑，以公益性文化单位为骨干，以农村基层为重点，以全体人民为服务对象，鼓励全社会参与。阐述了保障人民群众基本文化权益的主要内容，以及公共文化服务体系公益性、基本性、均等性、便利性四大特点。围绕公共文化服务体系构成要素，阐释了五大子系统的内容及其要求。最后，阐释了现代公共文化服务体系的内涵及特点。

【思考题】

1. 公共文化服务的时代任务、实现路径。

2. 正确理解公共文化服务均等性的内涵。

3. 公共文化设施网络体系的构成。

4. 构建完善的公共文化服务产品生产供给体系的路径。

5. 公共文化服务体系建设资金保障的方针和原则。

6. 公共文化服务体系建设的工作机制。

7. 正确理解现代公共文化服务体系的内涵。

8. 现代公共文化服务体系的显著特点。

第三章　公共文化服务均等化标准化建设

【目标与任务】

掌握公共文化服务均等化的基本内涵和标准化的基本类型。了解促进公共文化服务城乡一体化的基本途径，贫困地区公共文化服务建设的基本方向。掌握特殊群体公共文化权益保障的基本方法。

一、促进公共文化服务均等化、标准化发展

公共文化服务以全体人民为服务对象，均等化是最核心的理念和最显著的特点。

公共文化服务均等化的含义，是指政府要为社会公众提供基本的、与经济社会发展水平和群众需求相适应的、大致均等的公共文化产品和服务。正确理解均等化，需要理清两方面的问题。首先，均等化的内容、范围具有相对性。从供给内容上看，是指基本公共文化服务的均等供给，不是所有文化服务的均等供给；从供给的数量和质量上看，强调以满足群众基本需求为目标和以公共财政支撑能力为尺度的统一；从实现范围上看，由于经济社会发展水平的地域差异长期存在，大致均等的公共文化服务同样具有地域差异。其次，均等化是指机会均等、起点均等，不是结果平均。政府的责任是通过均等化的制度安排，保障全体社会成员有公平均等地享受公共文化服务的机会和条件，通过机会均等保证起点公平。但是，文化消费是选择性消费，"萝卜白菜各有所爱"，均等化不是指每一个社会成员最终享受的公共文化服务的平均化，均等化不排斥个人享受公共文化服务的多元选择和自由选择。

群众文化需求的无限性和政府责任与公共财政支撑能力的有限性是一对矛盾。如何把实现公共文化服务均等化变为各级政府的自觉行动？需要有制度化的约束，有明确具体的标准，让各级政府知道与自身职责相应的均等化的公共文化服务应该提供什么，提供到什么程度，达到什么标准，这就是公共文化服务的标准化。标准化通过制

定、发布和实施一系列具有约束性的公共文化服务标准来实现；标准化的目的，是追求公共文化服务的最佳秩序和最佳效能。十八届三中全会提出促进公共文化服务标准化、均等化，真正的含义是以公共文化服务的标准化促进均等化，标准化是手段，均等化是目的，标准化是均等化的基础和前提，离开了标准化，均等化就没有尺度，没有约束，没有衡量准则，也就没有真正的均等化。

公共文化服务标准化体系主要包括三方面的标准：一是保障标准，主要指体现各级政府责任和义务的保障标准；二是业务和技术标准，主要指有关公共文化服务的设施建设、业务管理、服务规范、技术应用等方面的标准；三是评价标准，主要指针对各级政府、公共文化机构、项目、活动等的评价标准。

我国公共文化服务标准化建设已经有了一定基础，成果集中在业务和技术标准、评价标准两方面，如主要用于规范设施网点布局的"建设用地指标"系列，主要用于规范设施建设规模的"建设标准"系列，主要用于规范服务内容与质量的"服务规范"系列，主要用于评价发展水平的"评估标准"系列等。目前，与均等化关系密切的保障标准是薄弱环节。保障标准是体现基本权益、政府责任、地域特色和发展方向的标准，主要内容应包括公共文化服务的设施布局和建设标准，公共文化服务产品和资源配置标准，公共文化服务人才配备和队伍建设标准，公共文化服务经费投入标准。在我国，保障标准应按照统筹规划、需求导向、因地制宜、分级制定的原则实现体系化。中央政府按照"最低公益原则"制定具有"底线标准"性质的全国普适性保障标准，各级地方政府根据当地实际制定不低于"底线标准"的地方标准，以使保障标准与地方经济社会发展水平相适应，体现地方文化特色。

为落实十八届三中全会的要求，文化部于 2014 年初开始牵头编制《国家基本公共文化服务指导标准》，于 2015 年新年伊始作为中共中央办公厅、国务院办公厅《关于加快构建现代公共文化服务体系的意见》的附件予以公布。这是我国第一份明确国家基本公共文化服务内容和种类，体现政府保障责任的"底线标准"，被称为公共文化领域的"义务教育标准"。该标准涵盖基本服务项目、硬件设施和人员配备三大类别 14 个方面，共提出 22 项基本公共文化服务指导标准，主要规范了目前阶段我国基本公共文化服务的内容和种类，在全国范围内发挥保障基本、统一规范的作用。按照建立基本公共文化服务标准体系的顶层设计，各省级人民政府要根据国家指导标准，制定与本省经济社会发展水平相适应、具有地域特色的实施标准。各地（市）、县（市）人民政府制定公布当地公共文化服务目录，并组织实施。从国家到省级、再到市县，形成既有基本共性又有特色个性、上下衔接的标准指标体系。

制定和颁布《国家基本公共文化服务指导标准（2015—2020 年）》，进而建立基本公共文化服务标准体系，标志着十八届三中全会提出的以公共文化服务的标准化促进均等化的战略思想已经化为实际行动，体现了现代公共文化服务体系的鲜明特色，在我国公共文化服务体系建设进程中具有划时代意义。

保障标准的发展目标是走向法律化。2016年年底出台的《中华人民共和国公共文化服务保障法》，将保障标准作为基本制度纳入法律规范体系，以最高的规制力保障了以标准化促进均等化的建设路径。

二、公共文化服务城乡一体化发展

“城乡一体化”发展，说到底就是站在国民经济和社会发展的全局高度，把城市和农村的经济社会发展作为整体统一筹划、通盘考虑，把城市和农村存在的问题及其相互关系综合起来研究、统筹解决，既发挥城市对农村的辐射作用，发挥工业对农业的带动作用，又发挥农村对城市、农业对工业的促进作用，实现城乡良性互动，以改变城乡二元结构为目的，建立起社会主义市场经济体制下的平等、和谐、协调发展的城乡关系和工农关系，实现城乡经济社会一体化发展。

与之相应，“公共文化服务城乡一体化”发展，就是要把城乡公共文化服务纳入“城乡一体化”总盘子，综合考虑城市和农村一体化的公共文化服务体系建设，采取以城带乡、城乡互动的办法，着力破解城乡公共文化二元结构，重点扩大农村基层公共文化资源供给和服务能力，有效保障农村基层人民群众的基本文化权益，实现城乡公共文化服务均等化发展。

公共文化服务城乡一体化发展的实施路径，主要包括以下十个方面。

一是把城乡基本公共文化服务均等化纳入国民经济和社会发展总体规划及城乡规划。纳入规划的目的在于便于统一规划公共文化设施建设。特别是充分考虑新建城区和社区、大型产业园区、务工人员集聚区域的公共文化服务规划配套建设，使这些地区公共文化服务发展水平基本保持与新型城镇化进度同步。

二是根据城镇化发展趋势和城乡常住人口变化，统筹城乡公共文化设施布局、服务提供、队伍建设、资金保障，均衡配置公共文化资源。近年来，随着城镇化建设进程的加快，农村人口不断向按产业集聚形成的中心村转移、向城关镇转移。“空心村”现象不仅出现在自然村，部分行政村也呈“空心化”。同时，现有公共文化服务体系建设重心在农村基层，往往强调要落实到乡村层面。因此，国家及省级的农村文化活动经费、项目等，通常很难惠及城关镇的社区居民。但是，城关镇又集聚了大量农村进城人口，占全部人口的比例较高，应有公共文化服务供给困难重重，形成城关镇社区“灯下黑”现象，问题较为严重。根据城镇化发展趋势和城乡常住人口变化，突破行政区划限制，来统筹公共文化服务建设，便于解决农村“空心化”与城关镇“灯下黑”并存等突出问题，既最大限度地满足了城乡居民的文化需求，又有效避免了重复建设的浪费。

三是整合利用闲置学校等现有城乡公共设施，依托城乡社区综合服务设施，加强城市社区和农村文化设施建设。不搞大拆大建，避免重复浪费，利用盘活存量、调整置换、集中利用等方式提供城乡公共文化服务，这是提高公共文化服务效能的基本举措。

四是拓展重大文化惠民项目服务“三农”内容。加大对农村民间文化艺术的扶持力度，推进“三农”出版物出版发行、广播电视涉农节目制作和农村题材文艺作品创作。农村基层是公共文化服务的难点与重点，只有提供农村居民喜闻乐见的内容，文化惠民项目才能真正发挥出弥补“短板”、丰富农村文化建设的作用。

五是完善农家书屋出版物补充更新工作。只有不断更新阅读资源，才能让农家书屋具备服务能力，才能发挥出应有作用。

六是统筹推进农村地区广播电视用户接收设备配备工作，鼓励建设农村广播电视维修服务网点。

七是大力开展流动服务和数字服务，打通公共文化服务“最后一公里”。

八是建立公共文化服务城乡联动机制。

九是以县级文化馆、图书馆为中心推进总分馆制建设，加强对农家书屋的统筹管理，实现农村、城市社区公共文化服务资源整合和互联互通。

十是推进城乡“结对子、种文化”，加强城市对农村文化建设的帮扶，形成常态化工作机制。

三、贫困地区公共文化服务体系建设

贫困地区公共文化服务体系建设起点低、基础差、投入不足，公共文化服务水平总体不高，在设施建设、管理运行、人才队伍、服务效能等方面与发达地区的差距仍在持续扩大。构建中国特色现代公共文化服务体系、实现基本公共文化服务标准化均等化，最艰巨最繁重的任务在贫困地区。

加快推进贫困地区公共文化服务体系建设，是服务脱贫攻坚大局、构建现代公共文化服务体系的重要任务，也是统筹城乡区域文化一体化发展、维护国家文化安全、保障人民群众基本文化权益、促进全体人民共享文化改革发展成果的重大举措，更是全面建成小康社会、构建社会主义和谐社会的迫切需要。

2015年12月初，文化部、国家发展改革委、国家民委、财政部、新闻出版广电总局、体育总局、国务院扶贫办共同印发了《“十三五”时期贫困地区公共文化服务体系建设规划纲要》(以下简称《规划纲要》)，这是我国贫困地区全面建成小康社会的基本公共文化服务顶层设计，是指导“十三五”时期贫困地区公共文化服务体系建设的行动纲领，也是落实《关于加快构建现代公共文化服务体系的意见》，推动贫困地区公共文化建设跨越式发展战略部署的又一具体举措。

与全面建成小康社会的总目标相适应，《规划纲要》明确提出了到2020年我国贫困地区公共文化服务体系建设的总体目标：公共文化服务能力和水平明显改善，基本公共文化服务主要指标接近全国平均水平，群众基本文化权益得到更好的保障，公共文化在提高群众科学文化素质、促进当地经济社会全面发展方面发挥更大的作用。怎样确保这一总体目标如期全面实现？《规划纲要》从完善设施建设、促进均衡发展、增强发展动力、提高服务效能、推进数字服务、加强队伍建设、开展文化帮扶、助力脱贫致富八大方面做出了全面部署。在此基础上，《规划纲要》对贫困地区公共文化服务体系建设最关键的设施、效能、数字化三大问题，制定了一系列促进跨越式发展的政策、措施，规划了项目和方法路径，具有鲜明的问题导向、突出重点的特色。

完善的公共文化设施体系是形成完备的公共文化服务体系的基础。目前，贫困地区公共文化服务体系建设的重要短板之一，就是基础设施欠账较多、体系化程度不高，这也是贫困地区和经济发达地区最大的差距。《规划纲要》遵循公共文化发展的规律，提出了“十三五”期间设施体系建设的新思路——构建固定设施、流动设施和数字设施有机结合、相互补充的设施网络体系，体现了开放、立体、实用、高效的设施建设新理念。以这一理念为指导，《规划纲要》部署了“十三五”时期贫困地区设施建设的三大着力点：一是县级公共图书馆、文化馆等基础性公共文化设施以查漏补缺、提档升级为主，目标是到2020年实现贫困地区县级公共文化设施全部达到国家标准的要求。二是乡镇（街道）、村（社区）综合性文化服务中心建设以强化综合功能、消灭空白点为主。对于已经建成的乡镇（街道）综合文化站、村（社区）文化室，“十三五”时期的重要任务是按照国务院办公厅《关于推进基层综合性文化服务中心建设的指导意见》的部署，加大资源整合力度，强化综合服务功能，创新管理体制和运行机制，实现由传统文化站（室）向现代综合性文化服务中心的转变。伴随着城镇化进程，农村人口流动形成了新的聚居区域，如城乡接合部、县城新兴社区、农村“中心村”和“幸福院”等，以往按行政区划部署的公共文化设施基本没有覆盖这些区域，因此，填补这些空白，是“十三五”期间设施建设的又一重点任务。三是加强流动服务设施建设。充分利用现代科技成果和数字化手段，研发配备新型集成化、便携式、多功能流动文化服务设施装备，转变流动服务观念，丰富流动服务内容，创新流动服务方式，逐步实现流动服务常态化，让农村基层群众通过流动服务也能享受到内容优质、形式新颖的现代公共文化服务。

实现服务效能的跨越式提升，是推动贫困地区公共文化服务体系建设跨越式发展的核心任务。《规划纲要》提出了促进贫困地区公共文化服务效能提升的重要措施。首先是要求贫困地区公共图书馆、文化馆的组织体系加快走向总分馆制。国内外的实践已经证明，总分馆制将独立、分散、“孤岛”式存在的公共图书馆、文化馆联结起来，实现资源共建共享、活动交流联动、服务城乡一体，是促进均衡发展、提高服务效能的必由之路。《关于加快构建现代公共文化服务体系的意见》明确提出以县图书馆、文化馆为中心推进总分馆制。《规划纲要》明确了贫困地区公共图书馆、文化馆总分馆制的实现方式：以县馆为总馆，乡镇(街道)综合文化站为分馆，村(社区)文化中心为服务点。同时还规范了县级总馆的主要职责，提出了明确的时间、进度要求：到2020年，贫困地区1/3的县建立公共图书馆和文化馆总分馆体系。普遍建立“按需点单”的服务模式，是提高服务效能的又一重要举措。对接“互联网+”行动计划，建立和完善线上线下相结合的需求征询、服务提供、活动开展机制，让总分馆体系承担起资源配送的功能，都是保证“按需点单”落地的实招。最近党中央、国务院提出了“供给侧改革”的新思路，开启了公共文化提升服务效能的新方向。贫困地区实现跨越式发展，在形成“你点单、我配送”工作机制的同时，应率先探索和实践培育新需求、拓展新服务、促进文化消费的问题，提高公共文化服务的优质化、特色化水平。

大力推进公共数字文化建设，是贫困地区实现跨越式发展的时代选择。按照《规划纲要》的部署，“十三五”时期贫困地区公共数字文化建设的突破重点聚焦在三个方面。一是县级公共文化机构到2020年基本具备数字资源提供能力和远程服务能力。实现这一目标，县级文化馆、博物馆需要付出极大努力。二是依托基层综合性文化服务中心，突破数字文化工程“画地为牢”、各自为政、重复建设的樊篱，真正实现在基层的融合发展，提供“一站式”服务。三是建立“互联网+”思维，充分利用现代信息技术，创新服务内容和手段。近年来各地的创新实践层出不穷，显示了“互联网+”推动公共文化服务创新的巨大力量和广阔前景。《规划纲要》提出的五大专栏项目，是“十三五”时期促进数字公共文化跨越式发展的重要工作抓手。县域公共数字文化综合服务平台建设，是整合资源、完善服务、提升能力、方便利用的实现途径；边疆万里数字文化长廊建设、地方特色文化资源库建设、少数民族语言数字资源建设，是“十二五”建设项目的延续，也是公共数字文化资源和服务建设的基础工程；广播电视无线数字化覆盖工程，是实现广播电视“户户通”的保障。目前，解决贫困地区数字电视整体转换后新出现的群众看电视难问题，落实《国家基本公共文化服务指导标准》的底线要求，是政策保障层面的当务之急。

四、特殊群体公共文化权益保障

公共文化服务均等化，除了城乡均等、地区均等之外，还包括人群均等。《关于加快构建现代公共文化服务体系的意见》明确要求保障特殊群体基本文化权益，将老年人、未成年人、残疾人、农民工、农村留守妇女儿童、生活困难群众作为公共文化服务的重点对象。

国际上通常把60岁以上的人口占总人口比重达到10%，或65岁以上人口占总人口的比重达到7%作为国家或地区进入老龄化社会的标准。2000年11月底我国第五次全国人口普查，65岁以上老年人口已达8811万人，占总人口的6.96%，60岁以上人口达1.3亿人，占总人口的10.2%，以上比例按国际标准衡量，均已表明中国进入了老龄化社会。为老年人提供文化服务，是各类公共文化机构应尽的责任。根据人群特点，在公共文化机构中，应有适合老年人的特定活动区域，提供有针对性的服务项目和内容。

广场舞是深受广大群众，特别是老年人群体喜爱的文化体育活动，包括排舞、有氧健身操、搏击操、啦啦操、健身腰鼓、健身秧歌等多种样式，近年来在全国蓬勃开展，在丰富城乡基层群众精神文化生活、推动全民健身运动广泛开展、展示群众良好精神风貌等方面发挥了积极作用。但广场舞活动场地和设施结构性欠缺、噪声扰民、引导扶持和管理机制不健全等问题日益凸显，不利于广场舞活动的健康发展。为此，文化部、体育总局、民政部、住房和城乡建设部联合发布《关于引导广场舞活动健康开展的通知》，要求积极优化广场用地和文化、体育活动设施布局，为基层群众就近方便地提供广场舞活动场地；加大公共文化体育场馆免费开放力度，充分提高场馆利用率；充分发挥公共文化机构的骨干作用，将广场舞作为重要工作内容，采取划片指导、结对帮扶、培训指导等多种方式，加大对广场舞活动的服务和指导力度。

未成年人正处于心理和认识能力迅速发展的重要阶段，不仅需要良好的家庭教育和学校教育，也需要良好的社会公共空间。我国第三个“儿童发展纲要”，即《中国儿童发展纲要(2011—2020年)》，首次将“儿童优先原则”列入其中，作为中国政府促进儿童发展的基本原则之一。所谓儿童优先原则，指的是在制定法律法规、政策规划和配置公共资源等方面优先考虑儿童的利益和需求。儿童优先原则是未成年人权利的重要体现，各类公共文化机构更应在其服务提供中充分体现该原则，要积极开展面向未成年人的公益性文化艺术培训服务、演展和科技普及活动，开展学龄前儿童基础阅读促进工作和向中小学生推荐优秀出版物、影片、戏曲工作，指导互联网网站、互联网文化企业等开发制作有利于青少年身心健康的优秀作品，将中小学生定期参观博物馆、美术馆、纪念馆、科技馆纳入中小学教育教学活动计划，加强乡村学校少年宫建设，实施青少年体育活动促进计划。

残疾人是需要格外关心、格外关注的特殊困难群体。由于残疾影响、受教育程度偏低、缺乏技能、机会不均等、扶贫资金投入不足等原因，残疾人仍是贫困人口中贫困程度最重、扶持难度最大、返贫率最高、所占比例较大的特困群体，是扶贫工作的重点人群。据统计，我国共有8500多万残疾人，其中约1230万农村残疾人尚未脱贫，260万城镇残疾人生活十分困难，城乡残疾人家庭人均收入与社会平均水平差距还比较大。各级各类公共文化机构要为残疾人提供无障碍设施。实施盲文出版项目，开发视听读物，建设有声图书馆，鼓励和支持有条件的电视台增加手语节目或加配字幕。结合残疾人实用技术培训，开展残疾人文化知识学习和扫盲工作。鼓励、引导残疾人积极参加公共文化体育活动，康复身心，丰富精神文化生活，提高适应能力和生产劳动能力，提升思想道德水平和科学文化素质。加大投入，引导组织残疾人因地制宜参加文化体育健身活动，不断提高残疾人的健康意识，使文化体育健身活动逐步融入残疾人的日常生活。

农民工是我国改革开放和工业化、城镇化进程中涌现起来的一支新型劳动大军，为农村发展、城市繁荣和国家现代化建设做出了重大贡献。农民工是一个十分庞大的群体，据统计，2016年，我国农民工总数达到2.82亿，大多集中在制造、建筑、传统服务业等领域，承担着最苦、最累的工作。由于受到自身经济、时间、居住等各方面条件的限制，农民工的文化生活普遍比较单调、枯燥，他们的精神文化需求还难以得到满足，基本文化权益实现的程度还有较大欠缺。文化是农民工融入城市的桥梁，文化融入是根本融入。农民工背井离乡、漂泊在外，工作和生活的压力大，居住的条件差，长期处于城市的边缘，耳闻目睹社会的发展和变革，心理容易失衡，引发一些社会问题，这就迫切需要加强对农民工的文化熏陶、心理疏导，有效地满足农民工的精神文化诉求，加快建设农民工的精神家园。近年来，农民工文化工作受到中央政府的高度重视，《国务院关于进一步做好为农民工服务工作的意见》等一系列关心和保障农民工权益的文件相继出台。特别是随着覆盖城乡的公共文化服务体系建设的有序推进，各级政府制定和实施了一系列保障农民工文化权益的政策措施，把做好农民工工作作为政府的政治责任，将农民工作为当地公共文化服务的重要对象，履行好保障农民工文化权益、满足农民工文化需求的基本职责，取得了明显成效。

与农民工相对应的就是农村留守妇女儿童，据统计，全国留守家庭多由妇女和幼童组成，其中留守妇女5000万，儿童6000万，总计约1.1亿。留守家庭结构不完整，在精神文化层面拥有更强烈的需求。农民工和农村留守妇女儿童是我国城市化进程中形成的两个庞大社会群体，将农民工和农村留守妇女儿童纳入重点保障的特殊群体，关注这部分群体的文化需求，不仅仅是社会公平正义和文明进步的体现，也是现代公共文化服务体系的应有之义。

五、重要政策法规选编

(一)《国家基本公共文化服务指导标准》①

国家基本公共文化服务指导标准

(2015—2020年)

一、服务项目与内容

项目	内容	标准
基本服务项目	读书看报	1. 公共图书馆(室)、文化馆(站)和村(社区)(村指行政村,下同)综合文化服务中心(含农家书屋)等配备图书、报刊和电子书刊,并免费提供借阅服务。 2. 在城镇主要街道、公共场所、居民小区等人流密集地点设置阅报栏或电子阅报屏,提供时政、"三农"、科普、文化、生活等方面的信息服务。
	收听广播	3. 为全民提供突发事件应急广播服务。 4. 通过直播卫星提供不少于17套广播节目,通过无线模拟提供不少于6套广播节目,通过数字音频提供不少于15套广播节目。
	观看电视	5. 通过直播卫星提供25套电视节目,通过地面数字电视提供不少于15套电视节目,未完成无线数字化转换的地区,提供不少于5套电视节目。
	观赏电影	6. 为农村群众提供数字电影放映服务,其中每年国产新片(院线上映不超过2年)比例不少于1/3。 7. 为中小学生每学期提供2部爱国主义教育影片。
	送地方戏	8. 根据群众实际需求,采取政府采购等方式,为农村乡镇每年送戏曲等文艺演出。
	设施开放	9. 公共图书馆、文化馆(站)、公共博物馆(非文物建筑及遗址类)、公共美术馆等公共文化设施免费开放,基本服务项目健全。 10. 未成年人、老年人、现役军人、残疾人和低收入人群参观文物建筑及遗址类博物馆实行门票减免,文化遗产日免费参观。
	文体活动	11. 城乡居民依托村(社区)综合文化服务中心、文体广场、公园、健身路径等公共设施就近方便参加各类文体活动。 12. 各级文化馆(站)等开展文化艺术知识普及和培训,培养群众健康向上的文艺爱好。

① 关于加快构建现代公共文化服务体系的意见[EB/OL]. [2015-01-14]. http://www.gov.cn/xinwen/2015-01/14/content_2804250.htm。

续表

项目	内容	标准
硬件设施	文化设施	13. 县级以上(含县级，下同)在辖区内设立公共图书馆、文化馆，乡镇(街道)设置综合文化站，按照国家颁布的建设标准等进行规划建设。 14. 公共博物馆、公共美术馆依据国家有关标准进行规划建设。 15. 结合基层公共服务综合设施建设，整合闲置中小学校等资源，在村(社区)统筹建设综合文化服务中心，因地制宜配置文体器材。
	广电设施	16. 县级以上设立广播电视播出机构和广播电视发射(监测)台，按照广播电视工程建设标准等进行建设。
	体育设施	17. 县级以上设立公共体育场；乡镇(街道)和村(社区)配置群众体育活动器材设备，或纳入基层综合文化设施整合设置。
	流动设施	18. 根据基层实际，为每个县配备用于图书借阅、文艺演出、电影放映等服务的流动文化车，开展流动文化服务。
	辅助设施	19. 各级公共文化设施为残疾人配备无障碍设施，有条件的配备安全检查设备。
人员配备	人员编制	20. 县级以上公共文化机构按照职能和当地人力资源社会保障、编办等部门核准的编制数配齐工作人员。 21. 乡镇综合文化站每站配备有编制人员 1 至 2 人，规模较大的乡镇适当增加；村(社区)公共服务中心设有由政府购买的公益文化岗位。
	业务培训	22. 县级以上公共文化机构从业人员每年参加脱产培训时间不少于 15 天，乡镇(街道)和村(社区)文化专兼职人员每年参加集中培训时间不少于 5 天。

二、标准实施

(一)本标准是国家颁布的指导性标准，各省、自治区、直辖市和新疆生产建设兵团要根据国家指导标准，结合当地群众需求、政府财政能力和文化特色，制定适合本地区的实施标准，建立国家指导标准与地方实施标准相衔接的标准体系。

(二)国家基本公共文化服务指导标准从 2015 年起开始实施，各相关部门根据职能职责和任务分工，制订具体实施方案；各地根据国家指导标准以及本地制定的实施标准，明确具体的落实措施、工作步骤和时间安排，确保标准实施工作科学、规范、有序开展。标准以县为基本单位推进落实。

(三)县级以上各级政府按照标准科学测算所需经费，将基本公共文化服务保障资金纳入财政预算，落实保障当地常住人口享有基本公共文化服务所需资金。中央和省级财政通过转移支付对老少边穷地区基本公共文化服务保障资金予以补助，同时，对绩效评价结果优良的地区予以奖励。县级以上各级政府安排资金，面向社会力量购买公共文化服务。

（四）文化部、各省级文化行政部门会同有关部门建立对标准实施情况的动态监测机制和绩效评价机制，加强督促检查。积极引入社会第三方开展公众满意度测评，对公众满意度较差的要进行通报批评，对好的做法和经验及时总结、推广。

（二）“十三五”时期贫困地区公共文化服务体系建设规划纲要①

“十三五”时期贫困地区公共文化服务体系建设规划纲要（节选）

文公共发〔2015〕24号

……

本规划纲要实施范围为六盘山区、秦巴山区、武陵山区、乌蒙山区、滇桂黔石漠化区、滇西边境山区、大兴安岭南麓山区、燕山—太行山区、吕梁山区、大别山区、罗霄山区等区域的集中连片特困地区和已经明确实施特殊政策的西藏、四省藏区、新疆南疆四地州，以及连片特困地区以外的国家扶贫开发工作重点县，共计839个县，含民族自治地方县426个、革命老区县357个、陆地边境县72个，共有乡镇（街道）1.29万个，行政村14.2万个，总人口3.26亿，占全国人口的23.8%；总面积479.6万平方公里，占国土面积的49.9%，涉及22个省级行政区、167个地级行政区。本规划纲要规划期为2016—2020年。

一、总体要求

……

（三）总体目标

到2020年，贫困地区公共文化服务能力和水平有明显改善，群众基本文化权益得到有效保障，基本公共文化服务主要指标接近全国平均水平，扭转发展差距扩大趋势，公共文化在提高贫困地区群众科学文化素质、促进当地经济社会全面发展方面发挥更大作用。

——公共文化服务设施网络基本完善。设施种类齐全，规模质量达到国家建设标准。通过固定场馆、流动设施和数字服务，全面有效覆盖服务人群；

——基本公共文化服务项目逐步健全。公共文化服务的内容、种类、数量和水平达到《国家基本公共文化服务指导标准（2015—2020年）》和本省实施标准，符合“十三五”时期公共文化服务体系建设相关规划要求；

——公共文化服务效能显著提升。基层公共文化资源整合力度不断加强，公共文

① 文化部 国家发展改革委 国家民委 财政部 新闻出版广电总局 体育总局 国务院扶贫办关于印发《“十三五”时期贫困地区公共文化服务体系建设规划纲要》的通知[R].

化服务的内容和手段更加丰富，服务质量明显提高；

——公共文化管理体制和运行机制建设取得突破。公共文化机构内部管理体制健全，公共图书馆、文化馆总分馆制初步建立并推广。政府向社会力量购买公共文化服务的力度不断加大，政府、市场、社会共同参与公共文化服务体系建设的格局基本形成；

——公共文化服务保障切实加强。公共文化服务的财政和人才队伍保障政策全面落实，公共文化服务法律和政策保障体系进一步完善；

——群众受益程度不断提高。多样化的群众需求反馈和评价机制基本建立，公共文化服务的需求适应性、群众参与率、受益率和满意度明显提升。

二、主要任务

(一)加快完善公共文化设施网络

适应新型城镇化和社会主义新农村建设发展的要求，根据国家公共文化设施建设标准和当地实际情况，因地制宜推进贫困地区公共文化设施建设，实现固定设施与流动设施、数字设施有机结合、相互补充和有效覆盖。

1. 推动县级公共文化设施全面达到国家标准。消除县级公共文化设施空白点，没有县级公共图书馆、文化馆的县，要按照已公布的国家建设标准进行建设。文物资源丰富、具备建设条件的县，可因地制宜开展博物馆建设。人口少于5万的县，相关公共文化设施可合并建设。县级公共文化设施未达到国家建设标准的县，根据实际需要进行改建或扩建。

2. 积极开展基层综合性文化服务中心建设。加大资源整合力度，主要采取盘活存量、调整置换、集中利用等方式，在乡镇(街道)和村(社区)建设集宣传文化、党员教育、科学普及、普法教育、体育健身等功能于一体的基层综合性文化服务中心，配套建设文体广场并配备活动器材。重点加强牧民定居点、移民新区、城乡接合部地区、城镇新兴社区和农村“中心村”的基层综合性文化服务中心建设。

3. 扩大广播电视服务网络覆盖。统筹有线、无线、卫星等方式，加强广播电视传输覆盖网络建设，实现广播电视户户通。强化贫困地区的中央广播电视节目无线数字化覆盖，推进广播电视无线发射台基础设施建设。实施地方应急广播工程，加强广播电视卫星接收等基层公共数字文化设施设备运营维护，提高设施设备质量和使用效率。统筹推进农村地区广播电视用户接收设备配备工作，鼓励建设农村广播电视维修服务网点。

4. 合理配备流动文化服务设施设备。为县级公共文化机构配备流动文化服务车，使其具备经常性开展流动文化服务的条件。根据人口聚集的实际情况，依托基层综合性文化服务中心建立稳定的流动服务点，重点加强农村集市、边贸口岸、边疆哨所流动服务点建设，配备新型集成化、便携式、多功能的流动文化服务设备器材，逐步实现流动文化服务常态化。

专栏1　贫困地区公共文化设施建设项目

县级公共文化设施建设项目。按照国家建设标准，对贫困地区未建成或未达标的县级公共图书馆、文化馆进行新建和改扩建，到2020年实现县级公共文化设施全部达到国家建设标准。

基层综合性文化服务中心设施建设项目。在贫困地区乡镇(街道)和村(社区)建设基层综合性文化服务中心，配套建设文体广场并配备阅报栏(屏)、灯光音响设备、广播器材和体育健身设施等，有条件的可搭建戏台舞台。

广播电视传输覆盖网络建设项目。统筹有线、无线、卫星等多种方式，基本实现数字广播电视户户通；完善贫困地区县级广播电视发射(监测)台建设；实施地方应急广播工程，完善传输网络，布置应急广播终端，实现应急信息及时有效传输发布。

流动文化服务车配置项目。根据贫困地区实际，为每个县配备用于图书借阅、文艺演出、电影放映等服务的流动文化车。

(二)全面推进基本公共文化服务均衡发展

坚持以标准化促进均等化，强化县级人民政府在公共文化产品生产和服务供给中的落实责任，发挥公益性文化体育单位的骨干作用，加大公共文化产品生产和服务供给力度，保障贫困地区群众的基本文化需求。

1. 以县为基本单位全面落实国家指导标准和地方实施标准。制定县域基本公共文化服务项目供给目录，围绕文艺演出、读书看报、广播电视、电影放映、文体活动、展览展示、教育培训等方面，设置具体服务项目，明确服务种类、内容和数量要求，提升服务质量和效率。到2020年，基本公共文化服务内容各项指标达到国家指导标准和本省实施标准要求。

2. 丰富公共文化服务内容。结合乡土文化特色和群众实际文化需求，进一步加大公共文化产品和服务供给。大力开展全民阅读活动，实施阅读能力提升计划。积极开展文化艺术普及公益行动，培养群众积极向上的文艺爱好。组织各级文艺院团、文博机构为乡镇、农村送演出、展览、戏曲等服务。进一步丰富农村数字电影影片供给，加强中小学爱国主义影片放映工作。组织群众广泛开展体育健身活动和科普活动。

3. 提高边疆民族地区公共文化服务水平。加强优秀文化作品的民族语言译制和在民族地区的传播，鼓励和扶助民族文化产品的创作生产，支持开展具有民族特色的群众性文化体育活动。进一步加强文化援藏、援疆工作，把公共文化建设作为重点内容，加大项目、资金、人才、技术和培训等方面的支持。加强少数民族文字及双语出版物的出版发行，支持少数民族语言文字数字出版。提高西藏、四省藏区和新疆等边疆民族地区广播电视安全防控能力、少数民族语言广播电视节目译制制作能力和广播电视节目覆盖水平。

4. 切实保障特殊群体基本文化权益。加强对农村留守儿童在阅读辅导、艺术培训、科学普及、文体活动等方面的文化服务。基层综合性文化服务中心要配备儿童康乐设施，增加儿童课外读物，并为留守儿童与外出务工父母之间的视频沟通提供便利。加强面向农村留守妇女、流动妇女在计生知识、心理咨询、文艺活动等方面的文化服务。鼓励建立老年体协、老年艺术团、老年大学等文体组织，并提供必要的活动经费。支持公益性文化机构针对“五保户”、孤寡老人等开展送文化活动。提高面向农村残疾人的无障碍公共文化体育服务水平，为残疾人提供实用技术培训。加大对盲文图书、有声读物出版支持力度。将返乡农民工纳入本地区公共文化服务体系，帮助开展就业创业辅导和职业技能培训。

专栏2　贫困地区基本公共文化服务建设项目

阅读能力提升计划。每个县每年举办主题阅读活动。依托数字图书馆建设工程，每年为中小学生提供精品电子书、电子期刊报纸和网络精品公开课。实施“书香童年”阅读工程，为学龄前儿童发放阅读书包、开展阅读指导服务。对接群众需求，完善农家书屋出版物补充更新工作，开展农民阅读活动。

文化艺术普及公益行动。每个县每年举办文化艺术普及活动。依托各级各类公共文化机构，通过集中办班、下乡辅导、远程培训等多种形式，组织开展面向不同群体的文化艺术知识普及和培训服务。

送地方戏下基层项目。根据地方实际，将送地方戏曲纳入基本公共文化服务目录。鼓励有条件的县级文化馆综合设置戏曲排练演出场所，推动部分有条件的地方为县级国有戏曲院团和民族地区文艺院团建设小型综合排演场所，通过多种渠道为地方戏曲艺术表演团体免费或低价提供排练演出场所。采取政府购买服务等方式组织地方戏曲艺术表演团体到农村演出。

边疆文化建设“春雨工程”。加强民族自治地方县、边境县的公共文化基础设施建设，组织开展导向性、带动性的少数民族文化活动，加强少数民族数字文化资源建设，保护少数民族文化遗产资源，加大边疆民族地区基层文化队伍培训。到2020年，边疆民族地区公共文化服务能力和水平有明显改善。

文化援藏援疆项目。根据西藏、四省藏区和新疆实际文化需求，广泛发动中央宣传文化、体育系统各单位和地方对口支援省市，制订对口援助工作计划，明确具体援助项目，通过捐赠文化设备、选派文化干部、创排文艺作品等多种形式支持当地公共文化建设。

少数民族新闻出版“东风工程”。加强新疆等民族地区少数民族语言文字译制出版能力和印制发行能力建设，支持民族文字主流媒体和新兴媒体融合发展，推进民族文字出版单位数字化转型升级。扶持少数民族文字和双语出版项目，开展面向基层少数民族群众出版物赠阅。

新疆广播电视安防工程。重点支持新疆边境口岸广播电视发射台改扩建，加强边境县和重点乡镇广播电视网络覆盖，建设少数民族语言广播电视节目译制系统，提高少数民族语言频率频道覆盖水平。

藏区广播电视节目覆盖能力提升项目。加强西藏和四省藏区州县级广播电视节目传输覆盖，进一步提高广播电视节目译制制作能力，扩展广播电视服务功能，全面提升藏区广播电视节目有效覆盖能力。

（三）有效增强公共文化发展活力

尊重人民群众主体地位，不断创新公共文化服务供给方式，大力发展群众自办文化，广泛动员社会力量参与公共文化建设，推动公共文化服务社会化发展。

1. 创新公共文化服务供给方式。通过政府购买、票价补贴等方式，支持各类艺术表演团体为农村提供公益性演出，支持经营性文化设施、传统民俗文化活动场所等为群众提供优惠或免费的文化服务。支持电影企业深入城乡基层开展公益放映，鼓励在商业电影放映中安排低价场次或电影票。

2. 大力支持群众自主参与。依托民间文化艺术之乡建设工作，深入挖掘民族民间优秀传统文化资源，组织开展群众乐于参与、便于参与的节日民俗活动和形式多样的群众性文化体育活动，引导广场文化活动健康、规范、有序开展。大力支持群众自办文化，扶持以文化能人为核心的文化大院、文化中心户、农民书社、电影放映队、农民演艺团体、业余剧团等群众文化组织。促进文化体育类行业协会、基金会、民办非企业单位、公益组织等文化类社会组织在贫困地区发展。到 2020 年，初步形成“一县一特色”“一乡一品牌”“一村一团队”的发展格局。

3. 推进政府向社会力量购买公共文化服务。建立和完善政府购买公共文化服务工作机制，制定政府购买目录并进行动态调整。选择符合条件的社会力量作为承接主体，将公益性文化体育产品创作传播、公益性文体活动组织承办、民族民间优秀传统文化体育项目传承保护、公共文化体育设施的运营管理和民办文化体育机构免费或低收费服务等内容纳入政府购买范围。

4. 鼓励社会力量参与公共文化建设。运用政府与社会资本合作、公益创投、公益众筹等多种模式，鼓励和引导各类企业、社会组织和个人等社会力量投资或捐助贫困地区公共文化设施设备、资助文化活动、提供公共文化产品和服务。鼓励有条件的地方探索开展公共文化设施社会化运营试点，支持社会力量在符合条件情况下利用闲置用地、历史街区、老旧民宅村落等兴办公共文化项目，促进公共文化服务举办主体多元化、建设运营社会化、融资方式多样化。

专栏3　增强贫困地区公共文化发展活力项目

民间文化艺术之乡建设项目。深入发掘和盘活贫困地区具有鲜明地域特色的各类优秀民间文化资源，命名一批民间文化艺术之乡，培养一批民间文化队伍及乡土文化人才，培育一批特色文化品牌，充分发挥民间文化艺术之乡的示范导向作用，弘扬民族民间优秀传统文化，增强基层公共文化发展活力。

优秀群众文化团队扶持计划。通过加强技能培训、搭建交流平台、评选示范团队等形式，在贫困地区培养一批长期活跃在基层、丰富广大群众文化生活的优秀群众文化团队，充分发挥优秀团队的示范带动作用，全面提高基层群众文化团队的发展水平，使其成为丰富群众精神文化生活的重要力量。到2020年，基本实现每个行政村至少建立一支人员比较稳定、经常开展活动的群众文艺团队。

(四)切实提高公共文化服务效能

坚持“重心下移、资源下移、服务下移”，进一步提高公共文化机构服务能力，加强重大文化惠民项目的统筹整合，推进公共文化共建共享、互联互通，实现公共文化服务多元互补。

1. 提高公共文化机构服务能力。加强公共文化机构免费开放工作，进一步增加服务项目，健全服务标准，规范服务流程，完善管理制度，不断提高服务水平和设施使用效益。逐步推动体育场、妇女儿童活动中心、工人文化宫、青少年校外活动场所免费提供基本公共文化服务项目。深化基层公益性文化事业单位改革，选择有条件的公共图书馆、文化馆、博物馆开展法人治理结构试点。采取试点先行、逐步推广的方式，到2020年初步形成以县级公共图书馆、文化馆为总馆，乡镇(街道)综合文化站为分馆，村(社区)综合性文化服务中心(农家书屋)为流通服务点的总分馆体系。

2. 加大基层公共文化资源整合力度。依托基层综合性文化服务中心，整合文化信息资源共享工程、公共电子阅览室、数字图书馆推广工程、农村数字电影放映、农家书屋、城乡电子阅报屏、农民体育健身工程等项目资源，提供公共文化“一站式”服务。整合基层公共文化设施设备资源，加强对文化体育设施的综合管理和利用，推动实现基层文化惠民项目和公共文化服务的综合集成。

3. 创建“按需点单”的公共文化服务模式。建设“县建总站、乡镇(街道)建分站、村(社区)建基点”的文化配送网络，形成“你点单、我配送”的文化服务工作机制。积极对接“互联网＋”行动计划，利用信息化技术实现县域内公共文化服务线上自主预约、线下按需配送、定点跟踪服务，全面提升公共文化服务效率。优化文化阵地、文化活动、文化队伍等资源，借助网络平台，以“线上预约＋线下配送”方式，创建向群众提供培训、讲座、展览、演出等公共文化服务的综合服务平台。

专栏4　贫困地区公共文化服务效能提升项目

公共图书馆总分馆体系建设。以县级公共图书馆为总馆，乡镇(街道)综合文化站为分馆，村(社区)综合性文化服务中心(农家书屋)为流通点。县级公共图书馆统筹全县图书资源建设和服务提供，对乡、村按需配置图书并定期更新，组织乡、村服务人员的岗前培训、业务指导和监督考核，实现县域范围内图书统一采编，资源统一调配，人员统一培训、服务统一规范、绩效统一考评。到2020年，力争三分之一的县建立公共图书馆总分馆体系。

文化馆总分馆体系建设。以县级文化馆为总馆，乡镇综合文化站为分馆，村级综合文化服务中心为服务点。县级文化馆统筹全县群众文艺产品创作生产和特色文化资源传承创新，为乡、村群众文艺团队、文化骨干提供经常性的指导和培训服务，指导和协助乡、村因地制宜开展群众文化活动，组织基层文化队伍的技能培训、业务指导和考核评估，实现县域群众文化活动资源整合。到2020年，力争三分之一的县建立文化馆总分馆体系。

(五)大力推进公共数字文化建设

充分发挥公共数字文化推动贫困地区公共文化建设跨越发展的重要作用，加强公共数字文化平台建设、资源建设和服务推广，促进公共文化服务与现代科技融合发展。

1. 畅通公共数字文化资源传输渠道。整合文化信息资源共享工程、公共电子阅览室建设计划和数字图书馆推广工程，构建县域公共数字文化综合服务平台和区域性公共数字文化综合管理平台，实现基层公共数字文化服务的综合管理和“一站式”提供，方便群众获取数字文化资源。深入开展“边疆万里数字文化长廊”建设，在牧区、边远山区和人口稀少的地区建设小型无线服务器，扩大无线传播覆盖面积，畅通无线传播渠道。

2. 加强公共数字文化资源供给配送。加大国家级公共数字文化资源向贫困地区推送力度，加强少数民族语言数字资源的征集、整合、译制及服务工作。依托重大公共数字文化工程建设，征集制作县域少数民族文化、民间传统文化、文化遗产、红色历史文化等特色数字文化资源，建设地方特色文化资源库。通过网络传输、硬盘固化、光盘录制、手机下载等多种方式，推动数字文化资源“进村入户”。进一步丰富基层应急广播内容建设。

3. 提升公共文化机构数字化水平。加强国家文化科技提升计划项目、文化部科技创新项目对贫困地区的支持力度。结合“宽带中国”“智慧城市”等国家重大信息工程，推动数字图书馆、数字文化馆、智慧博物馆建设，加强县级公共文化机构和基层综合性文化服务中心数字文化设施设备运营维护。到2020年，县级公共文化机构基本具备数字资源提供能力和远程服务能力。

4. 提高新闻出版广播电视现代传播能力。积极推进“三网融合”，大力加强县级广播电视播出机构服务能力建设，全面提高数字节目的制播能力和网络数字传输能力。探索支持西藏、四省藏区和新疆等地域广阔、传输覆盖手段不足的地方省(市)节目“上星定点覆盖”，更好满足群众收听收看贴近性、本地化广播电视节目的需求。鼓励边远地区通过卫星网络手段，解决时政报刊不能及时送达的问题。

专栏5　贫困地区公共数字文化建设项目

县域公共数字文化综合服务平台建设项目。以国家公共文化数字支撑平台为依托，构建县域公共数字文化综合服务平台，对基层公共文化服务网络设施及惠民项目进行综合智能管理，实现基本公共数字文化资源共建共享，提升数字文化资源的传播服务效率，为公共文化服务体系建设提供数字化支撑。

边疆万里数字文化长廊建设项目。统筹边疆地区全国文化信息资源共享工程服务点和公共电子阅览室建设，以提升服务效能为目标，整合边疆特色数字文化资源，运用互联网和移动通信等现代信息技术手段，基本实现边疆地区公共数字文化服务网络全覆盖。

地方特色文化资源库建设项目。支持贫困地区征集制作文化遗产、社会文化、戏剧戏曲、曲艺杂技、音乐舞蹈、历史地理、少数民族文化等方面的特色文化资源。在“戏曲动漫”“大众美育馆”“心声·音频馆”“社区文化生活馆”等重点数字文化资源产品中加强对贫困地区特色资源内容的建设与服务。

少数民族语言数字资源建设项目。加强少数民族语言数字资源征集、译制和服务工作，在贫困地区建立一批少数民族语言资源建设中心，建设一批贴近少数民族群众生活、反映少数民族特色、帮助少数民族农牧民群众生产致富的数字文化资源。

广播电视节目无线数字化覆盖工程。按照国家基本公共文化服务指导标准，充分利用现有资源，增配数字广播电视发射系统，实现15套电视节目、15套广播节目在贫困地区的无线数字化覆盖。

(六)不断加强公共文化人才队伍建设

按照存量优化、增量优选的原则，加强公共文化人才队伍建设，完善机构编制、学习培训、待遇保障等方面的政策措施，建立稳定的、高素质的基层公共文化人才队伍。

1. 加强基层公共文化队伍建设。在现有编制总量内，落实《国家基本公共文化服务指导标准(2015—2020年)》的乡镇综合文化站编制政策。探索设立乡镇基层公共文化服务岗位，配置由公共财政补贴的工作人员。探索建立基层文化专干激励机制，对在贫困地区乡镇基层从业一定年限、工作成绩突出的文化专干给予鼓励。劳动模范、先进工作者等评选表彰适当向贫困地区基层文化专干倾斜。

2. 加强基层文化队伍培训。深入实施全国基层文化队伍培训计划，依托基层文化队伍培训基地、各级公共文化机构、广播电视技术中心和图书馆学会、文化馆协会等行业组织，结合公共数字文化重点工程，分级分类分批对县、乡基层文化干部进行系统培训。实施“一员三能”提升工程，加强农村(社区)文化管理员和业余文化骨干培训。

将公共文化建设内容纳入贫困地区党校教育、干部培训的教学体系。鼓励与艺术学校、艺术职业学院及传媒类职业院校等教育机构合作开展基层文化干部学历教育，采取定向培养等方式选派优秀基层文化干部在职学习深造。全国基层文化队伍示范性培训、公共文化巡讲等项目加大向贫困地区倾斜力度。

3. 大力培育乡土文化人才。重视发现和培养扎根基层的乡土文化能人、非物质文化遗产项目代表性传承人，大力营造有利于乡土人才成长的环境。建立县域乡土人才信息资源库，通过搭建交流平台、提供活动经费、加强培训辅导等方式，鼓励和扶持乡土人才开展农村文化艺术、民族民间文化、文物保护管理等乡土文化技能培训与传承、普及与推广，发挥他们在传统文化传承、手工技艺培训、文化遗产保护等方面的积极作用。

4. 加大文化人才培养力度。深入实施“边远贫困地区、边疆民族地区和革命老区”人才支持计划文化工作者专项，针对当地实际文化需求，选派优秀文化人才，加大基层文化人才培养。制订国家、省、市文化行政部门和文化单位与贫困地区干部交流工作计划，在职务晋升、职称评定中对有贫困地区工作经历的干部在同等条件下优先考虑。在重大文化工程、重大文化项目实施中加大对贫困地区基层文化人才的培养、使用和支持。

专栏6　贫困地区公共文化人才队伍建设项目

村（社区）级公益文化岗位配置项目。按照公开招募、自愿报名、组织选拔、集中派遣的形式，采取“县聘乡管村用”的管理方式，探索在村级综合性文化服务中心设置由政府购买的公益文化岗位。

“边远贫困地区、边疆民族地区和革命老区”人才支持计划文化工作者项目。“十三五”期间，每年选派1.9万名优秀文化工作者到“三区”工作和提供服务，每年为“三区”培训1500名急需紧缺的文化工作者。

“一员三能”提升工程。依托全国基层文化队伍远程培训网络和文化信息资源共享工程服务网络，采取集中培训、业务辅导、远程教学等多种形式，提升农村文化管理员的政治素养、专业技术和服务管理能力。

（七）大力开展文化帮扶工作

广泛调动和充分利用各方资源，建立对贫困地区的文化对口帮扶长效机制，策划实施一批文化帮扶项目，帮助贫困地区提升公共文化服务的能力和水平。

1. 深入开展文体志愿服务活动。深入开展文化志愿者边疆行和艺术院团志愿服务走基层活动。鼓励和支持专家学者、艺术家、优秀运动员、青年学生、专业技术人才、退休人员和社会各界人士为贫困地区提供文体志愿服务，推动公共文化单位、艺术院团、体育运动队和艺术体育院校等到贫困地区教、学、帮、带。支持贫困地区建立文体志愿服务组织，广泛开展基层文体志愿服务活动，探索具有地方特色的文体志愿服务模式。在贫困地区大力发展社会体育指导员队伍，开展全民健身志愿服务活动。到2020年，基本实现每县建立机制健全、运行有效的文体志愿者组织机构，拥有人员稳定、管理规范、活动经常的文体志愿者队伍。

2. 建立健全文化结对帮扶工作机制。将公共文化帮扶纳入行业扶贫、东西部扶贫协作和定点扶贫工作内容。通过合作共建、结对帮扶、区域文化联动等形式，建立国家和省级文化单位、国家公共文化服务体系示范区（项目）城市、全国文化先进单位（文化先进县、市、区）、本省区域内发达市（县）与国家扶贫开发工作重点县结对帮扶工作机制，确保每个县都有对口帮扶单位。在集中连片特困地区建立毗邻省市县公共文化服务体系建设协作机制，推进公共文化设施、文化品牌、特色文化产业、文化人才培养等协同共建。

3. 广泛动员企业和社会各界参与文化帮扶。为企业和社会各界参与文化帮扶提供准确信息，推进帮扶资源供给与帮扶需求的有效对接，提高社会帮扶资源配置与使用效率。建立本地区企业和社会各方面力量参与文化帮扶的工作制度，广泛动员区域外企业和社会力量参与文化帮扶。打造一批文化帮扶公益品牌，发挥品牌效应，积极引导社会各方面资源向贫困地区聚集，动员社会各方面力量参与文化帮扶重点项目，形成政府、市场、社会协同推进贫困地区公共文化建设的工作格局。

专栏7　贫困地区文化帮扶项目

文化志愿者边疆行活动。以满足老少边穷地区群众基本文化需求为主要任务，以加强老少边穷地区公共文化服务能力和队伍建设为重点，以“大舞台”“大讲堂”“大展台”为主要形式，通过供需对接、双向互动，组织招募文化志愿者开展各种文化服务活动，丰富老少边穷地区基层群众精神文化生活。

公共文化发展“一县一策”帮扶计划。依托公共文化结对帮扶工作机制，发挥东部地区、定点扶贫单位和省内发达市（县）的资源优势，通过选派文化人才、资助项目、赞助活动、购买文化产品和服务等方式，帮助对口帮扶县制定实施符合地方特点和实际需要的公共文化发展政策，实现“一县一策”发展战略。

优质文化产品帮扶项目。依托“文化下乡”“送欢乐下基层”“艺术院团志愿服务走基层”“群星奖”巡演等活动，组织国家、省、市级文艺院团和文化单位为贫困地区提供高水平的演出、讲座和展览，帮助贫困地区人民群众提高艺术鉴赏水平。

（八）积极推动群众脱贫致富

充分发挥公共文化对提升群众素质、促进社会发展等方面的积极作用，加强特色文化资源合理开发利用，带动群众脱贫致富，推动贫困地区经济社会发展。

1. 积极为群众脱贫致富创造有利条件。依托公共文化设施和文化惠民工程，通过联合办班、提供场地、远程培训等多种方式，积极开展科学普及、法治宣传、社保救助、卫生计生、养老助残等惠农服务，提高群众科学文化素质。与贫困村、贫困户建档立卡和贫困识别结果工作相衔接，配合有关部门开展各类生产技术培训，帮助贫困群众掌握1至2项实用技术。积极探索互联网上网服务企业参与农村公共文化建设的模式。深入开展“农民(社区居民)科学素质行动”，培养群众健康文明的生活方式。

2. 大力促进地方特色文化保护和发展。充分发挥公共文化机构的作用，推动地方特色文化和民族文化保护、传承和发展。支持贫困地区依托当地民族民间特色文化资源和非物质文化遗产，发展特色手工艺品、传统文化展示表演和乡村文化旅游。深入开展经济社会发展变迁物证征藏工作，进一步加强对文物保护单位、历史文化名镇名村和传统村落的保护。积极开展非物质文化遗产生产性保护，促使其在保护传承的同时，带动当地经济发展，有效拉动就业，增强贫困地区自我发展能力。

3. 深入推进生态文化建设。将贫困地区公共文化建设纳入生态文明建设，贯彻节能、节地、节水、节材的文化建筑设计理念。充分利用广播、电视、报刊等现代媒体，深入宣传保护生态环境的重要作用和意义，不断提高当地群众的节约意识、环保意识和生态意识。发挥文化活动潜移默化、以文化人的作用，营造全民参与环境保护和生态文明建设的良好风气，促进贫困地区生态可持续发展和国家生态安全。

专栏8　推动群众脱贫致富项目

农民素质教育网络培训项目。根据“三农”工作需要和农民群众脱贫致富需求，以文化信息资源共享工程为平台，以基层综合性文化服务中心为依托，通过多媒体教学、上机自学、集中授课、基地实训等多种形式，组织开展各类专项培训，培养具有一定科学文化素质和掌握实用技术的新型农民。

农民(社区居民)科学素质行动。通过形式多样、内容丰富、群众喜闻乐见的文化科普活动，面向贫困地区农民(社区居民)大力开展保护生态环境、节约能源资源等内容的宣传教育，开展新型农民培训和现代农业科学技术培训，提升社区居民应用科学知识解决实际问题、改善生活质量、应对突发事件的能力，引导农民(社区居民)养成科学文明健康的生活方式，形成良好的社会公德、职业道德、家庭美德和自觉抵制反科学、伪科学、破除愚昧迷信的社会风尚。

三、保障措施

(一)加强组织领导。按照中央统筹、省负总责、县抓落实的总体要求，加强对贫困地区公共文化建设工作的组织领导。推动地方各级党委和政府把贫困地区公共文化建设作为扶贫开发重点工作，纳入重要议事日程，纳入经济社会发展全局，纳入评价地区发展水平、发展质量和领导干部工作业绩的重要内容。在国家和各地公共文化服务体系建设协调机制的框架下，明确部门分工，加强统筹协调。建立完善党委和政府统一领导、文化部门组织协调、有关部门分工负责、社会力量积极参与的工作格局。

(二)推进精准建设。省级文化行政部门会同有关部门对本省贫困地区县、乡、村三级公共文化设施、服务资源、人才队伍等基本情况开展专项调查，摸清公共文化服务和资源底数，明确突出矛盾和问题；对照国家基本公共文化服务指导标准和地方实施标准，按照基本服务项目、硬件设施、人员配备等类别，逐项测算服务和资源缺口，列出公共文化建设项目清单；按照前三年集中攻坚、后两年巩固提高的阶段目标，指导县级文化行政部门制订公共文化服务建设实施方案，明确工作措施，建立工作台账，分年度确定重点解决事项和工作内容，形成可操作、可检查、可评估的工作计划、时间表和路线图。

（三）加大财政支持。中央和省级财政通过转移支付对贫困地区基本公共文化服务项目资金予以补助，并根据绩效考核结果实施奖励。地方各级政府要将落实基本公共文化服务标准所需资金纳入预算管理，统筹利用现有资金渠道，按照规划目标集中调配资源，支持贫困地区公共文化建设。落实国家安排的公益性文化建设项目取消县及县以下和集中连片特困地区地市级资金配套的政策，加大相关转移支付资金对贫困地区公共文化建设的支持力度。中央补助基层的公共文化服务体系建设专项资金，在确保专项任务完成和资金用途不变的前提下，可按规定由县级财政部门会同文化行政部门统筹使用。进一步加强对公共文化服务资金管理使用情况的监督和审计。运用村级公益事业建设一事一议民主决策机制，开展农村公共文化项目建设，提高资金使用效益。

（四）加强考核评估。各级政府要把规划纲要落实情况作为政府督查督办事项，对规划纲要实施进展、质量和成效进行动态监测评估，将结果作为对下一级政府绩效考核的重要内容。地方文化、新闻出版广电部门要加强与发展改革、财政、体育、扶贫等部门的综合协调，及时研究解决规划纲要实施过程中出现的新情况新问题，定期向本级政府和上级文化、新闻出版广电行政部门报告规划纲要实施情况。省级文化、新闻出版广电行政部门每年向文化部、新闻出版广电总局报告规划纲要实施情况。文化部会同有关部门对规划纲要实施情况进行跟踪分析，适时开展中期评估和后期评估。

（三）《国务院关于进一步做好为农民工服务工作的意见》①

国务院关于进一步做好为农民工服务工作的意见（节选）

国发〔2014〕40号

……

（三）总体目标。到2020年，转移农业劳动力总量继续增加，每年开展农民工职业技能培训2000万人次，农民工综合素质显著提高、劳动条件明显改善、工资基本无拖

① 国务院关于进一步做好为农民工服务工作的意见[EB/OL]. [2014-09-30]. http://www.gov.cn/zhengce/content/2014-09/30/content_9105.htm。

欠并稳定增长、参加社会保险全覆盖，引导约1亿人在中西部地区就近城镇化，努力实现1亿左右农业转移人口和其他常住人口在城镇落户，未落户的也能享受城镇基本公共服务，农民工群体逐步融入城镇，为实现农民工市民化目标打下坚实基础。

……

（十三）逐步推动农民工平等享受城镇基本公共服务。深化基本公共服务供给制度改革，积极推进城镇基本公共服务由主要对本地户籍人口提供向对常住人口提供转变，努力实现城镇基本公共服务覆盖在城镇常住的农民工及其随迁家属，使其逐步平等享受市民权利。各地区、各有关部门要逐步按照常住人口配置基本公共服务资源，明确农民工及其随迁家属可以享受的基本公共服务项目，并不断提高综合承载能力、扩大项目范围。农民工及其随迁家属在输入地城镇未落户的，依法申领居住证，持居住证享受规定的基本公共服务。在农民工输入相对集中的城市，主要依托社区综合服务设施、劳动就业社会保障服务平台等现有资源，建立农民工综合服务平台，整合各部门公共服务资源，为农民工提供便捷、高效、优质的“一站式”综合服务。（农民工办会同发展改革委、教育部、公安部、民政部、财政部、人力资源社会保障部、住房城乡建设部、文化部、卫生计生委、法制办负责）

……

（二十）丰富农民工精神文化生活。把农民工纳入城市公共文化服务体系，继续推动图书馆、文化馆、博物馆等公共文化服务设施向农民工同等免费开放。推进“两看一上”（看报纸、看电视、有条件的能上网）活动，引导农民工积极参与全民阅读活动。在农民工集中居住地规划建设简易实用的文化体育设施。利用社区文化活动室、公园、城市广场等场地，经常性地开展群众文体活动，促进农民工与市民之间交往、交流。举办示范性农民工文化活动。鼓励企业开展面向农民工的公益性文化活动，鼓励文化单位、文艺工作者和其他社会力量为农民工提供免费或优惠的文化产品和服务。（文化部、农民工办会同发展改革委、民政部、财政部、中央宣传部、全国总工会、共青团中央、全国妇联负责）

……

（二十二）建立健全农村留守儿童、留守妇女和留守老人关爱服务体系。实施“共享蓝天”关爱农村留守儿童行动，完善工作机制、整合资源、增加投入，依托中小学、村民委员会普遍建立关爱服务阵地，做到有场所、有图书、有文体器材、有志愿者服务。继续实施学前教育行动计划，加快发展农村学前教育，着力解决留守儿童入园需求。全面改善贫困地区薄弱学校基本办学条件，加快农村寄宿制学校建设，优先满足留守儿童寄宿需求，落实农村义务教育阶段家庭经济困难寄宿生生活补助政策。实施农村义务教育学生营养改善计划，开展心理关怀等活动，促进学校、家庭、社区有效衔接。

加强农村"妇女之家"建设，培育和扶持妇女互助合作组织，帮助留守妇女解决生产、生活困难。全面实施城乡居民基本养老保险制度，建立健全农村老年社会福利和社会救助制度，发展适合农村特点的养老服务体系，努力保障留守老人生活。加强社会治安管理，保障留守儿童、留守妇女和留守老人的安全，发挥农村社区综合服务设施关爱留守人员功能。(民政部、全国妇联会同发展改革委、教育部、公安部、财政部、人力资源社会保障部、共青团中央负责)

……

(二十四)加大农民工公共服务等经费投入。深化公共财政制度改革，建立政府、企业、个人共同参与的农民工市民化成本分担机制和财政转移支付同农民工市民化挂钩机制。中央和地方财政部门要按照推进基本公共服务均等化的要求，统筹考虑农民工培训就业、社会保障、公共卫生、随迁子女教育、住房保障、公共文化等基本公共服务的资金需求，加大投入力度，为农民工平等享受基本公共服务提供经费保障。各级财政部门要将农民工工作经费纳入公共财政预算支出范围。(财政部、农民工办会同发展改革委、教育部、民政部、人力资源社会保障部、住房城乡建设部、文化部、卫生计生委负责)

……

(二十六)发挥社会组织服务农民工的积极作用。按照培育发展和管理监督并重的原则，对为农民工服务的社会组织正确引导、给予支持，充分发挥他们为农民工提供服务、反映诉求、协同社会管理、促进社会融合的积极作用。改进对服务农民工的社会组织的管理，完善扶持政策，通过开展业务培训、组织经验交流、政府购买服务等方式，引导和支持其依法开展服务活动。(民政部会同发展改革委、教育部、公安部、司法部、财政部、人力资源社会保障部、文化部、卫生计生委、工商总局、全国总工会负责)

(四)文化部　体育总局　民政部　住房城乡建设部《关于引导广场舞活动健康开展的通知》①

关于引导广场舞活动健康开展的通知(节选)

文公共发〔2015〕15 号

一、总体要求

1. 目标任务

以活跃基层群众文化生活、提高公民身体素质和道德素质、促进基层社会和谐稳

① 文化部　体育总局　民政部　住房城乡建设部关于引导广场舞活动健康开展的通知[EB/OL]. [2015-08-26]. http://zwgk.mcprc.gov.cn/auto255/201509/t20150907_30418.html。

定为根本，以扶持、引导、规范为重点，培育一批扎根基层、综合素质较高、专兼职结合的广场舞工作队伍，推出一批具有文化内涵、审美品位和健身功能，便于群众接受的广场舞作品，培育一批具有导向性、示范性的广场舞品牌活动，实现城乡基层广场舞活动健康、文明、有序开展。

2. 工作原则

坚持积极引导与尊重群众意愿相结合。坚持弘扬社会主义核心价值观，加大对广场舞的引导和扶持力度，切实加强基层文化阵地建设。尊重群众意愿，引导群众需求，为群众开展广场舞活动提供便利条件，创造良好发展环境。

坚持统筹协调与因地制宜相结合。整合各方优势资源，形成工作合力，加强对城乡基层广场舞活动的统筹协调。鼓励各地因地制宜，结合当地文化资源和特点，开展富有地方特色、符合群众品位的广场舞活动，吸引基层群众积极参与。

坚持创新管理与规范服务相结合。牢固树立现代治理理念，按照建设服务型政府的要求，与基层社会管理机制相结合，创新广场舞活动的管理方式。加强法制宣传和社会公德教育，不断提升广场舞工作的规范化水平。

二、为广场舞活动创造良好条件

3. 为基层群众就近方便地提供广场舞活动场地。积极优化广场用地和文化、体育活动设施布局，在旧城区改造和新城区建设时，按人口规模或服务半径以及有关要求配套建设选址适中、与地域条件协调、适合开展群众性文体活动的场地。发掘利用城乡商业广场、企业和社区场地、边角空地等社会场地资源，盘活现有场地存量。加大公共文化体育场馆免费开放力度，充分提高场馆利用率，根据群众需求特点实行错时开放，适当延长夜间、休息日开放时间。做好室外广场适用电源、夜间照明等基础设施配套，合理配置广场舞活动设备器材，有条件的地方应当为各类广场舞团队免费提供移动音箱等设备。

4. 为广场舞活动提供优质服务。充分尊重各地传统文化和群众审美需求特点，大力支持基层群众自发开展具有文化艺术内涵、体现科学健身理念、符合群众审美特点的形式多样的广场舞活动。充分发挥公共文化体育单位的骨干作用，将广场舞作为公共文化体育单位的重要工作内容，采取划片指导、结对帮扶、培训指导等多种方式，加大对广场舞活动的服务和指导力度。广泛开展免费发放教学光盘、公益培训、展演展示、原创作品征集评选等普及推广活动，为广大群众更好地学跳广场舞提供方便。

5. 为广场舞活动搭建良好平台。各级文化、体育行政部门要因地制宜组织开展各类群众文化体育活动，引导基层群众结合地域、民族文化特色，充分挖掘和利用本地优秀文化资源，创新广场舞活动形式和组织方式，丰富活动内容，提升活动内涵。广泛开展社会主义核心价值观主题广场舞活动，结合广场舞作品创作、队伍培训、宣传推广等引导基层群众培育和践行社会主义核心价值观。通过政府购买服务等方式，对优秀广场舞团队予以扶持、表扬、宣传，大力培育广场舞活动品牌，为广大群众搭建展示文艺才能、参与文化创造的良好平台。

三、加强对广场舞活动的规范管理

6. 完善广场舞管理规范。大力宣传《中华人民共和国环境噪声污染防治法》《国家声环境质量标准》等法律法规，提高基层群众的法治意识和社会公德意识。推动基层政府和社区自治组织结合本地实际制定人性化、针对性强的广场舞活动管理办法、活动准则或文明公约。探索实施广场文化活动登记备案制、星级评定制等相关管理制度，提升广场舞管理的制度化、规范化、科学化水平。

7. 鼓励群众自我管理。积极引导和推动建立基层广场舞协会等文化体育社团组织，充分发挥其自我管理、自我教育、自我服务、自我监督的作用，吸纳广场舞团队负责人、文艺骨干、社会体育指导员、群众代表参与广场舞管理，统筹组织辖区内广场舞团队及基层群众协商制定和落实相关管理规定，广泛吸取群众智慧，依靠群众力量，提升管理水平。

8. 将广场舞活动纳入基层社会治理体系。按照属地化管理的原则，建立由政府牵头、相关部门依法管理、场地管理单位配合、社区居委会和业主委员会以及相关社会组织等广泛参与的广场舞活动管理机制，推动相关管理规范有效落实，加强日常巡查，关注群众诉求，及时了解基层广场舞活动开展情况，把因广场舞产生的矛盾化解在基层、化解在萌芽状态。

四、加强组织领导和统筹协调

9. 加强组织领导。积极推动将广场舞工作纳入当地现代公共文化服务体系建设和群众体育事业发展的总体规划，纳入当地政府重要议事日程，纳入公共文化服务协调机制的工作内容，明确各部门职责分工，加强统筹协调，形成分工明确、统筹有力、部门联动、齐抓共管的工作格局。

10. 加强经费保障。通过现有资金渠道加大对广场舞活动的投入，重点支持城乡基层广场舞活动设施建设、设备配备、队伍培训、作品创作、普及推广、展示交流。积极拓展资金来源渠道，引导和鼓励社会力量对广场舞活动给予资金及设备支持。

11. 加强队伍建设。结合全国基层文化、体育队伍培训工作，强化对基层文化、体育工作者和群众文体骨干开展广场舞编创、普及推广、规范管理等方面知识的系统培训，培养一支适应广场舞工作需要的编创、培训、管理人才队伍。切实加强文化管理员、社会体育指导员、文化志愿者等兼职队伍建设，吸纳有丰富实践经验的广场舞团队负责人和领头人参与管理和服务。

12. 加强宣传引导。积极拓宽宣传渠道，充分利用传统媒体及各类新兴媒体，大力宣传广场舞工作的好做法、好经验，树立一批优秀广场舞工作者典型、广场舞领头人典型、广场舞团体典型，营造健康、文明、规范、有序参与广场舞活动的良好氛围。

【本章小结】

本章阐述了公共文化服务均等化发展的基本内涵，标准化是促进均等化发展的基本路径。公共文化服务标准化类型多样，其中国家基本公共文化服务标准，是需要政府兜底的保障标准。贫困地区公共文化服务体系建设，是未来五年工作重点，需要借力政策优势、技术优势实现跨越式发展。农民工等特殊群体文化权益保障依然是公共文化服务的基本服务项目。

【思考题】

1. 公共文化服务均等化与标准化的关系。
2. 建立国家基本公共文化服务标准的意义。
3. 推动公共文化服务城乡一体化发展的基本途径。
4. 文化精准扶贫的方法与路径。
5. 农民工与留守妇女儿童的基本文化权益保障。

第四章　公共文化服务社会化发展

【目标与任务】

了解公共文化服务社会化发展的目的与意义，了解党和国家促进公共文化服务社会化发展的基本方针，了解并能熟练运用促进公共文化服务社会化发展的各类经济政策，掌握政府向社会力量购买公共文化服务的基本方法与途径，了解政府对文化类社会组织的引导培育与规范。

一、促进公共文化服务社会化发展的基本方针

随着我国公共文化服务体系不断完善和制度建设不断推进，公共文化服务的提供主体和提供方式逐步走向多样化，公共文化服务的社会化程度明显提升。

促进公共文化服务社会化发展，是丰富公共文化产品和服务供给的需要。公共文化产品和服务供给体系是公共文化服务体系的子系统，是实现公共文化服务普遍均等的重要基础。公共文化服务，从根本上说是政府的分内事，在公共文化资源供给体系中，政府理所当然地占据主导地位。但是，政府主导不等于政府主办，政府主办也不等于政府包办，随着政府转变职能的推进，有限责任政府、有限财力政府理念的普及，社会力量、社会资本参与公共文化服务体系建设成为丰富公共文化产品供给的重要途径。建立科学合理的公共文化产品和服务供给体系，基本目标是政府积极发挥宏观调控职能，运用政策、规划、布局等调控手段对全社会公共文化产品生产和服务提供进行宏观指导，建立起政府主导下的多元化的公共文化产品和服务供给体系，积极促进公共文化服务社会化发展。

促进公共文化服务社会化发展，也是提升公共文化机构服务水平的需要。提供公共文化服务是实现人民基本文化权益的主要途径，在这一过程中，政府主要通过公共文化机构来承担起基本的公共文化产品生产和服务供给的责任，公共文化机构是公共

文化服务供给的骨干力量。但是，长期以来公共文化机构作为公益性文化事业单位，主要依靠财政拨款运营，市场驱动、产业驱动、利益驱动、需求驱动的特征不明显，与人民群众日益增长的公共文化服务需求相比，不少公共文化机构存在着产品和服务内容单一、品种匮乏、形式老旧、质量不高、规模不足等问题。推动公共文化服务社会化发展，通过培育文化类社会组织，引入竞争机制，有利于推动公共文化机构的体制机制改革，有利于公共文化机构释放内在活力、激活优质资源、提升服务质量。

党和政府一贯积极引导和鼓励社会力量、社会资本以多种方式参与公共文化服务体系建设，推动公共文化服务社会化发展。2007 年 8 月，中共中央办公厅、国务院办公厅发布《关于加强公共文化服务体系建设的若干意见》，明确要求完善相关管理制度，简化审批登记程序，积极引导社会力量以兴办实体、赞助活动、免费提供设施等多种形式参与公共文化服务；支持境内各类文化基金会和文化投资公司参与公共文化服务；支持民办公益性文化机构的发展，鼓励民间开办博物馆、图书馆等，促进公共文化服务方式的多元化、社会化。

2011 年 11 月，党的十七届六中全会通过的《中共中央关于深化文化体制改革，推动社会主义文化大发展大繁荣若干重大问题的决定》，再次明确要求“引导和鼓励社会力量通过兴办实体、资助项目、赞助活动、提供设施等形式参与公共文化服务”，完善公共文化服务体系建设。

2012 年 2 月，由中共中央办公厅、国务院办公厅发布的《国家“十二五”时期文化改革发展规划纲要》，强调采取政府采购、项目补贴、定向资助、贷款贴息、税收减免等政策措施鼓励各类文化企业参与公共文化服务。特别是鼓励国家投资、资助或拥有版权的文化产品无偿用于公共文化服务。

2013 年 11 月，党的十八届三中全会发布的《中共中央关于全面深化改革若干重大问题的决定》，围绕构建现代公共文化服务体系，要求引入竞争机制，鼓励社会力量、社会资本参与公共文化服务体系建设，培育文化非营利组织，推动公共文化服务社会化发展。

2015 年 1 月，中共中央办公厅、国务院办公厅印发《关于加快构建现代公共文化服务体系的意见》，首次将推动公共文化社会化发展、鼓励和引导社会力量参与公共文化服务提高到“动力”高度来认识。所谓“动力”，是指事物运动和发展的驱动力量，把社会力量作为公共文化的发展动力，就是要改变过去单纯依靠政府主导、财政保障、政策推动、政府举办、政府管理、政府评价的陈旧模式，真正形成政府主导下的公共文化机构、社会组织、企业、公众共同参与、共同谋划、共同推进、共同实施、共同管理等共建共管共享共赢新格局。动力的“社会化”、动力主体的多元化，必将极大地带动现代公共文化服务体系体制改革和机制创新，极大地驱动公共文化服务效能不断提升。

二、税收优惠促进公共文化服务社会化发展

《中华人民共和国公益事业捐赠法》旨在积极鼓励社会各界自愿、无偿向依法成立的包括公共文化机构在内的公益性社会团体和公益性非营利事业单位捐赠财产，用于公益事业。该法律规定，对公益事业捐赠有突出贡献的自然人、法人或者其他组织，由人民政府或者有关部门予以表彰。除此之外，还制定了一系列的优惠措施：由公司和其他企业捐赠财产用于公益事业的，可以依法享受企业所得税方面的优惠；由自然人和个体工商户捐赠财产用于公益事业，可以依法享受个人所得税方面的优惠；由境外向公益性社会团体和公益性非营利的事业单位捐赠的用于公益事业的物资，可以依法减征或者免征进口关税和进口环节的增值税等。

国务院先后出台了一系列文化经济政策，用于鼓励社会力量参与公共文化服务体系建设。2006 年 6 月，国务院转发了财政部、中宣部制定的《关于进一步支持文化事业发展的若干经济政策》(国办发〔2006〕43 号)，明确界定了对宣传文化事业公益性捐赠的范围：(1)对国家重点交响乐团、芭蕾舞团、歌剧团、京剧团和其他民族艺术表演团体的捐赠；(2)对公益性的图书馆、博物馆、科技馆、美术馆、革命历史纪念馆的捐赠；(3)对重点文物保护单位的捐赠；(4)对文化行政管理部门所属的非生产经营性的文化馆或群众艺术馆接受的社会公益性活动、项目和文化设施等方面的捐赠。对捐赠的税收优惠政策是：企业所得税可以抵扣 10%，个人所得税可以抵扣 30%。

财政部、国家税务总局连续多年制定宣传文化所得税优惠政策，如《关于宣传文化所得税优惠政策的通知》(财税〔2007〕24 号)、《关于继续实行宣传文化增值税和营业税优惠政策的通知》(财税〔2009〕147 号)、《关于继续执行宣传文化增值税和营业税优惠政策的通知》(财税〔2011〕92 号)、《关于延续宣传文化增值税和营业税优惠政策的通知》(财税〔2013〕87 号)等，对图书、期刊、报纸等公共文化产品的生产环节给予一定的税收优惠。特别是 2013 年出台的《关于延续宣传文化增值税和营业税优惠政策的通知》，明确了自 2013 年 1 月 1 日起至 2017 年 12 月 31 日，免征图书批发、零售环节增值税，对科普单位的门票收入，以及县及以上党政部门和科协开展的科普活动的门票收入免征营业税。

三、政府向社会力量购买公共文化服务

政府向社会力量购买公共文化服务，就是利用市场机制和市场手段，把政府直接向社会公众提供的一部分公共文化服务事项，按照一定的方式和程序，交由具备条件的社会力量承担，并由政府根据其服务数量和质量支付费用。

近年来，各级地方立足实际，积极开展向社会力量购买公共文化服务的探索，取得了良好效果，在政策指导、经费保障、工作机制等方面积累了不少好的做法和经验。实践证明，推行政府向社会力量购买服务是创新公共文化服务提供方式、加快文化产业发展、引导有效需求的重要途径，对于深化文化体制改革、推动政府职能转变、整合利用社会资源、增强公众参与意识、激发经济社会活力、增加公共文化服务供给、提高公共文化服务水平和效率，都具有重要意义。

2013 年 9 月，国务院办公厅发布了《关于政府向社会力量购买服务的指导意见(2013-09-26)》(国办发〔2013〕96 号)，对进一步转变政府职能、改善公共服务作出重大部署，明确要求包括公共文化服务在内的所有公共服务领域，更多地利用社会力量，加大政府购买服务的力度。

2015 年 5 月，国务院办公厅转发文化部等部门《关于做好政府向社会力量购买公共文化服务工作意见》的通知，这是公共文化领域全面深化改革、增强发展动力的重要举措，是转变政府职能、改革政府提供公共文化服务机制与方式的重要步骤。该文件明确要求各级政府向社会力量购买公共文化服务，这一决策部署的直接意义是政府文化行政方式深化改革有了突破性进展，彻底打破了以往公共文化服务由政府大包大揽、公共文化机构包办垄断的旧格局，将有力推动市场化配置公共文化资源新格局的形成。而且，该文件还明确要求逐步加大现有财政资金向社会力量购买公共文化服务的投入力度。对新增的公共文化服务内容，凡适于以购买服务实现的，原则上都要通过政府购买服务方式实施。

该文件还从实际出发，切实考虑到相关社会力量起步较晚、发育迟缓、承接能力弱的情况，明确“购买内容”为现阶段“适合采取市场化方式提供、社会力量能够承担的公共文化服务”，对于这一要求需要从以下三个方面准确把握：一是应当本着积极培育的态度，对“适合”向社会力量购买的公共文化服务实施公开购买；二是对不适合或暂时不适合向社会力量购买的公共文化服务，不搞“一刀切”，关键是用好市场机制；三是必须以发布“指导目录”和“具体购买目录”、告知参与路径和享有权益等方式诚意引导社会力量顺畅进入。该文件附带的《政府向社会力量购买公共文化服务指导性目录》，为各级地方政府作出了示范。

2016 年 11 月，财政部、中央机构编制委员会办公室(简称中央编办)出台了《关于做好事业单位政府购买服务改革工作的意见》。改革的指导思想是，通过推进事业单位政府购买服务改革，推动政府职能转变，深化简政放权、放管结合、优化服务改革，改进政府提供公共服务方式，支持事业单位改革，促进公益事业发展，切实提高公共服务质量和水平。改革的基本原则是，坚持分类施策，按事业单位类别及职能，合理定位参与政府购买服务的角色作用，明确相应要求；坚持问题导向，加快转变政府职能，创新财政支持方式，将政府购买服务作为推动事业单位改革发展的重要措施；坚持公开透明，遵循公开、公平、公正原则推进事业单位政府购买服务改革；坚持统筹协调，做好政府购买服务改革与事业单位分类改革有关经费保障、机构编制、人事制度、收入分配、养老保险等方面政策的衔接；坚持稳妥推进，对事业单位政府购买服务改革给予必要的支持政策，妥善处理改革发展稳定的关系。改革的总体目标是，到2020年年底，事业单位政府购买服务改革工作全面推开，事业单位提供公共服务的能力和水平明显提升；现由公益二类事业单位承担并且适宜由社会力量提供的服务事项，全部转为通过政府购买服务方式提供；通过政府购买服务，促进建立公益二类事业单位财政经费保障与人员编制管理的协调约束机制。

四、培育和规范文化类社会组织

公共文化服务社会化发展格局的形成，一个不可或缺的前提条件是文化类社会组织的生长，这也是目前公共文化领域的短板，如果没有文化类社会组织，就谈不上社会参与；如果没有足量的文化类社会组织参与，就谈不上充分竞争，也就不能充分激发公共文化机构的全部潜在活力。所以一项迫在眉睫的工作，就是政府和公共文化机构必须投入相当多的精力，大力培育发展文化类社会组织。

国际经验表明，文化类社会组织在文化治理体系中可以发挥“第三部门”的作用，它与政府、市场所承担的公共文化服务职能相辅相成，在资源动员、服务提供、活动实施、运营管理等方面具有专业化的能力和独特的作用，是政府以社会化机制和方式提供公共文化服务的主要依靠力量之一。

近年来，特别是十八届三中全会以后，我国开始出现了一些比较规范的承接政府购买公共文化服务的专业化社会组织。但是，从总体上看，我国文化类社会组织的现状与政府向社会力量购买公共文化服务的需求还不相适应。全国公共文化领域目前虽然有8700多支馆办文艺团队，有30多万个群众业余文艺团队，还有不计其数的以“文化能人”为核心的自发文艺组织，但真正符合依法在登记管理部门登记、具有比较健全的内部治理结构和管理制度、具有独立承担民事责任能力要求的社会组织，为数还很少。也就是说，现有的具有一定专业服务能力的文艺团队组织由于治理结构和管理运行不规范，多数还不能成为承接政府购买公共文化服务的社会组织。中共中央办公厅、国务院办公厅印发的《关于加快构建现代公共文化服务体系的意见》明确要求培育和规范文化类社会组织，这是实现政府将适合由社会组织提供的公共文化服务事项交由社会组织承担的前提条件，也是建立健全政府向社会力量购买公共文化服务机制的基础工作。

培育和规范文化类社会组织需要重点做好哪些工作？第一，需要宣传普及文化类社会组织在现代公共文化服务体系建设中的功能、作用，让更多的自发性文艺团队组织认识到升级转型为文化类社会组织的必要性和重要性，认识到松散型的兴趣团队和组织化的社会团体在实现价值理念、社会贡献和志愿精神方面的区别，在全社会培育以组织化形态、专业化能力服务于现代公共文化服务体系建设的理念和意识，为文化类社会组织的涌现奠定思想基础。第二，简化文化类社会组织的登记手续。明确《国务院机构改革和职能转变方案》中所说的“公益慈善类”社会组织包括文化类社会组织，文化类社会组织适用直接向民政部门申请登记的政策，扫除在成立登记方面繁琐的程序障碍。第三，目前阶段，政府购买公共文化服务的项目、资金向文化类社会组织倾斜，开辟文化类社会组织的资金来源渠道，培育其造血机制，夯实文化类社会组织提升服务能力、持续发展的基础。第四，加强政府监管和社会监督，引导和指导文化类社会组织建立健全内部治理结构，完善财务、资产、人员、绩效的管理和评估制度，形成良好的服务信誉，依法依规承接、提供公共文化服务。

当然，由于文化类社会组织种类繁多、情况复杂，政府有必要在培育的同时加强规范管理，重点引导、培育形成符合中国特色社会主义现代公共文化服务特点、自觉遵循和弘扬社会主义核心价值观、有利于传承和弘扬中国优秀传统文化和地方特色文化、有利于巩固党和国家基层文化阵地、依法运营的文化类社会组织。与此同时，必须加强行业规范和制度建设，建立健全机构年检制度、日常监管制度、绩效评估制度，对于那些理念、行为和效果有违社会主义核心价值观的所谓文化类社会组织，应及时予以整改甚至取缔。

五、社会资本参与公共文化服务体系建设

除了税收优惠政策、政府向社会力量购买公共文化服务、培育文化类社会组织政策之外，促进公共文化服务社会化发展的又一重要途径，就是引导和鼓励社会资本参与公共文化服务体系建设，通过建立现代文化市场体系，开放特定的文化领域，允许社会资本进入公共文化服务领域，投资兴办公共文化设施、生产公共文化产品、提供公共文化服务。

2005 年，国务院发布《关于非公有资本进入文化产业的若干决定》，文化部、国家广播电影电视总局、新闻出版总署、国家发展和改革委员会、商务部随后联合发布《关于文化领域引进外资的若干意见》，鼓励和支持非公有资本参与国有文化事业单位的转企改制，以股份制、民营等多种形式进入政策许可的文化领域。

2010 年 1 月，国家文物局、民政部、财政部、国土资源部、住房和城乡建设部、文化部、国家税务总局联合发布了《关于促进民办博物馆发展的意见》，旨在进一步调动社会力量参与文化遗产保护和社会主义先进文化建设的积极性，积极鼓励、支持民

办博物馆事业的发展。要求各地、各有关部门提高认识，积极鼓励民办博物馆的发展，将民办博物馆纳入国民经济和社会发展规划，纳入博物馆事业发展规划，因地制宜，分类指导，制定符合各地民办博物馆发展的目标、措施和相关政策，支持、鼓励和引导民办博物馆的科学发展；民政、财政、国土资源、住房城乡建设、文化、税务、文物等行政部门和行业组织要加强协调，形成合力，加强调查研究，对民办博物馆在创办、开放、发展中遇到的具体困难和问题，给予必要的关注，及时帮助切实解决，保障民办博物馆健康发展。

2010 年 5 月，国务院发布的《关于鼓励和引导民间投资健康发展的若干意见》，明确鼓励民间资本参与发展文化、旅游和体育产业。鼓励民间资本从事广告、印刷、演艺、娱乐、文化创意、文化会展、影视制作、网络文化、动漫游戏、出版物发行、文化产品数字制作与相关服务等活动，建设博物馆、图书馆、文化馆、电影院等文化设施。

2012 年 6 月，文化部发布《关于鼓励和引导民间资本进入文化领域的实施意见》，阐述了促进民间资本进入文化领域的重要意义，提出了鼓励民间资本参与公共文化服务体系建设的主要方式和途径，明确了新时期民间资本参与公共文化服务体系建设的重点领域和发展方向。

六、重要政策法规选编

(一)《国务院办公厅转发文化部等部门关于做好政府向社会力量购买公共文化服务工作意见的通知》[①]

国务院办公厅转发文化部等部门

关于做好政府向社会力量购买公共文化服务工作意见的通知(节选)

国办发〔2015〕37 号

……

一、指导思想、基本原则和目标任务

(一)指导思想。以邓小平理论、“三个代表”重要思想、科学发展观为指导，深入贯彻习近平总书记系列重要讲话精神，按照党中央、国务院决策部署，以社会主义核心价值观为引领，按照深入推进依法行政、深化文化体制改革和构建现代公共文化服

① 国务院办公厅转发文化部等部门关于做好政府向社会力量购买公共文化服务工作意见的通知[EB/OL]. [2015-05-05]. http://www.gov.cn/zhengce/content/2015-05/11/content_9723.htm。

务体系的目标和要求，转变政府职能，推动公共文化服务社会化发展，逐步建立起适应社会主义市场经济的公共文化服务供给机制，为人民群众提供更加方便、快捷、优质、高效的公共文化服务。

（二）基本原则。

坚持正确导向，发挥引领作用。以人民为中心，坚持社会主义先进文化前进方向，将政府向社会力量购买的公共文化服务与培育践行社会主义核心价值观相结合、与传承弘扬中华优秀传统文化相融合，发挥文化引领风尚、教育人民、服务社会、推动发展的作用。

明确政府主导，完善政策体系。加强对政府向社会力量购买公共文化服务工作的组织领导、政策支持、财政投入和监督管理，按照相关法律法规要求，坚持与文化、体育事业单位改革相衔接，坚持与完善文化、体育管理体制相衔接，制定中央与地方协同配套、操作性强的政府向社会力量购买公共文化服务政策体系和管理规范。

培育市场主体，丰富服务供给。进一步发挥市场在文化资源配置中的积极作用，推进政府向社会力量购买公共文化服务与培育社会化公共文化服务力量相结合，规范和引导社会组织健康发展，逐步构建多层次、多方式的公共文化服务供给体系。

立足群众需求，创新购买方式。以满足人民群众基本公共文化需求为目标，突出公共性和公益性，不断创新政府向社会力量购买公共文化服务模式，建立“自下而上、以需定供”的互动式、菜单式服务方式，推动公共文化服务供给与人民群众文化需求有效对接。

规范管理程序，注重服务实效。按照公开、公平、公正原则，建立健全政府向社会力量购买公共文化服务的工作机制，规范购买流程，稳步有序开展工作。坚持风险和责任对等原则，规范政府和社会力量合作关系，严格价格管理。加强绩效管理，完善群众评价和反馈机制，切实提高政府向社会力量购买公共文化服务的针对性和有效性。

（三）目标任务。到2020年，在全国基本建立比较完善的政府向社会力量购买公共文化服务体系，形成与经济社会发展水平相适应、与人民群众精神文化和体育健身需求相符合的公共文化资源配置机制和供给机制，社会力量参与和提供公共文化服务的氛围更加浓厚，公共文化服务内容日益丰富，公共文化服务质量和效率显著提高。

二、积极有序推进政府向社会力量购买公共文化服务工作

（一）明确购买主体。政府向社会力量购买公共文化服务的主体是承担提供公共文化与体育服务的各级行政机关。纳入行政编制管理且经费由财政负担的文化与体育群团组织，也可根据实际需要，通过购买服务方式提供公共文化服务。

（二）科学选定承接主体。承接政府向社会力量购买公共文化服务的主体主要为具备提供公共文化服务能力，且依法在登记管理部门登记或经国务院批准免予登记的社会组织和符合条件的事业单位，以及依法在工商管理或行业主管部门登记成立的企业、机构等社会力量。各地要结合本地实际和拟购买公共文化服务的内容、特点，明确具体条件，秉持公开、公平、公正的遴选原则，科学选定承接主体。

（三）明确购买内容。政府向社会力量购买公共文化服务的内容为符合先进文化前进方向、健康积极向上的，适合采取市场化方式提供、社会力量能够承担的公共文化服务，突出公共性和公益性并主动向社会公开。主要包括：公益性文化体育产品的创作与传播，公益性文化体育活动的组织与承办，中华优秀传统文化与民族民间传统体育的保护、传承与展示，公共文化体育设施的运营和管理，民办文化体育机构提供的免费或低收费服务等内容。

（四）制定指导性目录。文化部、财政部、新闻出版广电总局、体育总局制定面向全国的政府向社会力量购买公共文化服务指导性目录。各地要按照转变政府职能的要求，结合本地经济社会发展水平、公共文化服务需求状况和财政预算安排情况，制定本地区政府向社会力量购买公共文化服务的指导性目录或具体购买目录。指导性目录和具体购买目录，应在总结经验的基础上，及时进行动态调整。

（五）完善购买机制。各地要建立健全方式灵活、程序规范、标准明确、结果评价、动态调整的购买机制。结合公共文化服务的具体内容、特点和地方实际，按照政府采购有关规定，采用公开招标、邀请招标、竞争性谈判、竞争性磋商、单一来源等方式确定承接主体，采取购买、委托、租赁、特许经营、战略合作等各种合同方式。建立以项目选定、信息发布、组织采购、项目监管、绩效评价为主要内容的规范化购买流程。根据所购买公共文化服务特点，分类制定内容明确、操作性强、便于考核的公共文化服务标准，方便承接主体掌握，便于购买主体监管。加强对服务提供全过程的跟踪监管和对服务成果的检查验收，检查验收结果应结合服务对象满意度调查，作为付款的重要依据。建立购买价格或财政补贴的动态调整机制，根据承接主体服务内容和质量，合理确定价格，避免获取暴利。

（六）提供资金保障。政府向社会力量购买公共文化服务所需资金列入财政预算，从部门预算经费或经批准的专项资金等既有预算中统筹安排。逐步加大现有财政资金向社会力量购买公共文化服务的投入力度。对新增的公共文化服务内容，凡适于以购买服务实现的，原则上都要通过政府购买服务方式实施。

（七）健全监管机制。加强对政府向社会力量购买公共文化服务的监督管理，建立健全政府购买的法律监督、行政监督、审计监督、纪检监督、社会监督、舆论监督制度，完善事前、事中和事后监管体系，严格遵守相关财政财务管理规定，确保购买行为公开透明、规范有效，坚决遏制和预防腐败现象。财政部门要加强对政府向社会力量购买公共文化服务资金的监管，监察、审计等部门要加强监督，文化、新闻出版广电、体育部门要按照职能分工将承接政府购买服务行为纳入监管体系。购买主体与承接主体应按照权责明确、规范高效的原则签订合同，严格遵照合同约定，避免出现行政干预行为。购买主体应建立健全内部监督管理制度，按规定公开购买服务的相关信息，自觉接受审计监督、社会监督和舆论监督。承接主体应主动接受购买主体的监管，健全财务报告制度，严格按照服务合同履行服务任务，保证服务数量、质量和效果，严禁服务转包行为。

（八）加强绩效评价。健全由购买主体、公共文化服务对象以及第三方共同参与的综合评审机制；加强对购买公共文化服务项目的绩效评价，建立长效跟踪机制。在绩效评价体系中，要侧重服务对象对公共文化服务的满意度评价。政府向社会力量购买公共文化服务的绩效评价结果要向社会公布，并作为以后年度编制政府向社会力量购买公共文化服务预算和选择政府向社会力量购买公共文化服务承接主体的重要参考依据。

三、营造政府向社会力量购买公共文化服务的良好环境

（一）加强组织领导。政府向社会力量购买公共文化服务，是保障和改善民生的一项重要工作，事关人民群众切身利益，也是进一步转变政府职能、创新文化与体育管理方式的重要抓手。各地要高度重视，切实加强组织领导，建立健全政府统一领导，文化、财政、新闻出版广电、体育部门负责，社会力量广泛参与的工作机制，逐步使政府向社会力量购买公共文化服务工作制度化、规范化和科学化。

（二）强化沟通协调。各地要建立健全政府向社会力量购买公共文化服务的协调机制，文化、财政、新闻出版广电、体育部门要密切配合，注重协调沟通，整合资源，共同研究政府向社会力量购买公共文化服务有关重要事项，及时发现和解决工作中出现的问题，统筹推进政府向社会力量购买公共文化服务工作。

（三）注重宣传引导。各地要充分利用各种媒体，广泛宣传实施政府向社会力量购买公共文化服务工作的重要意义、主要内容、政策措施和流程安排，精心做好政策解读，加强正面舆论引导，主动回应社会关切，充分调动社会参与的积极性，为推进政府向社会力量购买公共文化服务营造良好的工作环境和舆论氛围。

（四）严格监督管理。建立政府向社会力量购买公共文化服务信用档案。对在购买服务实施过程中，发现承接主体不符合资质要求、歪曲服务主旨、弄虚作假、冒领财政资金等违法违规行为的，记入信用档案，并按照相关法律法规进行处罚，对造成社会重大恶劣影响的，禁止再次参与政府购买公共文化服务工作。

附件：政府向社会力量购买公共文化服务指导性目录

一、公益性文化体育产品的创作与传播

（一）公益性舞台艺术作品的创作、演出与宣传

（二）公益性广播影视作品的制作与宣传

（三）公益性出版物的编辑、印刷、复制与发行

（四）公益性数字文化产品的制作与传播

（五）公益性广告的制作与传播

（六）公益性少数民族文化产品的创作、译制与传播

（七）全民健身和公益性运动训练竞赛的宣传与推广

（八）面向特殊群体的公益性文化体育产品的创作与传播

（九）其他公益性文化体育产品的创作与传播

二、公益性文化体育活动的组织与承办

（一）公益性文化艺术活动（含戏曲）的组织与承办

（二）公益性电影放映活动的组织与承办

（三）全民阅读活动的组织与承办

（四）公益性文化艺术培训（含讲座）的组织与承办

（五）公益性体育竞赛活动的组织与承办

（六）全民健身活动的组织与承办

（七）公益性体育培训、健身指导、国民体质监测与体育锻炼标准测验达标活动的组织与承办

（八）公益性青少年体育活动的组织与承办

（九）面向特殊群体的公益性文化体育活动的组织与承办

（十）其他公益性文化体育活动的组织与承办

三、中华优秀传统文化与民族民间传统体育的保护、传承与展示

（一）文化遗产保护、传承与展示

（二）优秀民间文化艺术的普及推广与交流展示

（三）民族民间传统体育项目的保护、传承与展示

（四）其他优秀传统文化和传统体育的保护、传承与展示

四、公共文化体育设施的运营和管理

（一）公共图书馆（室）、文化馆（站）、村（社区）综合文化服务中心（含农家书屋）等运营和管理

（二）公共美术馆、博物馆等运营和管理

（三）公共剧场（院）等运营和管理

（四）广播电视村村通、户户通等接收设备的维修维护

（五）公共电子阅览室、数字农家书屋等公共数字文化设施的运营和管理

（六）面向特殊群体提供的有线电视免费或低收费服务

（七）公共体育设施、户外营地的运营和管理

(八)公共体育健身器材的维修维护和监管

(九)其他公共文化体育设施的运营和管理

五、民办文化体育机构提供的免费或低收费服务

(一)民办图书馆、美术馆、博物馆等面向社会提供的免费或低收费服务

(二)民办演艺机构面向社会提供的免费或低票价演出

(三)互联网上网服务场所面向社会提供的免费或低收费上网服务

(四)民办农村(社区)文化服务中心(含书屋)面向社会提供的免费或低收费服务

(五)民办体育场馆设施、民办健身机构面向社会提供的免费或低收费服务

(六)其他民办文化体育机构面向社会提供的免费或低收费服务

(二)两部门《关于做好事业单位政府购买服务改革工作的意见》①

关于做好事业单位政府购买服务改革工作的意见

财综〔2016〕53 号

各省、自治区、直辖市人民政府，国务院各部委、各直属机构：

推广政府购买服务是党中央、国务院作出的重要决策，对于创新公共服务提供方式，促进政府职能转变，提高公共服务质量和效率具有重要意义。事业单位是提供公共服务的重要力量，在促进经济社会发展、改善人民群众生活等方面发挥着重要作用，但也存在一些事业单位政事不分、事企不分，服务质量和效率不高等问题。为做好事业单位政府购买服务改革工作，通过政府购买服务改革支持事业单位分类改革和转型发展，增强事业单位提供公共服务能力，经国务院同意，现提出如下意见。

一、总体要求

(一)指导思想。全面贯彻党的十八大、十八届三中、四中、五中、六中全会和习近平总书记系列重要讲话精神，认真落实党中央、国务院决策部署，通过推进事业单位政府购买服务改革，推动政府职能转变，深化简政放权、放管结合、优化服务改革，改进政府提供公共服务方式，支持事业单位改革，促进公益事业发展，切实提高公共服务质量和水平。

(二)基本原则。一是坚持分类施策。依据现行政策，事业单位分为承担行政职能事业单位、公益一类事业单位、公益二类事业单位、生产经营类事业单位四类，按其类别及职能，合理定位参与政府购买服务的角色作用，明确相应要求。二是坚持问题

① 两部门关于做好事业单位政府购买服务改革工作的意见[EB/OL]．[2017-02-25]．http://www.gov.cn/xinwen/2016－12/29/content_5154154.htm#allContent。

导向。针对事业单位存在的问题，加快转变政府职能，创新财政支持方式，将政府购买服务作为推动事业单位改革发展的重要措施，强化事业单位公益属性，增强服务意识，激发内在活力。三是坚持公开透明。遵循公开、公平、公正原则推进事业单位政府购买服务改革，注重规范操作，鼓励竞争择优，营造良好的改革环境。四是坚持统筹协调。做好政府购买服务改革与事业单位分类改革有关经费保障、机构编制、人事制度、收入分配、养老保险等方面政策的衔接，形成改革合力。五是坚持稳妥推进。充分考虑事业单位改革的复杂性和艰巨性，对事业单位政府购买服务改革给予必要的支持政策，妥善处理改革发展稳定的关系，确保事业单位政府购买服务改革工作顺利推进。

（三）总体目标。到 2020 年年底，事业单位政府购买服务改革工作全面推开，事业单位提供公共服务的能力和水平明显提升；现由公益二类事业单位承担并且适宜由社会力量提供的服务事项，全部转为通过政府购买服务方式提供；通过政府购买服务，促进建立公益二类事业单位财政经费保障与人员编制管理的协调约束机制。

二、分类定位

（一）完全或主要承担行政职能的事业单位可以比照政府行政部门，作为政府购买服务的购买主体。部分承担行政职能的事业单位完成剥离行政职能改革后，应当根据新的分类情况执行相应的政府购买服务政策。不承担行政职能的事业单位不属于政府购买服务的购买主体，因履职需要购买辅助性服务的，应当按照政府采购法律制度有关规定执行。

（二）承担义务教育、基础性科研、公共文化、公共卫生及基层的基本医疗服务等基本公益服务，不能或不宜由市场配置资源的公益一类事业单位，既不属于政府购买服务的购买主体，也不属于承接主体，不得参与承接政府购买服务。有关行政主管部门应当加强对所属公益一类事业单位的经费保障和管理，强化公益属性，有效发挥政府举办事业单位提供基本公共服务的职能作用。

（三）承担高等教育、非营利医疗等公益服务，可部分由市场配置资源的公益二类事业单位，可以作为政府购买服务的承接主体。现由公益二类事业单位承担并且适宜由社会力量提供的服务事项，应当纳入政府购买服务指导性目录，并根据条件逐步转为通过政府购买服务方式提供。有关行政主管部门应当创造条件积极支持公益二类事业单位与其他社会力量公平竞争参与承接政府购买服务，激发事业单位活力，增强提供公共服务能力。

（四）生产经营类事业单位可以作为政府购买服务的承接主体，在参与承接政府购买服务时，应当与社会力量平等竞争。

（五）尚未分类的事业单位，待明确分类后按上述定位实施改革。

三、主要措施

（一）推行政府向公益二类事业单位购买服务。2020 年年底前，凡是公益二类事业单位承担并且适宜由社会力量提供的服务事项，应当将财政拨款改为政府购买服务，可以由其行政主管部门直接委托给事业单位并实行合同化管理。其中，采取直接委托购买服务项目，属于政府采购集中采购目录以内或者采购限额标准以上的，通过单一来源采购方式实施；已经采用竞争性购买方式的，应当继续实行。政府新增用于公益二类事业单位的支出，应当优先通过政府购买服务方式安排。积极推进采用竞争择优方式向事业单位购买服务，逐步减少向公益二类事业单位直接委托的购买服务事项。

(二)探索建立与政府购买服务制度相适应的财政支持和人员编制管理制度。实施政府向事业单位购买服务的行政主管部门，应当将相关经费预算由事业单位调整至部门本级管理。积极探索建立事业单位财政经费与人员编制协调约束机制，创新事业单位财政经费与人员编制管理，推动事业单位改革逐步深入。

(三)将现由事业单位承担并且适宜由社会力量提供的服务事项纳入政府购买服务指导性目录。各行政主管部门要结合政府购买服务指导性目录编制工作，细化由本部门事业单位承担并且适宜由社会力量提供的服务事项，报经同级财政、机构编制等部门审核后纳入部门指导性目录，作为政府向事业单位购买服务的依据。

(四)落实税收等相关优惠政策。购买主体应当结合政府向事业单位购买服务项目特点和相关经费预算，综合物价、工资、税费等因素，合理测算安排项目所需支出。事业单位承接政府购买服务取得的收入，应当纳入事业单位预算统一核算，依法纳税并享受相关税收优惠等政策。税后收入由事业单位按相关政策规定进行支配。

(五)加强合同履约管理。购买主体应当做好对项目执行情况的跟踪，及时了解掌握购买项目实施进度及资金运作情况，督促承接服务的事业单位严格履行合同，确保服务质量，提高服务对象满意度。承接服务的事业单位履行合同约定后，购买主体应当及时组织对合同履行情况进行检查验收。购买主体向承接主体支付购买服务资金，应当根据合同约定和国库集中支付制度规定办理。

(六)推进绩效管理。购买主体应当会同财政部门建立全过程预算绩效管理机制，依据确定的绩效目标开展绩效管理。购买主体要结合购买服务合同履行情况，推进政府购买事业单位服务绩效评价工作，将绩效评价结果作为确定事业单位后续年度参与承接政府购买服务的考量因素，健全对事业单位的激励约束机制，提高财政资金使用效益和公共服务提供质量及效率。积极探索推进第三方评价。

(七)强化监督管理。各级财政部门要将政府向事业单位购买服务工作纳入财政监督范围，加强监督检查与绩效评价相结合，加大监督力度，保障政府购买服务工作规范开展。参与承接政府购买服务的事业单位应当自觉接受财政、审计和社会监督。

(八)做好信息公开。各级政府部门向事业单位购买服务，应当按照《中华人民共和国政府采购法》《中华人民共和国政府信息公开条例》等相关规定，及时公开政府购买服务项目实施全过程相关信息，自觉接受社会监督。凡通过单一来源采购方式实施的政府向事业单位购买服务项目，要严格履行审批程序，需要事前公示的要按要求做好公示。积极推进政府向事业单位购买服务绩效信息公开。

四、工作要求

(一)落实工作责任。各省(区、市)财政、机构编制等部门要按照本意见要求，结合本地区实际制定事业单位政府购买服务改革工作实施方案，周密部署，认真组织做好本地区改革工作。各省(区、市)实施方案应于2016年12月底前送财政部、中央编办备案。各有关部门要做好本部门事业单位政府购买服务改革工作，指导推进本系统事业单位政府购买服务改革。

(二)扎实有效推进。2016年，财政部、中央编办将会同教育部、食品药品监管总局、中国残联在抓好典型项目政府购买服务改革试点工作中，认真探索政府向事业单位购买服务的有效做法和经验，及时研究完善相关政策；其他部门和地方要积极做好事业单位政府购买服务改革相关准备工作。2017年开始，各有关部门要根据本部门所属事业单位实际情况，推进事业单位政府购买服务改革，逐步增加公益二类事业单位实行政府购买服务的项目和金额；各省(区、市)要按照本地区改革实施方案，扎实推进事业单位政府购买服务改革，及时总结经验，完善政策，确保2020年年底前完成本意见确定的事业单位政府购买服务改革目标任务。

(三)加强调研督导。事业单位政府购买服务改革涉及面广、政策性强，社会普遍关注，直接关系事业单位人员切身利益，各地区、各部门要切实加强对改革工作的领导，深入基层调研指导，及时研究并妥善处理改革中遇到的矛盾和问题。财政、机构编制部门要加强改革工作沟通协调，组织做好改革工作督导、专题调研、政策培训和经验推广，确保改革工作平稳有序推进。

财政部　中央编办
2016年11月30日

(三)《关于延续宣传文化增值税和营业税优惠政策的通知》[①]

关于延续宣传文化增值税和营业税优惠政策的通知(节选)

财税〔2013〕87号

……

一、自2013年1月1日起至2017年12月31日，执行下列增值税先征后退政策。

---

① 关于延续宣传文化增值税和营业税优惠政策的通知[EB/OL]. [2013-12-25]. http://szs.mof.gov.cn/zhengwuxinxi/zhengcefabu/201312/t20131231_1031496.html。

（一）对下列出版物在出版环节执行增值税100％先征后退的政策：

1. 中国共产党和各民主党派的各级组织的机关报纸和机关期刊，各级人大、政协、政府、工会、共青团、妇联、残联、科协的机关报纸和机关期刊，新华社的机关报纸和机关期刊，军事部门的机关报纸和机关期刊。

上述各级组织不含其所属部门。机关报纸和机关期刊增值税先征后退范围掌握在一个单位一份报纸和一份期刊以内。

2. 专为少年儿童出版发行的报纸和期刊，中小学的学生课本。

3. 专为老年人出版发行的报纸和期刊。

4. 少数民族文字出版物。

5. 盲文图书和盲文期刊。

6. 经批准在内蒙古、广西、西藏、宁夏、新疆五个自治区内注册的出版单位出版的出版物。

7. 列入本通知附件1的图书、报纸和期刊。

（二）对下列出版物在出版环节执行增值税先征后退50％的政策：

1. 各类图书、期刊、音像制品、电子出版物，但本通知第一条第（一）项规定执行增值税100％先征后退的出版物除外。

2. 列入本通知附件2的报纸。

（三）对下列印刷、制作业务执行增值税100％先征后退的政策：

1. 对少数民族文字出版物的印刷或制作业务。

2. 列入本通知附件3的新疆维吾尔自治区印刷企业的印刷业务。

二、自2013年1月1日起至2017年12月31日，免征图书批发、零售环节增值税。

三、自2013年1月1日起至2017年12月31日，对科普单位的门票收入，以及县（含县级市、区、旗）及县以上党政部门和科协开展的科普活动的门票收入免征营业税。自2013年1月1日至2013年7月31日，对境外单位向境内科普单位转让科普影视作品播映权取得的收入，免征营业税。

四、享受本通知第一条第（一）项、第（二）项规定的增值税先征后退政策的纳税人，必须是具有相关出版物的出版许可证的出版单位（含以“租型”方式取得专有出版权进行出版物的印刷发行的出版单位）。承担省级及以上出版行政主管部门指定出版、发行任务的单位，因进行重组改制等原因尚未办理出版、发行许可的出版单位，经财政部驻各地财政监察专员办事处（以下简称财政监察专员办事处）商省级出版行政主管部门核准，可以享受相应的增值税先征后退政策。

纳税人应将享受上述税收优惠政策的出版物在财务上实行单独核算，不进行单独核算的不得享受本通知规定的优惠政策。违规出版物、多次出现违规的出版单位及图书批发零售单位不得享受本通知规定的优惠政策，上述违规出版物、出版单位及图书批发零售单位的具体名单由省级及以上出版行政主管部门及时通知相应财政监察专员办事处和主管税务机关。

五、已按软件产品享受增值税退税政策的电子出版物不得再按本通知申请增值税先征后退政策。

六、办理和认定

（一）本通知规定的各项增值税先征后退政策由财政监察专员办事处根据财政部、国家税务总局、中国人民银行《关于税制改革后对某些企业实行"先征后退"有关预算管理问题的暂行规定的通知》〔(94)财预字第55号〕的规定办理。

（二）科普单位、科普活动和科普单位进口自用科普影视作品的认定仍按《科技部 财政部 国家税务总局 海关总署 新闻出版总署关于印发〈科普税收优惠政策实施办法〉的通知》(国科发政字〔2003〕416号)的有关规定执行。

……

【本章小结】

本章阐述了促进公共文化服务社会化发展的目的，梳理了党和政府促进公共文化服务社会化发展方针政策的发展演变，介绍了税收优惠、政府向社会力量购买公共文化服务、培育和规范文化类社会组织、鼓励社会资本参与公共文化服务体系建设政策的主要内容。

【思考题】

1. 促进公共文化服务社会化发展的目的。
2. 我国促进公共文化服务社会化发展的基本方针。
3. 我国当前促进公共文化服务社会化发展主要经济政策的内容。
4. 文化类社会组织的培育与规范。
5. 政府购买公共文化服务的基本方法。

第五章　公共文化体制机制改革

【目标与任务】

了解建立公共文化服务体系协调机制的目的、任务，掌握公共文化机构法人治理结构的组织架构、运行机制及发展目标。了解居民参与基层公共文化管理的方式，掌握公共文化服务评价方法，了解和掌握组建文化馆、图书馆总分馆制的目的与方式。

一、公共文化服务体系建设协调机制

长期以来，我国的公共文化服务体系建设存在着条块分割、交叉管理、系统壁垒、部门割据的问题，导致有限的公共文化服务资金和资源投入分散，形不成合力，严重制约了服务效能的提升。

党的十八届三中全会在部署构建现代公共文化服务体系时，首先提出了建立公共文化服务体系建设协调机制的任务，体现了以全面深化体制机制改革为突破口推动现代公共文化服务体系建设的思想。2015 年 1 月，中共中央办公厅、国务院办公厅印发的《关于加快构建现代公共文化服务体系的意见》，也强调创新公共文化管理体制和运行机制要建立公共文化服务体系建设协调机制。

建立协调机制，从本质上说是对现有公共文化管理体制的改革，重点解决相关部门职能交叉、多头管理、重复建设、资源利用率和服务效能不高的问题，目标是形成公共文化服务的全社会共建共享机制。政府文化行政管理走向“大部门制”和相关部门建立统一、高效、制度化的协调决策机制，是协调机制真正建立的组织保证。

目前阶段，在协调机制框架内整合资源、统筹发展的重点任务，首先是统筹公共文化服务的设施网络建设，重点是把“工、青、妇、科、教”系统的公共文化设施纳入公共文化设施网络体系，盘活存量资源，优化设施网点布局，完善设施网络体系。

其次，整合基层公共文化服务资源和服务。基层宣传文化、党员教育、科学普及、体育健身等设施建设和服务供给要统筹协调、集中资源、融合发展，建设综合性文化服务中心。

再次，协调推进重大文化惠民工程。在进一步实施广播电视村村通、文化共享工程等已有重大文化惠民工程的过程中，加强资源整合，推动项目之间融合发展，促进与群众需求有效对接。新设立重大文化惠民工程，需要更加突出地强调突破部门界限，从完善社会化的公共文化服务体系着眼做好顶层设计。

最后，统筹基层公共文化服务队伍建设。推广以县域为基本单元的图书馆、文化馆(站)总分馆制，在服务体系内部通过适度提高人员管理层级、建立聘用相对分离机制，实现县级政府对城乡公共文化服务队伍建设的统筹。

2014 年 3 月，文化部牵头成立国家公共文化服务体系建设协调组。协调组由文化部、中宣部、中央编办、中央文明办、发展改革委、教育部、科技部、财政部、人力资源社会保障部、国家质检总局、新闻出版广电总局、体育总局、国家文物局、国务院扶贫办、全国总工会、共青团中央、全国妇联、中国残联、中国科协、国家标准委共 20 个相关单位组成，主要负责全国公共文化服务体系建设重大事项的协商和部署。这标志着国家层面的公共文化服务协调机制正式运转。

二、公共文化机构法人治理结构

公共文化机构建立法人治理结构，组建理事会，吸纳有关方面代表、专业人士、各界群众参与管理，是党的十八届三中全会部署的构建现代公共文化服务体系、深化文化体制改革的重点任务之一，是转变政府职能，创新事业单位体制机制的重要内容；是实现政事分开、管办分离的重要途径；是扩大决策和监督参与范围，确保公益目标实现的有效方式；是激发事业单位内部活力，提高运行效率的实现机制。

(一)法人治理结构的起源与特点

法人治理结构是由利益相关方共同参与治理的组织架构和运行机制。

法人治理结构起源于公司企业，公共文化机构的法人治理结构和公司企业的法人治理结构在原理上是相通的，形式上是相近的，比如组织结构和运行机制都是决策层建立理事会制度，管理层实行行政负责人负责制，机构或组织的运行和管理实现章程化，决策、执行、监督三权相对分离又相互促进。但是，公共文化机构与公司企业的法人治理结构又有明显的区别。首先，公司企业的根本目标是实现利润最大化，法人治理结构主要规范股东之间以及股东和经理之间的关系；而公共文化机构的根本目的是不断满足人民群众的基本文化需求，法人治理结构主要平衡政府和事业单位、事业单位和公众之间的关系，目的在于激发内部活力，高效能地实现公益目标。其次，公司企业的理事会决策突出财产和资本的决定性作用，表决权大小和股份多少直接相关，最大程度维护大股东利益；而公共文化机构理事会决策强调利益相关方的协商共治，淡化财产资本属性，突出公共利益和公益目标，彰显公平正义。明确公共文化机构建立法人治理结构和公司企业法人治理结构在目标、功能、实现路径上的区别，是保证公共文化机构法人治理结构沿着正确方向推进的前提。

(二)法人治理结构的组织架构与运行机制

法人治理结构的组织架构一般由理事会和管理层构成。理事会是决策层的组织形式，是决策和监督机构。理事会的组成体现共同治理原则，由公共文化机构的举办部门、政府相关部门、公共文化机构代表、服务对象代表和其他有关方面的代表组成。其中举办部门、政府相关部门的代表实行委派制，服务对象和其他有关方面的代表实行推选制，公共文化机构负责人是当然理事。理事会的主要职责是负责本单位的发展规划、财务预决算、重大业务、章程拟订和修订等决策事项，按照有关规定履行人事管理方面的职责，并监督本单位的运行。理事会可以聘请社会专业人士成立咨询委员会和各类专业委员会，为理事会决策提供专业咨询和管理咨询服务。理事会履行监督职责，也可以单独设立监事会。理事会本身也要接受政府监管和社会监督。

管理层是理事会的执行机构，由公共文化机构行政负责人和主要管理人员构成。负责人由理事会任命或提名。管理层对理事会负责，主要职责是按照理事会的决策，独立自主地行使日常业务管理权、财务资产管理权和工作人员管理权。

法人治理结构要求管理和运营实现“章程化”。章程是法人治理结构的制度载体，是理事会、管理层的运行规则，是有关部门对文化事业单位进行监管的依据。通过章程规范的主要事项包括：理事会和管理层的关系；理事会与管理层的产生、职责、议事制度；法人治理结构必须建立的基本制度，如年度报告制度、信息披露制度、公众监督制度、决策失误追究制度、审计制度和绩效评估制度、党组织建设制度等。

概言之，公共文化机构法人治理结构的核心要素，一是决策层建立理事会制度，二是管理层实行行政首长负责制，三是管理和运行实现“章程化”。

(三)公共文化机构建立法人治理结构的目的

组建理事会、搭建管理层、制定机构章程等，都是建立法人治理结构的必需动作，但是，这些事情本身只是法人治理结构的形式和载体，并不是法人治理的实质内容。公共文化机构在建立了理事会制度、形成了章程化运行机制之后，真正需要进行探索、改革、实践的事情主要是如下方面。

第一，财政投入方式改革。总的目标是构建公共财政支持公益性文化事业发展的长效机制，实现把公共文化产品、服务项目、活动纳入公共财政经常性支出预算。在投入方式上，改革传统的行政拨款、“先见钱后谋事”机制，建立“以事定费”机制，实现由“养人”向“养事”的转变。探索将公共文化机构绩效评估考核结果与财政投入挂钩的途径，建立提高公共资金使用效率的有效激励机制。

第二，人事管理制度改革。以转换用人机制和搞活用人制度为核心，以健全聘用制度和岗位管理制度为重点，建立权责清晰、分类科学、机制灵活、监管有力的人事管理制度。所谓转换用人机制、搞活用人制度，包括由单一编制用工向多种用工形式转变；由传统的身份管理向岗位管理转变，实现岗位设置、岗位结构的科学合理。公共文化机构在建立法人治理结构过程中，人事管理制度改革的突破口，一是对管理层人员专业化水平建立制度化的基本要求；二是探索专业人员录用考试的专业化；三是逐步完善通过政府购买岗位，形成新的用工制度。

第三，收入分配制度改革。与人事管理制度改革相配套，以完善工资分配激励约束机制为核心，健全体现岗位绩效和分级分类管理要求的收入分配制度。事业单位收入分配制度改革的首要原则是，“坚持按劳分配和按生产要素分配相结合”。收入与岗位、绩效挂钩，体现的是“按劳分配”原则。所谓“按生产要素分配”，就是依据工作人员的知识、技术、管理能力等生产要素进行分配，岗位对职称、技能、管理能力的要求，就是按生产要素分配的集中体现。公共文化机构在建立法人治理结构的过程中，应积极探索打破新的“大锅饭”，充分发挥工资分配激励和约束作用的实现方式。

第四，扩大社会力量参与。法人治理结构下的理事会制度本身就是一种吸纳社会力量参与公共文化的制度安排。应该认识到，公共文化机构以服务公众为目的，社会各界人士参与到公共文化机构的决策和监督中来，是实现公共文化机构公益目标、公共利益的基本保证。国务院关于事业单位建立法人治理结构的意见明确要求理事会中“外部理事占多数”，体现的就是公众利益优先的理念。公共文化机构建立法人治理结构，要积极探索和实践扩大社会公众参与的多样化途径和方式。扩大社会力量参与的另一个意思，是通过理事会制度，鼓励和吸引更多的社会力量、社会资本参与到公共文化建设中来，以捐赠、赞助等多种形式参与公共文化服务体系建设。按照国际通行做法，具有强烈社会责任意识、热心捐助公益性文化事业的企业家，就是公共文化机构理事会的合适人选，要积极探索打通有影响的企业家进入公共文化理事会的通道。

第五，创新公共文化服务内容和方式。公共文化机构建立法人治理结构的根本目的，是提高服务效能，提升服务质量，实现公益目标。因此，建立法人治理结构过程中的所有改革，都应该着眼于服务内容的拓展、服务方式的创新，聚焦服务效能和质量。不能让建立法人治理结构只是停留在组建理事会等形式上，而是要通过体制机制改革，激发机构内部活力，实现公共文化服务的全面提升，这也是衡量公共文化机构法人治理结构是否成功的最终标准。

三、基层公共文化管理机制

党的十八届三中全会强调要发展基层民主，畅通民主渠道，健全基层选举、议事、公开、述职、问责等机制。开展形式多样的基层民主协商，推进基层协商制度化，建立健全居民、村民监督机制，促进群众在城乡社区治理、基层公共事务和公益事业中依法自我管理、自我服务、自我教育、自我监督。在改进社会治理方式时，也强调实现政府治理和社会自我调节、居民自治良性互动。

城市社区、农村基层公共文化组织，是居民、村民参与式管理的极佳载体。在中共中央办公厅、国务院办公厅印发的《关于加快构建现代公共文化服务体系的意见》中，创新基层公共文化管理机制被列为一项重要任务，该文件要求积极发挥城乡基层群众性自治组织的作用，推动开展公共文化服务参与式管理，推广居民、村民评议等行之有效的做法，健全民意表达和监督机制，引导城市社区居民和村民参与公共文化服务项目规划、建设、管理和监督，维护群众的文化选择权、参与权和自主权。

社区居民和村民可与社区工作人员、社区共建单位代表共同建立议事会制度，定期召开座谈会，对居民、村民的需求及运营中发现的问题及时反馈、共同讨论，确保基层文化管理有序、服务到位、活动丰富、信息畅通，形成“大家的事我关心，集体的事我参与”的良好氛围，从而实现居民、村民自我管理、相互服务。

四、公共文化服务评价机制

与现代公共文化服务体系相适应的评价体系，需要从两个维度加以建设。一是以需求为导向，建立群众评价和反馈机制，目的在于促进公共文化服务和群众需求有效对接；二是以效益为导向，完善绩效考核机制，目的在于促进公共文化服务提高效能。评价方式、手段的多样化，特别是引入第三方独立评价，建立健全能有效支撑评价体系的指标统计体系，是建立现代公共文化服务评价体系的重要任务。

建设公共文化服务评价机制包括以下几个方面。

一是完善政府和领导干部绩效考核机制。政府在公共文化服务体系建设中的工作绩效，以及领导干部在公共文化服务体系建设中的工作业绩和履职情况应纳入地方和干部科学发展考核评价体系之中，提高分数所占比例。将公共文化服务体系建设与政府和领导干部的考核评价体系挂钩。

二是完善公共文化机构效能考核机制。公共文化机构是直接向公众提供公共文化产品和服务的机构，对公共文化机构进行考核应以其服务效能为导向。如服务的目标人口覆盖率、到馆率、数字资源点击率、文化活动参与率、公益性活动所占比例等具体指标。

三是建立公共文化需求征询制度。广大人民群众是文化建设的最终受益者，是最有资格对公共文化服务体系建设成果进行评判的人。对公共文化服务体系建设情况的考核与评价应以公众为主体。高效的公共文化服务体系应保障公共文化产品与公众文化需求的有效对接。

四是建立科学评价方式。在政府评价和群众评价之外，引入第三方评价制度；运用科学化的评价方式，定性评价与定量评价协同进行；建立常态化评价机制，实现动态评价，等等。

五、文化馆、图书馆总分馆制

简单地概括我国传统的公共图书馆和文化馆建设、管理和运行体制，就是以行政区划和政府层级为中心，“一级政府办一个图书馆文化馆”，“一个城市设一个图书馆文化馆”。这种体制与我国计划经济体制下形成的行政分级管理、财政“分灶吃饭”的体制相适应，但从提供普遍均等的公共文化服务的角度审视，局限和不足是明显的。首先，伴随着政府权能和公共财政支付能力自上而下的递减，公共文化服务从设施到资源到供给的数量和质量也相应地递减，必然导致公共文化服务的城乡不均衡。其次，在分级管理、“分灶吃饭”的体制下，公共文化机构事实上是一个个不同行政层级体系中的孤立单元，各自为政，封闭管理，孤岛运行，共建共享难以实现，综合效能难以体现，结果是强化和加剧了公共文化服务的城乡不均衡。最后，单体公共文化设施建设没有建立设施有效服务半径、有效覆盖面积的理念，带来的结果往往是片面追求单体设施的大规模和标志性，偏离了公共文化服务覆盖城乡、普遍均等的目标。

怎样破解公共文化服务的城乡二元、发展不均衡难题？我国从 2000 年以后开始借鉴国际经验，首先在公共图书馆领域探索实行总分馆制。公共图书馆总分馆制，就是在一个合适的地域单元内，由一个主体或多个主体联合建设一个“公共图书馆群”，实行文献资源统一采购、统一编目、统一配送、通借通还和人员的统一培训，形成区域内城乡一体、普遍均等的公共阅读服务体系。总馆对分馆的管理重在业务指导和资源调配。分馆按照总馆的工作安排和服务标准，面向基层群众提供与总馆水平相当的基本服务。

经过几年的实践探索，我国公共图书馆总分馆制形成了以“嘉兴模式”“苏州模式”“禅城模式”为代表的实现方式。各地的具体做法有所不同，但公共图书馆总分馆制的基本经验、基本特点、基本规律是相通的。主要包括：

(1)总分馆制本质上是一个区域性公共文化服务体系。区域性公共文化服务体系要发挥最佳效能，建设过程中首先需要解决“合适的地域单元”和“合适的管理层级”两大问题。借鉴国际经验，结合我国实际，实施公共图书馆总分馆制“合适的地域单元”是县域。因为在我国目前的行政层级体系中，县级政府是具有完整行政管理权限和独立财政收支权限的一级政府，具有承上启下、体系完整、面向基层、城乡一体的特点。与此相适应，公共图书馆总分馆体系也应以县域为基本范围，“合适的管理层级”是以县级图书馆为总馆。在推进我国公共图书馆总分馆制进程中形成的这一研究结论，已经被《关于加快构建现代公共文化服务体系的意见》所吸收，该意见明确提出以县级文化馆、图书馆为中心推进总分馆制建设。

(2)在我国，总分馆体系的建设主体呈多样化状态。从理论上和国际基本经验来说，一个总分馆体系由一个设置主体承担建设责任，最容易实现人财物的统一管理。但事实是我国的政府行政管理层级一般多于发达国家，“分灶吃饭”是财政体制的主要形态，因此完全的“一体系一主体”较难实现。在图书馆总分馆制推进过程中，我国既有以“禅城模式”为代表的“一体系一主体”体制，也有以“嘉兴模式”为代表的“多级投入，集中管理”体制，还有以“苏州模式”为代表的“区政府委托，市图书馆建设”体制。虽然建设主体多样化，但共同点是经费集中管理，为总馆统筹城乡图书馆服务奠定了基础。

(3)总分馆制的核心是以人财物的统一管理为手段，实现服务政策、服务质量的城乡统一，促进服务效能的提高。人财物的统一管理是手段，目的是实现体系内服务政策的统一、资源的共建共享、活动的区域联动、服务标准和质量的统一，最终促进服务效能的大幅度提升。

(4)总分馆制从本质上说是公共文化机构组织体制和运行机制的变革。一个总分馆体系是一个“图书馆群”，而不是一座图书馆建筑，改变了图书馆的组织体制；总分馆的运行机制强调体系内的统筹和统一，强调资源和服务的共建共享、城乡流动，改变了公共文化机构单体“大而全、小而全”、孤岛运行的状态。总分馆制之所以是解决公共文化服务城乡发展不均衡的重要方式，就是因为组织体制和运行机制的变革，带来了体系内资源和服务的下沉，不仅增加了农村基层公共文化服务的总量，还实现了城乡服务质量的大体一致，从而把实现公共服务普遍均等的理念落到了实处，有效解决了公共文化服务的城乡发展不均衡问题。

近几年来，文化馆总分馆制也开始兴起。如果说图书馆总分馆制重在解决基层公共阅读资源不丰富、服务不专业化、质量不保证等瓶颈问题，从而实现公共阅读资源共建共享、互通互联，实现普遍均等；那么，文化馆总分馆制，则重在解决社区基层公共文化服务资源不丰富、服务不规范、人员不稳定等瓶颈问题，通过整合县域内群众文化艺术资源，加强对县域内文化活动、文艺创作、文艺辅导、送戏下乡、队伍培训以及演出器材设备调配等方面的统筹，实现上下(各级机构)、左右(同级机构)、内外(体制内外机构)的共建共享、互通互联、均衡发展。

2016 年 12 月，文化部、新闻出版广电总局、体育总局、发展改革委、财政部中央五部委，经国务院同意，联合发布了《关于推进县级文化馆图书馆总分馆制建设的指导意见》，提出了县域文化馆图书馆总分馆制建设的指导思想、基本原则、目标任务和主要措施。该意见在总结以往经验的基础上，结合构建现代公共文化服务体系的要求，针对全面、深入推进文化馆、图书馆总分馆制建设工作中的关键问题做出了新的部署，体现了五大新特点。

一是明确了总分馆建设由政府主导。总分馆制从本质上说是图书馆、文化馆管理体制和运行机制的变革。以往各地的探索实践证明，仅靠图书馆、文化馆自身的“职业行为”推动，很难全面实现网点的合理布局、资源的优化配置、人财物的统筹协调，从而很难保证总分馆制的有效实施、高效运行和持续发展。该意见明确要求县级人民政府在总分馆制建设规划、组织和推进方面发挥统筹作用，县级人民政府具体组织实施总分馆制规划和方案，明确了主导力量和责任主体，标志着总分馆制建设由“职业行为”上升为“政府行为”，为全面深化总分馆制建设奠定了坚实的保障基础。

二是明确了总分馆制建设以乡村两级为重点，以县级文化馆、图书馆为中心，实际上是明确了总分馆建设以县域为基本范围。为什么以县域为基本范围？总分馆建设理论研究中有一个基本结论，叫作总分馆应该选择合适的地域单元，意思是说总分馆体系覆盖的地域范围应该“合适”，不能太大，太大无法有效运行；也不能太小，太小体现不出共建共享优势。在我国，合适的地域单元是县域。因为总分馆制要解决的就是基层薄弱、城乡不均衡的问题，加强乡村两级的公共文化服务，必须统筹城乡发展，发挥县级馆的龙头、中枢和带动作用。县域是统筹城乡均衡发展的枢纽节点，县级政府拥有统筹城乡发展的完整权力，县级财政是财政收支独立运作的基本单位，因此，以县域为基本地域单元、以县级馆为中心构建总分馆体系，这是我国理论界、实践界共识程度较高的看法，是既符合总分馆制的基本规律，又立足我国国情的合理选择。

三是强调总分馆制建设要树立“条件意识”，形成“条件要求”，体现了实事求是、分类指导的科学态度。总分馆制对总馆和分馆有特殊的功能要求，比如要求总馆具有规划组织体系发展、指导援助分馆服务的功能，这就是我们常说的总分馆建设首先是做强总馆；对于分馆，也要求具有提供与总馆水平相当的基本服务的能力等。该意见明确提出，不论总馆还是分馆，都应“符合条件”，暂不具备建设条件的地方，不搞“翻牌”，不图虚名，暂不纳入总分馆体系，而是应采取有力措施，尽快达到基本条件要求。各地在推进工作起步之初，就要尽快形成因地制宜、符合规律的总分馆条件要求，确保总分馆制建设的高标准、高质量、有成效。

四是引导和鼓励社会力量广泛、深度参与总分馆体系建设，为总分馆制发展注入了新的动力。该意见确立了各级政府引导社会力量参与总分馆制建设的基本原则，同时指出了社会力量参与总分制建设的主要途径和方式：一是鼓励和支持具备条件的学校、部队、企业的图书馆(室)、职工书屋、文化室等成为分馆或基层服务点；二是鼓励企业、社会组织和其他社会力量以多种方式参与总分馆制建设；三是探索引入社会专业机构管理运营总分馆；四是动员社会专业人士以志愿服务的方式参与总分馆制管理和运营。这些举措体现了我国总分馆体系的新发展，体现了把总分馆制建设纳入现代公共文化服务体系的时代特征。

五是明确了总馆、分馆的主要功能和总分馆体系的运行机制，实际上是明确了目前阶段总分馆制建设的核心任务。该意见提出，目前阶段我国总分馆制的功能重在业务指导和资源调配，重点是通过服务方式和手段创新，在供需有效对接、扩大有效覆盖、提高服务均等化水平等方面取得突破。在充分考虑总分馆制建设与我国现行财政、行政体制相适应、相衔接的同时，该意见也为体制机制改革创新探索留有空间，提出有条件的地方，可以探索实践由总馆统一管理或参与管理各分馆人、财、物的方法和途径，为总分馆框架内的深层次体制机制改革指明了方向。

六、重要政策法规选编

(一)《中华人民共和国国民经济和社会发展第十三个五年规划纲要》①

中华人民共和国国民经济和社会发展第十三个五年规划纲要(节选)

……

第十六篇　加强社会主义精神文明建设

坚持社会主义先进文化前进方向，坚持以人民为中心的工作导向，坚持把社会效益放在首位、社会效益和经济效益相统一，加快文化改革发展，推动物质文明和精神文明协调发展，建设社会主义文化强国。

第六十七章　提升国民文明素质

以社会主义核心价值观为引领，加强思想道德建设和社会诚信建设，弘扬中华传统美德和时代新风，倡导科学精神和人文精神，全面提高国民素质和社会文明程度。

第一节　培育和践行社会主义核心价值观

用中国梦和社会主义核心价值观凝聚共识、汇聚力量，增强国家意识、法治意识、道德意识、社会责任意识、生态文明意识。加强理想信念教育，深化中国特色社会主义理论体系的学习研究宣传，把社会主义核心价值观贯穿融入经济社会发展各领域和社会生活各方面。通过教育引导、舆论宣传、文化熏陶、行为实践、制度保障，使社会主义核心价值观内化为人们的坚定信念，外化为人们的自觉行动，增强全社会的道

---

① 中华人民共和国国民经济和社会发展第十三个五年规划纲要[EB/OL]. [2016-03-17]. http://www.gov.cn/xinwen/2016-03/17/content_5054992.htm。

路自信、理论自信、制度自信。加强和改进基层宣传思想文化工作。推进公民道德建设，培育正确的道德判断和道德责任。

第二节　推进哲学社会科学创新

实施哲学社会科学创新工程，构建哲学社会科学创新体系。加强思想理论工作平台和学科建设，深入实施马克思主义理论研究和建设工程。深化治国理政新理念新思想新战略的研究阐释。发展中国特色社会主义政治经济学。重点建设 50～100 家国家高端智库。

第三节　传承发展优秀传统文化

构建中华优秀传统文化传承体系，实现传统文化创造性转化和创新性发展。广泛开展优秀传统文化普及活动并纳入国民教育，继承五四运动以来的革命文化传统。大力推行和规范使用国家语言文字。加强文物保护利用，杜绝破坏性开发和不当经营。加强非物质文化遗产保护与传承，振兴传统工艺，传承发展传统戏曲。发展民族民间文化，扶持民间文化社团组织发展。

第四节　深化群众性精神文明创建活动

广泛开展文明城市、文明村镇、文明单位、文明家庭、文明校园等群众性精神文明创建活动，深化学雷锋志愿服务活动。发挥重要传统节日、重大礼仪活动、公益广告的思想熏陶和文化教育功能。普及科学知识，推动全民阅读，公民具备科学素质的比例超过 10%。深入开展惠民演出、艺术普及等活动。培育良好家风、乡风、校风、行风，营造现代文明风尚。

第六十八章　丰富文化产品和服务

推进文化事业和文化产业双轮驱动，实施重大文化工程和文化名家工程，为全体人民提供昂扬向上、多姿多彩、怡养情怀的精神食粮。

第一节　繁荣发展社会主义文艺

扶持优秀文化作品创作生产，推出更多传播当代中国价值观念、体现中华文化精神、反映中国人审美追求的精品力作。更好发挥政府投入和各类基金作用，鼓励内容和形式创新，支持文艺院团发展，加强排演场所建设。加强文艺理论和评论工作。建设德艺双馨的文艺队伍。

第二节　构建现代公共文化服务体系

推进基本公共文化服务标准化、均等化。完善公共文化设施网络，加强基层文化服务能力建设。加大对老少边穷地区文化建设帮扶力度。加快公共数字文化建设。加强文化产品、惠民服务与群众文化需求对接。鼓励社会力量参与公共文化服务。继续推进公共文化设施免费开放。繁荣发展文学艺术、新闻出版、广播影视和体育事业。加强老年人、未成年人、农民工、残疾人等群体的文化权益保障。

第三节　加快发展现代文化产业

加快发展网络视听、移动多媒体、数字出版、动漫游戏等新兴产业，推动出版发行、影视制作、工艺美术等传统产业转型升级。推进文化业态创新，大力发展创意文化产业，促进文化与科技、信息、旅游、体育、金融等产业融合发展。推动文化企业兼并重组，扶持中小微文化企业发展。加快全国有线电视网络整合和智能化建设。扩大和引导文化消费。

第四节　建设现代传媒体系

加强主流媒体建设，提高舆论引导水平，增强传播力公信力影响力。以先进技术为支撑、内容建设为根本，推动传统媒体和新兴媒体在内容、渠道、平台、经营、管理等方面深度融合，建设“内容＋平台＋终端”的新型传播体系，打造一批新型主流媒体和传播载体。优化媒体结构，规范传播秩序。

第五节　加强网络文化建设

实施网络内容建设工程，丰富网络文化内涵，鼓励推出优秀网络原创作品，大力发展网络文艺，发展积极向上的网络文化。创新符合网络传播规律的网上宣传方式，提升网络舆情分析和引导能力。加强互联网分类管理，强化运营主体的社会责任。推进文明办网、文明上网，引导广大青年争当“中国好网民”，倡导网络公益活动，净化网络环境。

第六节　深化文化体制改革

健全党委领导、政府管理、行业自律、社会监督、企事业单位依法运营的文化管理体制。深化公益性文化单位改革。推动文化企业建立有文化特色的现代企业制度。健全国有文化资产管理体制。降低社会资本进入门槛，鼓励非公有制文化企业发展。开展新闻出版传媒企业特殊管理股试点。健全现代文化市场体系，落实完善文化经济政策。深入开展“扫黄打非”，加强市场监管，提升综合执法能力。

第六十九章　提高文化开放水平

加大中外人文交流力度，创新对外传播、文化交流、文化贸易方式，在交流互鉴中展示中华文化独特魅力，推动中华文化走向世界。

第一节　拓展文化交流与合作空间

推动政府合作和民间交流互促共进，增进文化互信和人文交流。推进国际汉学交流。完善海外中国文化中心建设运营机制。支持海外侨胞开展中外人文交流。鼓励文化企业对外投资合作，推进文化产品和服务出口，努力开拓国际文化市场。积极吸收借鉴国外优秀文化成果、先进文化经营管理理念，鼓励外资企业在华进行文化科技研发和服务外包。维护国家文化安全。

第二节　加强国际传播能力建设

拓展海外传播网络，丰富传播渠道和手段。打造旗舰媒体，推进合作传播，加强与国际大型传媒集团的合资合作，发挥各类信息网络设施的文化传播作用。打造符合国际惯例和国别特征、具有我国文化特色的话语体系，运用生动多样的表达方式，增强文化传播亲和力。

……

专栏25　文化重大工程

（一）公民道德建设

扎实开展道德模范评选表彰和宣传学习，实施诚信社会、诚信中国建设行动，开展节俭养德全民行动、修订完善乡规民约、学生守则等社会规范。

（二）文化精品创作

组织实施精神文明建设“五个一”工程，国家舞台艺术精品创作工程、国家重大出版工程，国家影视精品工程、中国当代文学艺术创作工程、优秀剧本扶持工程、国家美术发展和收藏工程等，加大对原则精品扶持力度。

（三）公共文化设施建设

改善市县公共文化馆、图书馆、博物馆设施条件。提高村级综合文化中心功能和使用效率。贫困地区县县配有流动文化车。加快推进广播电视户户通，加强中央广播电视节目无线数字化覆盖，重点加强边疆少数民族地区广播电视覆盖和译制能力建设，完善应急广播体系。实施少数民族新闻出版东风工程、少数民族电影工程，推进国家美术馆、中国工艺美术馆、“平安故宫”及国家文献战略储备库等国家级重大文化设施建设，完善档案馆库设施。

（四）传统文化和自然遗产保护传承

加强国家重大文化和自然遗产地，全国重点文物保护单位、中国历史文化名城名镇名村、国家级非物质文化遗产等遗产资源的保护利用，建设国家文化公园，完善相关保护利用设施。实施国家记忆工程，推进山东曲阜优秀传统文化传承发展示范区、甘肃华夏文明传承创新区建设，加强考古工作，推进二里头夏朝遗址博物馆、景德镇御窑厂遗址等重要文化遗产保护项目。

（五）传统戏曲传承和传统工艺振兴

开展戏曲剧种普查，资助数学化影像化保存，扶持京剧、昆曲、地方戏等开展“名家传戏”，建设区域性演艺中心，加强戏曲专业人才培养。制订实施中国传统工艺振兴计划，扶持传统工艺项目，推动形成一批具有民族特色的知名品牌。

（六）中华典籍整理

实施中华古籍保护计划。基本完成古籍普查工作，推动古籍原生性和再生性保护，推出300种国家重点古籍整理出版项目，建设国家古籍资源数据库。支持《中华续道藏》《大藏经》等宗教典籍整理抢修、加强修史修志、实施民国时期文献保护计划，系统整理出版近代以来重要典籍文献。

（七）传播能力建设

加强重点新闻媒体建设，打造融媒体运行平台，加强重要网站内容建设，发展政务新媒体，加快文化资源数字化建设，推动中华优秀文化网上传播。统筹对外传播资源，扩大高端覆盖、本土化覆盖、口岸覆盖，建设讲好中国故事阶段。

（八）全民阅读

举办"书香中国"系列活动，在充分利用现有设施基础上，统筹建设社区阅读中心、数字农家书屋、公共数字阅读终端等设施，实施儿童阅读书报发放计划、市民阅读发放计划、盲目出版工程，支持实体书店发展。

（二）《中共中央　国务院关于分类推进事业单位改革的指导意见》①

中共中央　国务院关于分类推进事业单位改革的指导意见

（2011年3月23日）

为全面贯彻落实党的十七大和十七届二中、三中、四中、五中全会精神，推动公益事业更好更快发展，不断满足人民群众日益增长的公益服务需求，现就分类推进事业单位改革提出如下意见。

一、改革的重要性和紧迫性

1. 事业单位是经济社会发展中提供公益服务的主要载体，是我国社会主义现代化建设的重要力量。改革开放特别是党的十六大以来，各地区各有关部门积极探索事业单位改革，不断创新事业单位体制机制，稳步推进教育、科技、文化、卫生等行业体制改革，积累了有益经验，取得了明显成效，为进一步推进改革奠定了基础。事业单位提供公益服务总量不断扩大，服务水平逐步提高，在促进经济社会发展、改善人民群众生活方面发挥了重要作用。

2. 当前，我国正处于全面建设小康社会的关键时期，加快发展社会事业、满足人民群众公益服务需求的任务更加艰巨。面对新形势新要求，我国社会事业发展相对滞后，一些事业单位功能定位不清，政事不分、事企不分，机制不活；公益服务供给总量不足，供给方式单一，资源配置不合理，质量和效率不高；支持公益服务的政策措施还不够完善，监督管理薄弱。这些问题影响了公益事业的健康发展，迫切需要通过分类推进事业单位改革加以解决。

3. 分类推进事业单位改革，是深入贯彻落实科学发展观、构建社会主义和谐社会的必然要求，是推进政府职能转变、建设服务型政府的重要举措，是提高事业单位公益服务水平、加快各项社会事业发展的客观需要。必须从改革开放和社会主义现代化建设全局的高度，充分认识分类推进事业单位改革的重大意义，切实增强责任感和紧迫感，坚定不移地把这项改革推向深入。

---

① 中共中央国务院关于分类推进事业单位改革指导意见[EB/OL]．[2011-04-16]．http://www.gov.cn/jrzg/2012-04/16/content_2114526.htm。

二、改革的指导思想、基本原则和总体目标

4. 指导思想。高举中国特色社会主义伟大旗帜，以邓小平理论和“三个代表”重要思想为指导，深入贯彻落实科学发展观，按照政事分开、事企分开和管办分离的要求，以促进公益事业发展为目的，以科学分类为基础，以深化体制机制改革为核心，总体设计、分类指导、因地制宜、先行试点、稳步推进，进一步增强事业单位活力，不断满足人民群众和经济社会发展对公益服务的需求。

5. 基本原则。坚持以人为本，把提高公益服务水平、满足人民群众需求作为出发点和落脚点；坚持分类指导，根据不同类别事业单位的特点，实施改革和管理；坚持开拓创新，破除影响公益事业发展的体制机制障碍，鼓励进行多种形式的探索和实践；坚持着眼发展，充分发挥政府主导、社会力量参与和市场机制的作用，实现公益服务提供主体多元化和提供方式多样化；坚持统筹兼顾，充分发挥中央和地方两个积极性，注意与行业体制改革、政府机构改革等相衔接，妥善处理改革发展稳定的关系。

6. 总体目标和阶段性目标。到 2020 年，建立起功能明确、治理完善、运行高效、监管有力的管理体制和运行机制，形成基本服务优先、供给水平适度、布局结构合理、服务公平公正的中国特色公益服务体系。今后 5 年，在清理规范基础上完成事业单位分类，承担行政职能事业单位和从事生产经营活动事业单位的改革基本完成，从事公益服务事业单位在人事管理、收入分配、社会保险、财税政策和机构编制等方面改革取得明显进展，管办分离、完善治理结构等改革取得较大突破，社会力量兴办公益事业的制度环境进一步优化，为实现改革的总体目标奠定坚实基础。

三、科学划分事业单位类别

7. 清理规范现有事业单位。对未按规定设立或原承担特定任务已完成的，予以撤销。对布局结构不合理、设置过于分散、工作任务严重不足或职责相同相近的，予以整合。

8. 划分现有事业单位类别。在清理规范基础上，按照社会功能将现有事业单位划分为承担行政职能、从事生产经营活动和从事公益服务三个类别。对承担行政职能的，逐步将其行政职能划归行政机构或转为行政机构；对从事生产经营活动的，逐步将其转为企业；对从事公益服务的，继续将其保留在事业单位序列、强化其公益属性。今后，不再批准设立承担行政职能的事业单位和从事生产经营活动的事业单位。

9. 细分从事公益服务的事业单位。根据职责任务、服务对象和资源配置方式等情况，将从事公益服务的事业单位细分为两类：承担义务教育、基础性科研、公共文化、公共卫生及基层的基本医疗服务等基本公益服务，不能或不宜由市场配置资源的，划入公益一类；承担高等教育、非营利医疗等公益服务，可部分由市场配置资源的，划入公益二类。具体由各地结合实际研究确定。

四、推进承担行政职能事业单位改革

10. 严格认定标准和范围。根据国家有关法律法规和中央有关政策规定，按照是否主要履行行政决策、行政执行、行政监督等职能，从严认定承担行政职能的事业单位。

11. 区分不同情况实施改革。结合行政管理体制改革和政府机构改革，特别是探索实行职能有机统一的大部门体制，推进承担行政职能事业单位改革。涉及机构编制调整的，不得突破政府机构限额和编制总额，主要通过行政管理体制和政府机构改革中调剂出来的空额逐步解决。对部分承担行政职能的事业单位，要认真梳理职能，将属于政府的职能划归相关行政机构；职能调整后，要重新明确事业单位职责、划定类别，工作任务不足的予以撤销或并入其他事业单位。对完全承担行政职能的事业单位，可调整为相关行政机关的内设机构，确需单独设置行政机构的，要按照精简效能原则设置。已认定为承担行政职能，但尚未调整到位的事业单位，在过渡期内继续按照现行法律法规和政策规定履行职责，使用事业编制且只减不增，人事、财务、社会保险等依照国家现行政策规定实施管理。

五、推进从事生产经营活动事业单位改革

12. 推进转企改制。周密制定从事生产经营活动事业单位转企改制工作方案，按照有关规定进行资产清查、财务审计、资产评估，核实债权债务，界定和核实资产，由同级财政部门依法核定国家资本金。转制单位要按规定注销事业单位法人，核销事业编制，进行国有资产产权登记和工商登记，并依法与在职职工签订劳动合同，建立或接续社会保险关系。事业单位转企改制后，要按照现代企业制度要求，深化内部改革，转变管理机制，并依照政企分开、政资分开的原则，逐步与原行政主管部门脱钩，其国有资产管理除国家另有规定外，由履行国有资产出资人职责的机构负责。

13. 完善过渡政策。为平稳推进转制工作，可给予过渡期，一般为 5 年。在过渡期内，对转制单位给予适当保留原有税收等优惠政策，原有正常事业费继续拨付。在离退休待遇方面，转制前已离退休人员，原国家规定的离退休费待遇标准不变，支付方式和待遇调整按国家有关规定执行；转制前参加工作、转制后退休的人员，基本养老金的计发和调整按照国家有关规定执行，保证离退休人员待遇水平平稳衔接。在医疗保障方面，离休人员继续执行现行办法，所需资金按原渠道解决；转制前已退休人员，转制后继续按规定享受职工基本医疗保险、补充医疗保障等待遇。有条件的转制单位，可按照有关规定为职工建立补充医疗保险和企业年金。要进一步做好离退休人员的服务管理工作。

六、推进从事公益服务事业单位改革

14. 明确改革目的。强化事业单位公益属性，进一步理顺体制、完善机制、健全制度，充分调动广大工作人员的积极性、主动性、创造性，真正激发事业单位生机与活

力，不断提高公益服务水平和效率，促进公益事业大力发展，切实为人民群众提供更加优质高效的公益服务。

15. 改革管理体制。实行政事分开，理顺政府与事业单位的关系。行政主管部门要加快职能转变，创新管理方式，减少对事业单位的微观管理和直接管理，强化制定政策法规、行业规划、标准规范和监督指导等职责，进一步落实事业单位法人自主权。对面向社会提供公益服务的事业单位，积极探索管办分离的有效实现形式，逐步取消行政级别。对不同类型事业单位实行不同的机构编制管理，科学制定机构编制标准，合理控制总量，着力优化结构，建立动态调整机制，强化监督管理。

16. 建立健全法人治理结构。面向社会提供公益服务的事业单位，探索建立理事会、董事会、管委会等多种形式的治理结构，健全决策、执行和监督机制，提高运行效率，确保公益目标实现。不宜建立法人治理结构的事业单位，要继续完善现行管理模式。

17. 深化人事制度改革。以转换用人机制和搞活用人制度为核心，以健全聘用制度和岗位管理制度为重点，建立权责清晰、分类科学、机制灵活、监管有力的事业单位人事管理制度。加快推进职称制度改革。对不同类型事业单位实行分类人事管理，依据编制管理办法分类设岗，实行公开招聘、竞聘上岗、按岗聘用、合同管理。

18. 深化收入分配制度改革。以完善工资分配激励约束机制为核心，健全符合事业单位特点、体现岗位绩效和分级分类管理要求的工作人员收入分配制度。结合规范事业单位津贴补贴实施绩效工资，进一步做好义务教育学校、公共卫生与基层医疗卫生事业单位实施绩效工资工作；对其他事业单位按照分类指导、分步实施、因地制宜、稳慎推进的原则，实施绩效工资。各地区各部门要根据改革进程，探索对不同类型事业单位实行不同的绩效工资管理办法，分步实施到位。完善事业单位工资正常调整机制。

19. 推进社会保险制度改革。完善事业单位及其工作人员参加基本养老、基本医疗、失业、工伤等社会保险政策，逐步建立起独立于单位之外、资金来源多渠道、保障方式多层次、管理服务社会化的社会保险体系。事业单位工作人员基本养老保险实行社会统筹和个人账户相结合，养老保险费由单位和个人共同负担，个人缴费全部记入个人账户。养老保险基金单独建账，实行省级统筹，基本养老金实行社会化发放。实行“老人老办法、新人新制度、中人逐步过渡”，对改革前参加工作、改革后退休的人员，妥善保证其养老待遇水平平稳过渡、合理衔接，保持国家规定的待遇水平不降低。建立事业单位工作人员职业年金制度。统筹考虑企业、事业单位、机关离退休人员养老待遇水平。

20. 加强对事业单位的监督。建立事业单位绩效考评制度，考评结果作为确定预算、负责人奖惩与收入分配等的重要依据。加强审计监督和舆论监督。面向社会提供公益服务的事业单位要建立信息披露制度，重要事项和年度报告要向社会公开，涉及人民群众切身利益的重大公益服务事项要进行社会公示和听证。

21. 全面加强事业单位党的建设。按照党章和有关规定，及时调整党的组织设置，理顺隶属关系，选好配强党组织领导班子，加强党员教育、管理、服务，做好思想政治工作，推进精神文明建设，领导工会、共青团等群众组织开展工作，充分发挥党组织在促进事业发展、完成本单位中心任务中的领导核心或政治核心作用，保证党的基本路线方针政策在事业单位的贯彻执行。

七、构建公益服务新格局

22. 大力发展公益服务。适应经济社会发展和人民群众需要，不断拓展公益服务领域，增加公益服务品种，扩大公益服务供给总量。发挥政府主导作用，引导社会力量广泛参与，引入市场竞争机制，充分调动各方面积极性，不断增强公益事业发展活力。通过改革，形成提供主体多元化、提供方式多样化的公益服务新格局，努力为人民群众提供广覆盖、多层次的公益服务。

23. 强化政府责任。按照逐步实现基本公共服务均等化的要求，优先发展直接关系人民群众基本需求和国家安全、社会稳定的公益服务，促进公益服务公平公正。加快发展农村、欠发达地区和民族地区公益事业，缩小城乡之间、地区之间公益服务水平差距，切实满足广大农民和城市低收入群体医疗、教育、文化等公益服务需求。优化公益服务资源配置，合理规划布局，科学设置事业单位，打破条块分割和行政区划界限，推进资源共享。创新公益服务提供方式，完善购买服务机制，提高服务质量和效率。

24. 鼓励社会力量兴办公益事业。完善相关政策，放宽准入领域，推进公平准入，鼓励社会力量依法进入公益事业领域。对社会力量兴办公益事业的，在设立条件、资质认定、职业资格与职称评定、税收政策和政府购买服务等方面，与事业单位公平对待，并切实加强监管，引导其健康发展。完善和落实税收优惠政策，鼓励企业、社会团体和公民个人捐赠公益事业。大力倡导和发展志愿服务。

25. 充分发挥市场机制作用。完善扶持政策，充分发挥市场在公益事业领域资源配置中的积极作用，为社会资本投资创造良好环境，推动相关产业加快发展，满足人民群众多层次、多样化服务需求。

八、完善支持公益事业发展的财政政策

26. 加大财政对公益事业发展支持力度。加快建立健全公共财政体系，调整支出结构，加大投入力度，着力构建财政支持公益事业发展长效机制。制定和完善支持社会力量兴办公益事业的财政政策，形成多渠道筹措资金发展公益事业的投入机制。对事业单位的财政资金使用情况进行绩效考评，严格资金管理，提高使用效益。

27. 改革和完善财政支持方式。按照国家政策和以事定费的原则，结合不同事业单位的具体特点和财力，对不同类型事业单位实行不同的财政支持办法，合理制定标准，实行动态调整，健全监管制度，充分发挥财政资金的效用。对公益一类，根据正常业务需要，财政给予经费保障；对公益二类，根据财务收支状况，财政给予经费补助，并通过政府购买服务等方式予以支持。

28. 推进预算管理、政府采购和国有资产管理改革。研究建立事业单位资产配置标准体系，促进资产管理与预算编制有机结合，强化事业单位政府采购预算管理与执行，规范政府采购操作执行行为。加强行政事业性收费管理，严格收费项目和标准审批。建立健全事业单位财务会计和国有资产管理制度，加强财务监督，确保财政资金和国有资产使用规范、安全和有效。

九、认真做好组织实施工作

29. 加强领导。分类推进事业单位改革事关经济社会发展全局，是一场广泛而深刻的变革，任务复杂艰巨。各地区各部门要高度重视，坚定信心，精心组织，攻坚克难，确保改革顺利推进。为加强对改革工作的领导，建立中央分类推进事业单位改革工作部际联席会议制度，负责交流改革情况、研究共性问题、提出工作建议等工作，具体工作由中央编办承担。教育、科技、文化、卫生、新闻出版等部门要按照现行的领导体制和政策规定，继续推动行业体制改革。中央和国家机关负责组织所属事业单位进行改革。中央编办、财政部、人力资源社会保障部等部门要各司其职，密切配合，指导做好相关工作。各省(区、市)党委和政府对本地区的改革负总责，要建立领导小组，健全工作机制，结合实际研究制定实施意见并抓好组织落实。

30. 稳步实施。坚持分类指导、分业推进、分级组织、分步实施的工作方针，注意把握节奏，加强统筹协调，做到条块结合、上下结合，条件成熟的可率先改革，暂不具备条件的允许过渡，不搞“一刀切”。要继续深化改革试点，不断总结试点经验，完善相关政策措施。严禁突击提拔干部、严禁超职数配备干部或违反规定提高干部职级待遇。切实加强新闻宣传和思想政治工作，正确引导社会舆论，营造良好改革氛围，确保社会和谐稳定，确保国有资产不流失，确保公益事业健康发展。

(三)《关于建立和完善事业单位法人治理结构的意见》①

关于建立和完善事业单位法人治理结构的意见

根据《中共中央、国务院关于分类推进事业单位改革的指导意见》(中发〔2011〕5 号)

① 摘自《国务院办公厅关于印发分类推进事业单位改革配套文件的通知》(国办发〔2011〕37 号)。

精神，现就建立和完善事业单位法人治理结构提出如下意见：

一、基本原则

坚持解放思想，着力创新事业单位管理体制和运行机制；坚持政事分开和管办分离，落实事业单位法人自主权；坚持强化事业单位的公益属性，加强对事业单位的监管；坚持从实际出发，试点先行；坚持正确的政治方向和党管干部的原则，加强和改善党对事业单位的领导。

二、总体要求

要把建立和完善以决策层及其领导下的管理层为主要构架的事业单位法人治理结构，作为转变政府职能、创新事业单位体制机制的重要内容和实现管办分离的重要途径。要明确事业单位决策层的决策地位，把行政主管部门对事业单位的具体管理职责交给决策层，进一步激发事业单位活力。要吸收事业单位外部人员参加决策层，扩大参与事业单位决策和监督的人员范围，进一步规范事业单位的行为，确保公益目标的实现。要明确决策层和管理层的职责权限和运行规则，进一步完善事业单位的激励约束机制，提高运行效率。

三、主要内容

面向社会提供公益服务的事业单位要探索建立和完善法人治理结构。不宜建立法人治理结构的事业单位，要继续完善现行管理模式。

(一)建立健全决策监督机构。决策监督机构的主要组织形式是理事会，也可探索董事会、管委会等多种形式。理事会作为事业单位的决策和监督机构，依照法律法规、国家有关政策和本单位章程开展工作，接受政府监管和社会监督。理事会负责本单位的发展规划、财务预决算、重大业务、章程拟订和修订等决策事项，按照有关规定履行人事管理方面的职责，并监督本单位的运行。理事会一般由政府有关部门、举办单位、事业单位、服务对象和其他有关方面的代表组成。直接关系人民群众切身利益的事业单位，本单位以外人员担任的理事要占多数。根据事业单位的规模、职责任务和服务对象等方面特点，兼顾代表性和效率，合理确定理事会的构成和规模。结合理事所代表的不同方面，采取相应的理事产生方式，代表政府部门或相关组织的理事一般由政府部门或相关组织委派，代表服务对象和其他利益相关方的理事原则上推选产生，事业单位行政负责人及其他有关职位的负责人可以确定为当然理事。要明确理事的权利义务，建立理事责任追究机制。也可探索单独设立监事会，负责监督事业单位财务和理事、管理层人员履行职责的情况。

(二)明确管理层权责。管理层作为理事会的执行机构，由事业单位行政负责人及其他主要管理人员组成。管理层对理事会负责，按照理事会决议独立自主履行日常业务管理、财务资产管理和一般工作人员管理等职责，定期向理事会报告工作。事业单位行政负责人由理事会任命或提名，并按照人事管理权限报有关部门备案或批准。事业单位其他主要管理人员的任命和提名，根据不同情况可以采取不同的方式。

（三）制定事业单位章程。事业单位章程是法人治理结构的制度载体和理事会、管理层的运行规则，也是有关部门对事业单位进行监管的重要依据。事业单位章程应当明确理事会和管理层的关系，包括理事会的职责、构成、会议制度，理事的产生方式和任期，管理层的职责和产生方式等。事业单位章程草案由理事会通过，并经举办单位同意后，报登记管理机关核准备案。

要研究制定事业单位法人治理准则，进一步规范事业单位法人治理结构建设。完善事业单位年度报告制度，加强对事业单位履行章程情况的监管。建立事业单位信息公开制度，强化社会对事业单位的监督。全面加强事业单位党的建设。

四、组织实施

建立和完善事业单位法人治理结构要试点先行，取得经验后再逐步推开。山西、上海、浙江、广东、重庆等先行试点的省（市）要加大试点范围和力度。其他省（区、市）可先选择部分事业单位作为试点。试点单位主要从涉及利益相关者较多、规模较大的事业单位中选择，并注意涵盖不同的行业领域。要注意做好与现行事业单位管理体制的衔接和平稳过渡。

机构编制部门要会同有关部门，在深入调研、充分论证和广泛征求意见的基础上拟定试点方案。要做好具体组织实施工作，及时跟踪指导，注意总结经验，确保事业单位法人治理结构建设顺利进行。

（四）《关于推进县级文化馆图书馆总分馆制建设的指导意见》①

关于推进县级文化馆图书馆总分馆制建设的指导意见

（文公共发〔2016〕38 号）

推进以县级文化馆、图书馆为中心的总分馆制建设，是构建现代公共文化服务体系的重要任务，对于有效整合公共文化资源、提高公共文化服务效能、促进优质资源向基层倾斜和延伸具有重要的推动作用。近年来，地方各级人民政府和有关部门加大政策支持和资金投入力度，文化馆（站）、公共图书馆（室）设施网络不断完善，服务条件显著改善，但仍存在县级馆服务能力不强、县域内公共文化资源缺乏整合、城乡公共文化服务发展不均衡等突出问题。为推进县域公共文化资源共建共享和服务效能提

① 文化部 新闻出版广电总局 体育总局 发展改革委 财政部关于印发《关于推进县级文化馆图书馆总分馆制建设的指导意见》的通知（文公共发〔2016〕38 号）[EB/OL]．[2017-01-08]．http://zwgk.mcprc.gov.cn/auto255/201701/t20170118_477688.html。

升，促进县级文化馆、图书馆总分馆制建设，经国务院同意，现提出如下意见。

一、指导思想

全面贯彻落实党的十八大和十八届三中、四中、五中、六中全会精神，深入贯彻习近平总书记系列重要讲话精神和治国理政新理念新思想新战略，认真落实党中央、国务院决策部署，坚持以社会主义核心价值观为引领，坚持以人民为中心，以县为基本单位，以乡村为重点，以统筹发展、提高效能、促进均等为原则，推动具备条件的地方因地制宜推进县级文化馆、图书馆总分馆制建设，发挥县级总馆在县域公共文化建设中的中枢作用，通过分馆把优质公共文化服务延伸到基层农村，增加公共文化产品和服务供给，为更好地满足广大群众基本文化需求创造良好条件，提供有力保障。

二、基本原则

政府主导，统筹实施。发挥县级人民政府在总分馆制建设规划、组织和推进方面的统筹作用，优化县域公共文化资源配置，完善配套措施，鼓励社会参与，确保有序推进。

改革创新，提升效能。围绕建、管、用等关键环节，创新管理体制和运行机制，实现文化资源在县域内联动共享，做到物尽其用、人尽其才，发挥整体优势，提升综合效益。

强化基层，促进均等。以乡村两级为重点，以需求为导向，促进公共文化资源向基层特别是农村倾斜，增加基层公共文化资源总量，保障城乡群众普遍均等地享有基本公共文化服务。

实事求是，分类推进。坚持因地制宜、试点先行，根据东中西地区实际，稳步推进、分类指导，及时总结建设经验，发挥典型示范作用，探索具有不同区域特点的总分馆制。

三、工作目标

到 2020 年，全国具备条件的地区因地制宜建立起上下联通、服务优质、有效覆盖的县级文化馆、图书馆总分馆制，广大基层群众享受的基本公共文化服务内容更加丰富，途径更加便捷，质量显著提升，均等化水平稳步提高。

四、主要措施

(一)把总分馆制建设纳入现代公共文化服务体系。坚持政府主导，科学规划，由省级文化行政部门牵头，有关部门参与，统筹制定本地实施方案和建设规划，由县级人民政府具体组织实施。各地根据实际，综合考虑当地经济社会发展水平、自然条件、人口分布和文化基础等因素，合理确定总分馆的布局、规模和标准。已经实施总分馆制的地方，重在总结经验、完善制度和宣传推广；尚未实施但具备条件的地方，要借鉴成功经验，坚持试点先行，积极探索和选择适合本地实际的总分馆建设模式；暂不具备建设条件的地方，要采取有力措施，尽快达到建设总分馆制的基本要求。

(二)明确功能与运行机制。通过县级文化馆总分馆制，整合县域内群众文化艺术资源，加强对县域内文化活动、文艺创作、文艺辅导、送戏下乡、队伍培训以及演出器材设备调配等方面的统筹。通过县级图书馆总分馆制，整合县域内的公共阅读资源，实行总馆主导下的文献资源统一采购、统一编目、统一配送、通借通还和人员的统一培训。总馆对分馆的管理重在业务指导和资源调配。分馆按照总馆的工作安排和服务标准，面向基层群众提供与总馆水平相当的基本服务。有条件的地方可以探索总馆统一管理或参与管理各分馆人财物。

(三)因地制宜推进总分馆制建设。根据地方实际情况，在试点的基础上积极稳妥推进，主要依托县级文化馆、图书馆和乡镇(街道)综合文化站、村(社区)综合性文化服务中心等进行建设，符合条件的县级馆为总馆，在乡村两级基层综合性文化服务中心设置分馆。推动农家书屋与县级图书馆资源整合和互联互通，符合条件的农家书屋成为图书馆分馆。没有成为分馆的其他基层公共文化设施可以设立基层服务点，作为总分馆服务的补充和延伸。

(四)创新服务方式和手段。总馆和分馆要积极畅通群众文化需求反馈渠道，采取“订单”服务方式，实现供需有效对接。充分发挥互联网等现代信息技术优势，利用国家公共数字文化工程和资源，打造县域公共数字文化服务平台。充分利用流动舞台车、流动图书车等设施和手段，广泛开展流动文化服务，扩大公共文化服务的有效覆盖。

(五)引导社会力量参与总分馆制建设。鼓励具备条件的学校、科研机构、企业等的图书馆(室)、职工书屋、文化室等根据自身职能特点，在自愿原则下成为县级文化馆或图书馆的分馆。鼓励符合条件、具有资质的上网服务场所成为总分馆的基层服务点。鼓励企业、社会组织和其他社会力量，通过直接投资、赞助活动、提供产品和服务，以及采取公益创投、公益众筹等方式，依法依规有序参与总分馆制建设。有条件的地方可探索引入社会专业机构，采取委托管理或连锁运营的方式，通过专业化服务、科学化管理，做好总分馆日常管理运行。大力推进文化志愿服务，动员社会专业人士参与总分馆制管理运行。

(六)进一步健全城乡基层公共文化设施网络。按照填平补齐原则，继续推进县、乡、村三级公共文化设施网络建设。没有县级文化馆、图书馆或设施未达标的县级人民政府，根据实际需要进行必要的新建或改扩建，鼓励充分利用现有设施和资源进行改造。基层综合性文化服务中心建设和运营管理，要主动纳入县级文化馆、图书馆总分馆制统筹推进，优化资源配置，提高服务效能，推动县域内公共文化设施实现有效联通和全覆盖。

五、组织保障

(一)明确工作责任。各地要把建立县级文化馆、图书馆总分馆制作为加快构建现代公共文化服务体系的重要内容，纳入政府重要议事日程，明确时间表、路线图，加快推进实施。各级文化行政部门要加强与有关部门的统筹协调，推动工作开展，形成工作合力。各有关部门要积极配合，加强基层文化资源的共建共享。省级和设区的市级文化馆、图书馆要大力支持县级文化馆、图书馆总分馆制建设，加强业务指导。

(二)提供投入保障。各地要对本地区基本的公共文化设施建设给予支持，完善设施网络，为实施总分馆制提供必要的基础设施条件。地方各级财政部门要通过现有资金渠道，为总分馆制建设和运营中属于公共财政支持范围的事项提供必要的资金支持。鼓励县级文化馆、图书馆总馆在符合有关规定前提下，统筹利用有关资金渠道，按照规划目标统一采购、调配资源。各省(区、市)要对率先开展试点工作并取得积极成果的县(市、区)给予一定支持。

(三)加强队伍建设。各有关部门要在现有编制总量内，落实《国家基本公共文化服务指导标准》(2015—2020 年)规定的乡镇(街道)综合文化站编制政策。根据总分馆的规模、服务人口和服务方式，统筹总馆、分馆的人员配置。加强对总分馆工作人员的培训、考核、管理。有条件的地区可通过政府购买服务方式，解决总分馆人员不足的问题。

(四)完善评估机制。地方各级人民政府要把县级文化馆、图书馆总分馆制建设情况纳入公共文化服务考核指标。县级文化行政部门负责对本县总分馆制建设和运行情况进行日常评估和考核，并积极推动考核结果与相关单位预算安排、收入分配和负责人奖惩挂钩。有条件的地方可引入第三方对总分馆服务效能开展公众满意度测评。

【本章小结】

本章阐述了公共文化服务体系协调机制的目的和当下重点任务，系统梳理了公共文化机构法人治理结构的起源和特点，阐明了基本组织架构与运行机制，并指出了建立法人治理结构的真正发展目标。创新基层公共文化管理机制，吸收居民参与自治，是未来文化治理的发展方向。本章介绍了公共文化服务评价维度与方法，阐明了文化馆、图书馆建立总分馆制的意义和途径。

【思考题】

1. 公共文化服务体系协调机制建立的意义和价值。
2. 比较公共文化机构法人治理结构与企业法人治理结构的异同。
3. 公共文化机构建立法人治理结构的目的。
4. 居民、村民参与基层文化管理的方式与途径。
5. 公共文化服务评价的主体与客体。
6. 县级文化馆、图书馆总分馆制建设的关键要素。

第六章 公共文化设施免费开放

【目标与任务】

了解我国公共文化设施免费开放的发展历程；了解新时期公共文化设施免费开放政策的出现与演变；掌握公共文化设施免费开放的含义，掌握不同类型公共文化设施免费开放的内容与方式；准确理解免费开放政策的核心要素。

一、不同历史时期的“免费开放”

中华人民共和国成立至改革开放前，我国公共文化设施总体上实行的是免费提供服务政策。不过，这一时期的免费服务政策是建立在计划经济基础之上的，在服务理念、服务范围、服务方式、服务质量等方面，与今天立足于现代公共服务理念和社会主义市场经济的免费开放有本质的区别。改革开放前的相当一段时间，由于受政治大环境影响，公共文化产品类型单一、供给匮乏，人民群众的文化需求并没有真正得到满足。以公共图书馆为例①，在服务对象上方针任务不明确，过分强调“为领导决策服务”“为科学研究服务”，而对广大社会民众的借阅需求弱化甚至忽视，表现在服务对象上重身份讲级别，借书证发放往往有指标，按级别内部发放，普通百姓一证难求；馆藏资源划分为公共流通、内部控制，甚至封存等几部分。从总体上说，这一时期的“免费服务”是不平等的、不开放的，并不能和今天意义上的免费开放等量齐观。

20 世纪 80 年代初，我国文化事业发展受到商品经济、市场经济浪潮的冲击，再加上各级政府对文化事业经费投入普遍不足，“以文补文”“以文养文”的政策开始大行其道，公共文化的有偿服务逐渐成为风气，且愈演愈烈。从开始搞副业进行创收，到公

① 余胜，吴晞. 免费开放：理论追寻、历史回顾与现实思考[J]. 中国图书馆学报. 2011(3)：10-17.

共文化的基本服务也进行收费，各种各样的服务收费名目繁多、花样百出。有偿服务不断挤压面向公众的服务设施和资源，以出租、办班等活动进行创收。公共文化服务的“收费”模式弊端尽现，严重背离了服务宗旨，成为社会科学发展、和谐发展的“短板”。

20世纪90年代末至21世纪初，学术界开始讨论与反思公共文化服务有偿与免费的话题，并逐渐达成共识，普遍认为政府有责任、有义务为全体公民免费提供最基本的公共文化服务。与此同时，中国政府的执政理念与方式开始转变。党的十六大提出在社会主义市场经济条件下，政府必须全面履行经济调节、市场监管、社会管理和公共服务四大职能，人民群众的政治权益、经济权益和文化权益应得到确实保障。党的十七大明确提出了建设“公共服务型”政府的目标。服务型政府的建设，成为现代化进程中国家管理的基本理念，促使政府通过构建公共文化服务体系向人民群众提供公共文化服务的理念与思想得以形成，为公共文化设施“免费开放”奠定了思想基础。

新时期的公共文化设施免费开放，大致经历了三个发展阶段。20世纪90年代初到2005年前后，公共文化设施主要针对特定群体(如未成年人)实行有限度的低价或免费开放；2005年到2010年这五年间，一些经济发达地区的公共文化设施自行实行全免费或有限度免费开放，2008年全国公共博物馆、纪念馆开始实行免费开放；从2011年开始，作为一项国家政策，全国文化行政部门归口管理的美术馆、公共图书馆、文化馆(站)等公共文化设施全面实行免费开放，公共文化设施免费开放开始走向普及。

二、新时期“免费开放”政策的演进

新时期我国以法律规范形式明确公共文化设施应实行优惠或免费开放原则，是从未成年人开始的，主要体现在《中华人民共和国未成年人保护法》和《中华人民共和国教育法》中。

1991年9月颁布的《中华人民共和国未成年人保护法》第二十二条规定：“博物馆、纪念馆、科技馆、文化馆、影剧院、体育场(馆)、动物园、公园等场所，应当对中小学生优惠开放。”

1995年3月颁布的《中华人民共和国教育法》第五十条规定：“图书馆、博物馆、科技馆、文化馆、美术馆、体育馆(场)等社会公共文化体育设施，以及历史文化古迹和革命纪念馆(地)，应当对教师、学生实行优待，为受教育者接受教育提供便利。”

2006年12月修订后的《中华人民共和国未成年人保护法》第三十条，将公共文化设施进一步细分，免费或优惠规定也进一步细化为：“爱国主义教育基地、图书馆、青少年宫、儿童活动中心应当对未成年人免费开放；博物馆、纪念馆、科技馆、展览馆、美术馆、文化馆以及影剧院、体育场馆、动物园、公园等场所，应当按照有关规定对未成年人免费或者优惠开放。”

国家各部委制定的相关政策，对公共文化设施向未成年人的“免费开放”也逐步加以规范和拓展。1991 年 8 月，中共中央宣传部、国家教委、文化部、民政部、共青团中央、国家文物局联合发布《关于充分运用文物进行爱国主义和革命传统教育的通知》，要求“各博物馆、纪念馆、烈士陵园和各种纪念设施管理单位，对青少年学生有组织的参观、瞻仰要优先安排，并为他们开展活动提供必要的人员、场地、教材等方面的支持和帮助。实行收费参观的单位，平时对在校学生要半价优惠或每周指定一天免费接待；寒暑假要集中一至两周时间，对在校学生免费开放。”

1996 年 10 月，国家教委、民政部、文化部、国家文物局、团中央、总政治部在《关于命名和向全国中小学推荐百个爱国主义教育基地的通知》中要求：“被命名为各级各类爱国主义教育基地的博物馆、纪念馆、烈士陵园和各种纪念设施等对中小学生有组织的参观要优先安排，并为他们开展活动提供必要的人员、场地、数据等方面的支持和帮助。实行收费参观的单位，在节、假日，特别是双休日，对中小学有组织的参观必须要有优惠措施，对中小学师生实行免费开放。”

2003 年 11 月由科技部、财政部、国家税务总局、海关总署、新闻出版总署联合制定的《科普税收优惠政策实施办法》，明确规定申请认定为科普基地的自然博物馆、天文馆(站、台)、气象台(站)、地震台(站)以及设有植物园、标本馆、陈列馆等科普场所的高校和科研机构的，“对青少年实行优惠或免费开放的时间不少于每年 20 天”。

2004 年 3 月，文化部、国家文物局下发了《关于公共文化设施向未成年人等社会群体免费开放的通知》，明确规定“从 2004 年 5 月 1 日起，全国文化、文物系统各级博物馆、纪念馆、美术馆要对未成年人集体参观实行免票；对学生个人参观可实行半票；家长携带未成年子女参观的，对未成年子女免票。”

2004 年 8 月，文化部、国家发展改革委、教育部、科技部、民政部、财政部、国家文物局、解放军总政治部、中华全国总工会、共青团中央、全国妇联、中国科协联合下发了《关于公益性文化设施向未成年人免费开放的实施意见》，进一步加大了公益性文化设施向未成年人免费开放的力度。

随着经济的发展、社会的进步，人们对文化功能作用认识水平的不断提高，公共文化设施免费开放从特定的未成年人群体逐步向老年人、残疾人，直至所有人拓展。2003 年 6 月国务院颁布《公共文化体育设施条例》，其中第二十一条规定，“需要收取费用的公共文化体育设施管理单位，应当根据设施的功能、特点对学生、老年人、残疾人等免费或者优惠开放”。

2005 年中共中央和国务院制定的关于公共文化服务体系建设的一系列政策，对社会民众实现基本文化权利、追求丰富精神文化生活的热切愿望给予了积极回应。2006 年 9 月，《国家“十一五”时期文化发展规划纲要》出台，有关公共文化服务平等、免费、关注弱势群体、覆盖全社会的理念和思想得到了精辟阐述和充分体现，公共文化设施面向全社会免费开放已经完成了思想和舆论准备。

2008年1月，中共中央宣传部、财政部、文化部、国家文物局联合下发了《关于全国博物馆、纪念馆免费开放的通知》，全国公共性博物馆、纪念馆开始免收参观门票，“免费开放”的说法由此诞生，我国的公共文化设施开始了真正迈向“公共”的历史性转变。

2010年初，温家宝总理在《政府工作报告》中明确提出了推进美术馆、图书馆、文化馆、博物馆免费开放的任务。此后，“十二五”规划纲要把基层公共文化设施免费开放列为推进基本公共服务均等化、保障和改善民生的重点任务之一，作为大力发展文化事业、增强公共文化产品和服务供给的首要任务。推进公共文化设施免费开放成为构建全覆盖、均等化的公共文化服务体系的重要内容。

2010年，文化部进行了全国范围的公共文化设施免费开放调研，并随即组织国家公共文化服务体系建设专家委员会开展免费开放保障政策的研究和相关政策文件的起草。2011年初，在“十二五”开局伊始，文化部、财政部《关于推进全国美术馆、公共图书馆、文化馆(站)免费开放工作的意见》正式发布，一项在我国公共文化服务体系建设进程中具有划时代意义的政策由此诞生，标志着我国公共文化设施全面免费开放时代的到来。

2011年10月，党的十七届六中全会通过的《决定》明确指出，“加强文化馆、博物馆、图书馆、美术馆、科技馆、纪念馆、工人文化宫、青少年宫等公共文化服务设施和爱国主义教育示范基地建设并完善向社会免费开放服务”，预计不久的将来，科技馆、工人文化宫、青少年宫等公共文化设施将实行全面免费开放。

三、“免费开放”的含义与内容

“免费开放”是伴随着2008年全国公共性博物馆免收参观门票而被社会公众熟悉的一个概念。作为政策语言的“免费开放”，包含免费开放与优惠开放两层含义，即与公共文化设施相适应的基本公共文化服务项目免费提供；对于基本公共文化服务项目以外的非基本服务项目，坚持公益性，降低收费标准，不得以营利为目的。所以，公共文化设施的免费开放，不能简单地理解为所有的服务项目都不收费，而是基本服务免费，非基本服务可以收取成本补偿费用。

不同的公共文化设施，由于其承载的功能不同，服务的方式不同，免费开放的具体内涵和方式也有所差异。

博物馆、纪念馆、美术馆、爱国主义教育示范基地等主要是观赏性的公共文化设施，免费开放主要体现在实行基本展览展示免费参观，不再需要付费购买门票。少数特别(临时)展览展示，可根据实际情况实行低票价优惠收费。文物建筑及遗址类博物馆暂不实行全部免费参观，继续对未成年人、老年人、现役军人、残疾人和低收入人群等特殊群体实行减免门票等优惠政策。

公共图书馆、文化馆(站)等主要是服务提供型的公共文化设施，免费开放的内容主要包括三个方面：第一，免费开放公共空间设施场地。包括公共图书馆的一般阅览室、电子阅览室、报告厅及类似的多功能厅、自修室等，文化馆(站)的多功能厅、展览厅(陈列厅)、宣传廊、辅导培训教室、计算机与网络教室、舞蹈(综合)排练室、独立学习室(音乐、书法、美术、曲艺等)、娱乐活动室等公共空间设施场地。第二，免费提供基本服务项目。包括公共图书馆的文献资源借阅、检索与咨询，公益性讲座和展览，基层辅导，流动服务等；文化馆(站)的书报刊借阅，普及性的文化艺术辅导培训，时政法制科普教育，公益性群众文化活动，公益性展览展示，数字文化信息服务，公共文化资源配送和流动服务，体育健身，青少年校外活动，培训基层队伍和业余文艺骨干，指导群众文艺作品创作等。第三，免费提供配套管理服务，主要是指办证费、验证费和存包费等。

公共图书馆、文化馆(站)除了提供基本服务之外，为了满足广大群众多层次、多样化的需求，还提供多种多样的非基本服务。如公共图书馆的深度参考咨询服务(为读者收集专题信息，编写参考数据，或者进行代查、代译、复印书刊资料等服务)、赔偿性收费和文化馆(站)的高端艺术培训服务等，这些服务可以收取合理的费用。

四、“免费开放”政策的核心要素

(一)合理界定“基本服务”的内容和范围

公共文化设施免费开放之“免费”，是指免费提供与自身职能相适应的基本服务项目。之所以强调“基本服务”，是因为公共文化设施承担的主要社会职能是保障公众基本文化权益，满足公众基本文化需求。正因为需要保障的权益和满足的需求是基本的，所以才要求公共文化服务是全覆盖的、均等化的；反过来说，正因为这种服务是全覆盖的、均等化的，所以服务的内容、范围和边界不可能是无限的，不可能满足所有个性化的需求。因此，免费提供的只能是“基本服务”。

什么是“基本服务”？这是落实免费开放政策首先需要解决的问题。科学合理地界定基本服务的内容与范围，实际上是合理划分政府与市场作用的边界，是落实财政保障的前提。从整体上看，基本服务有两大特点：一是地域性，二是阶段性。所谓地域性，是说基本服务的内容不是全国整齐划一的，由于经济社会发展的不平衡，不同地域的人群享受的基本服务不完全相同；所谓阶段性，是说基本服务内容不是一成不变的，而是随经济社会发展水平的提高而不断完善。

文化部、财政部《关于推进全国美术馆、公共图书馆、文化馆（站）免费开放工作的意见》提出了公共图书馆、文化馆（站）基本服务的大致内容和范围，由于它是一个全国性的文件，所以其所做的规范一定是粗线条的。文件所说的“与自身职能相适应的公共文化服务项目”，在不同的地区、不同的发展阶段，就会包含不完全相同的内容。比如，在经济社会发展水平较高的苏州，面向0～3岁婴幼儿赠送“阅读大礼包”的“悦读宝贝计划”，可以成苏州共图书馆的基本服务项目，而在经济社会发展水平还没那么高的中西部地区，类似项目显然还难以纳入基本服务范畴。公共文化设施的管理机构在落实免费开放政策时，首先需要立足本地现实，界定清楚自身目前阶段应该并且可以提供的基本服务项目是什么，进而测定免费开放需要多大数量、什么结构的经费保障力度。总之，合理界定基本服务的内容、范围与边界，是落实免费开放政策的核心和基础工作。

（二）基本服务保障经费实行中央财政和地方财政分担、以地方为主的机制

免费开放政策明确了公共文化机构提供基本服务所需要的经费由政府予以保障落实，那么，作为保障落实责任主体的政府是哪一级政府？现行政策是：实行中央财政和地方财政分担、以地方财政为主的机制。这一机制实际上是明确了向公众提供基本公共文化服务的责任主体是地方政府。换言之，提供基本公共文化服务，是地方政府的“事权责任”，因此，地方财政要承担主要的“支付责任”，中央财政在这方面起辅助性的援助作用。这一机制也是国际上公共文化经费保障的通行机制。

目前免费开放政策确定的经费分担原则是：公共文化设施的人员、公用等基本支出经费由同级财政负担，开展基本服务项目的支出由中央和地方财政共同负担。通俗地说，“养人的钱”由同级财政负担；“办事的钱”由中央财政和地方财政分担。为此，中央财政设立专项资金，重点对中西部地区地市级和县市级公共文化设施开展基本服务项目所需经费予以补助，具体标准是按照地市级文化馆和公共图书馆50万元、县市级文化馆和公共图书馆20万元、乡镇综合文化站5万元的标准。中央财政补助西部地区的80%，中部地区的50%，东部地区的20%，其余部分由地方财政负责安排。各地方可以根据实际情况提高补助标准，高于基本补助标准部分，所需资金由地方财政自行负担。

中央财政公共文化设施免费开放补助经费的数量在逐年增加。如中央财政对全国博物馆和纪念馆免费开放的补助经费，2008年为12亿元，2009年20亿元，2010年28亿元。2011年中央财政对公共图书馆、文化馆（站）免费开放补助经费为18.22亿元，这笔经费已经列入中央财政制度性预算之中。

中央财政免费开放补助经费在使用中体现出了如下导向性特点：第一，主要用于补助公共文化设施开展基本服务项目的支出；第二，补助的数量和方式，体现向中西部倾斜、向基层倾斜的原则；第三，补助标准不是“封顶标准”，鼓励地方财政根据实际情况提高补助标准。

(三)维护好公共文化设施的公益性质，限期收回出租设施

目前，我国公共文化设施被出租或挪作他用的现象依然存在。造成这种“人吃楼”现象的根本原因，是长期以来公共文化设施的经费保障不到位。2005年以来，已有多个政策性文件反复强调要维护公共文化设施的公益性质，不得以拍卖、租赁等任何形式改变公共文化设施用途，已挪作他用的限期收回。然而，三令五申均无果而终，原因就在于没有解决造成“人吃楼”现象的根源。免费开放政策开始真正落实公共文化设施基本服务经费的保障问题，为解决长期存在的馆舍出租问题创造了条件、提供了可能。当公共文化设施的基本保障经费解决后，出租或挪作他用的设施就应该无条件收回。限期收回出租设施，是公共资源回归公共的必然要求，也是免费开放政策要解决的突出矛盾和问题之一。

(四)增强服务能力，提高服务质量，改善服务效益

免费开放不是“廉价”开放，也不是低水平开放。以免费开放为动力，增强服务能力，提高服务质量，改善服务效益，这是公共文化机构在落实免费开放政策过程中必须着力解决的问题。这方面的主要要求包括：公共文化机构应把主要精力用于开展基本公共文化服务；公共文化机构实现规章制度健全、职责任务清晰、服务内容明确、保障机制完善；与公共文化机构自身职能相适应的服务项目健全，设施利用率明显提高，形成2个以上品牌服务项目或活动；逐步增加多样化服务，重点增加对未成年人、老年人、农民工等特殊人群的对象化服务。

五、“免费开放”显露的问题及政策未来走向

到2012年年底，全国文化行政部门归口管理的公共文化设施已经全部实现了免费开放。由于首次大范围地实施免费开放政策，再加上政策实施采用了“全面推开，逐步完善”的工作原则，因此，在实施过程中也显露出了一些苗头性的问题，需要引起注意，并探寻可行的解决办法。

首先是免费开放政策面临的一些机制性问题。主要有二。一是免费开放导致的服务量大增与人手短缺的矛盾。据各地统计，免费开放政策实施后的2011年，全国公共图书馆总流通人次比2010年增长16.2%，其中有8个省(区、市)增长幅度超过20%；全国文化馆组织普及性培训班培训人次比2010年增长43.1%；全国乡镇综合文化站组织普及性训练班培训人次比2010年增长32.7%。面对服务量的大幅增加，人手短缺的矛盾突出显现出来。要保证公共文化设施免费开放后充分满足公众的利用需求，并不断提升服务质量，需要从适当增加人员编制、加大政府购买岗位力度、扶持文化志愿

者队伍建设等多方面研究制度性的解决办法。二是强化激励机制的问题。目前的免费开放经费补助标准，还没有体现出应有的激励导向和作用，如何让补助经费在服务、管理、效益等方面发挥激励作用，事关公共文化设施的持续发展，需要认真研究解决。

其次是免费开放政策在落实过程中显露的苗头性问题。主要包括：(1)“分而不担”。有的地方在中央财政补助经费到位后，地方财政的分担经费不落实，事实上形成免费开放保障经费“分而不担”的局面。(2)“投入缩水”。有的地方以中央财政有经费补助为由，减少或停止了本级财政对公共文化机构的经费投入，使地方政府对公共文化机构的经费投入事实上“缩水”。(3)“降低标准”。有的地方把目前设定的经费补助标准当作“封顶标准”，有意无意地忽略了文化部财政部文件中有关鼓励地方政府提高补助标准的导向。(4)“投入‘梗阻’”。典型调查显示，有的地方的公共文化机构(如县级图书馆、文化馆)或者不能及时获得，或者根本没有获得来自中央财政的服务补助经费，中央财政补助经费在下拨过程中遇到了“梗阻”，说明有截留或挪用的现象发生。(5)“免费泛化”。这是问题的另一方面，有的地方超越“基本”范畴，无原则扩大免费开放的范围，如对一些针对特定个人的个性化服务也实施完全免费政策，从一个极端走向了另一个极端，同样需要加以防止。

免费开放政策未来如何进一步发展和完善？党的十七届六中全会通过的《中共中央关于深化文化体制改革推动社会主义文化大发展大繁荣若干重大问题的决定》指出，“加强文化馆、博物馆、图书馆、美术馆、科技馆、纪念馆、工人文化宫、青少年宫等公共文化服务设施和爱国主义教育示范基地建设并完善向社会免费开放服务，鼓励其他国有文化单位、教育机构等开展公益性文化活动，各类公共场所要为群众性文化活动提供便利”。党的十八大报告也要求继续推动公共文化设施向社会免费开放。据此，我国公共文化设施免费开放政策的未来走向，简单地说就是扩大范围，完善政策。所谓扩大范围，是说免费开放的公共文化设施由目前文化行政部门归口管理的博物馆、纪念馆、文化馆、公共图书馆、美术馆、乡镇综合文化站，扩展到其他系统管理的公共文化设施，如工会系统的工人文化宫，共青团系统的青少年宫、科协系统的科技馆、教育部系统的爱国主义教育示范基地等，免费提供基本服务的公共文化设施数量会进一步增加，公众的基本文化权益、基本文化需求将会得到更好的保障和满足。所谓完善政策，一方面是研究解决现行的免费开放政策在实施过程中显露的矛盾和问题，使政策进一步完善；另一方面，制定鼓励其他国有文化单位、教育机构开展公益性文化活动、开放公共场所的相关政策，让更多的力量和资源投入公共文化服务。总的目标就是通过更多的公共文化设施免费开放、免费提供基本服务，让人民群众广泛享有免费的或优惠的基本公共文化服务，努力实现基本公共文化服务均等化。

六、重要政策法规选编

(一)中共中央宣传部　财政部　文化部　国家文物局《关于全国博物馆、纪念馆免费开放的通知》①

关于全国博物馆、纪念馆免费开放的通知(节选)

中宣发〔2008〕2号

……

二、博物馆、纪念馆免费开放的实施范围和步骤

(一)实施范围

全国各级文化文物部门归口管理的公共博物馆、纪念馆，全国爱国主义教育示范基地全部免费开放。其中，文物建筑及遗址类博物馆暂不实行全部免费开放，继续对未成年人、老年人、现役军人、残疾人和低收入人群等特殊群体实行减免门票等优惠政策。博物馆、纪念馆、纪念馆按照市场化运作举办的特别(临时)展览，可根据实际情况确定门票价格。

(二)实施步骤

2008年，中央级文化文物部门归口管理的博物馆全部向社会免费开放；各省级综合博物馆全部向社会免费开放；各级宣传和文化文物部门归口管理的列入全国爱国主义教育示范基地的博物馆、纪念馆全部向社会免费开放；浙江、福建、湖北、江西、安徽、甘肃和新疆7省(区)文化文物系统归口管理的省、市、县级博物馆全部向社会免费开放。鼓励有条件的省(区、市)探索全面实行免费开放。

2009年，除文物建筑及遗址类博物馆外，全国各级文化文物部门归口管理的公共博物馆、纪念馆，全面爱国主义教育示范基地全部向社会免费开放。

鼓励暂不能完全免费开放的博物馆、纪念馆实行低票价政策，继续对未成年人、老年人、现役军人、残疾人等社会群体实行免费或优惠参观，并向社会承诺定期免费日，制定灵活多样的门票制度，如家庭套票、特定时段票等，吸引公众走进博物馆和纪念馆。

三、博物馆、纪念馆免费开放的保障机制

要以博物馆、纪念馆免费开放为契机，实现“三个结合”：一是与文化体制改革中

---

① 关于全国博物馆、纪念馆免费开放的通知[EB/OL]．[2008-02-01]．http://www.mof.gov.cn/pub/jiaokewensi/zhengwuxinxi/zhengcefabu/200806/t20080625_53509.html。

公益类文化事业单位改革要求相结合，进一步加大博物馆经费保障力度；二是与构建公共财政体制相结合，进一步完善财政投入方式，激励博物馆提高服务能力和服务质量；三是与博物馆运行规律相结合，推进我过博物馆机制改革和管理创新。

（一）各级财政部门应将博物馆、纪念馆免费开放相关经费纳入财政预算，切实予以保障。中央财政设立专项资金，重点补助地方博物馆免费开放所需资金，鼓励改善陈列布展和举办临时展览，支持重点博物馆提升服务能力，对实行低票价的博物馆和自行实行免费并取得良好效果的省份给予奖励。其中，博物馆、纪念馆免费开放单位门票收入减少部分全部由中央财政负担；运转经费增量部分由中央财政分别按照东部20％、中部60％和西部80％的比例进行补助。

地方财政部门要承担相应职责，保障当地博物馆、纪念馆免费或优惠开放的资金投入。要统筹使用中央和地方财政资金，落实配套设施建设和设备更新经费，落实增强接待能力、增设服务项目、改进服务手段所需资金，落实人员培训经费及增加业务时间和业务强度的必要补助，保证博物馆正常、高效运转。

（二）要研究制定博物馆、纪念馆文化产品经营收入税收优惠政策，促进其依托文物藏品、陈列展示推出各类文化产品，拓展和延伸文化传播功能。鼓励社会力量对博物馆、纪念馆进行捐赠，拓宽博物馆经费来源渠道。

（三）按照文化遗产保护和传播的重要程度科学界定博物馆等级，将部分地方所属的代表中华民族历史文明的重点博物馆确定为国家级博物馆，由中央政府承担更多的投入和管理责任。省级和省级以下博物馆也要参照此原则，进行科学分级，加强资源整合。市级和县级应重点发展特色博物馆，避免重复投资。

四、博物馆、纪念馆免费开放的工作要求

（一）改善管理和服务，努力满足观众需求。各有关博物馆要积极借鉴已经免费开放博物馆的经验，切实做好免费开放的前期准备。充分考虑免费开放后观众量短时间内急剧增加，对博物馆、纪念馆的管理、运行造成的巨大压力，科学地测算确定博物馆的接待能力，建立每日参观人数总量控制和疏导制度。健全开放服务管理制度，制定突发事件的应急预案，完善应急处理机制。加强媒体宣传，并在博物馆、纪念馆显著位置公示免费开放管理办法、服务项目、开放时间、文明参观须知等制度措施，方便公众了解和监督，引导观众有序、文明参观。同时要努力改善文物安全保护和观众服务设施条件，增加安全、保洁、讲解咨询等服务人员，强化内部管理，加强安全防范，切实保证免费开放的安全、规范、有序。

（二）坚持以人为本，提高展示传播水平。各有关博物馆、纪念馆应将贴近实际、贴近生活、贴近群众作为不懈的追求，准确把握免费开放后观众及其精神文化需求呈现出多层次、多方面、多样式的特点，在展示传播的内容上、形式上更加积极探索和大胆创新，成为文化教育和传播中心，成为公众流连忘返的文化园地。将专业性、学术性和知识性、趣味性、观赏性有机结合，不断创造新的文化样式，实现题材、品种、风格和载体的极大丰富，使陈列展览更具吸引力、感染力，打造公众喜闻乐见的文化品牌。要充分发挥博物馆、纪念馆社会教育功能，积极推进博物馆进校园、进社区和建设数字博物馆，不断拓展服务领域、方式和手段，提供更加人性化的服务设施和服务项目，努力强化文化的感染力和辐射力。

（三）改革创新，增加博物馆、纪念馆活力。各有关博物馆、纪念馆要以免费开放为契机，认真研究和把握博物馆运行规律，按照国家关于文化事业体制改革的要求和部署，加强体制和机制创新。以深化人事制度改革为突破口，优化内部组织结构，整合内部资源，转变运营方式，完善激励机制，提高运行效率。要采取有效措施、创造有利条件，最大限度地动员社会各方面力量支持参与博物馆、纪念馆建设。推进博物馆之友组织、博物馆志愿者队伍的壮大，使之成为支持免费开放工作及博物馆发展的坚定、可信赖的社会力量。

（四）加强管理，切实做好博物馆、纪念馆免费开放的协调、指导工作。要在各级党委、政府的领导下，各级宣传、财政、文化、文物部门要指导、督促各地做好免费开放工作，并对各单位实施情况进行督促检查和考评，对开放中出现的问题和困难及时沟通、协调。各级文物行政部门要发挥行业管理作用，加快完善博物馆、纪念馆管理法律法规和行业标准，建立政府主导、法律规范、社会参与的博物馆管理体系，建立以展示教育、开放服务为核心的评价体系和政府、社会、公众代表相结合的监督体系，开展评估定级和分类指导。

（二）《关于推进全国美术馆公共图书馆文化馆（站）免费开放工作的意见》[①]

关于推进全国美术馆公共图书馆文化馆（站）免费开放工作的意见（节选）

文财务发〔2011〕5号

……

一、美术馆、公共图书馆、文化馆（站）免费开放的重要意义

美术馆、公共图书馆、文化馆（站）是政府举办的公益性文化事业单位，是开展公共文化服务的重要场所，是保障人民群众基本文化权益的重要阵地。推动美术馆、公共图书馆、文化馆（站）免费开放是党的十七大关于社会主义文化大发展大繁荣的具体实践，是加强社会主义核心价值体系建设和公民思想道德建设的有效手段，是进一步

① 关于推进全国美术馆公共图书馆文化馆（站）免费开放工作的意见[EB/OL]．[2011-01-26]．http://www.gov.cn/zwgk/2011-02/14/content_1803021.htm。

提高政府为全社会提供公共文化服务水平的重要举措，是实现和保障人民群众基本文化权益的积极行动。对于提高广大人民群众思想道德和科学文化素质，保障广大人民群众基本权益，促进社会和谐稳定具有重要意义。

要统一思想，提高认识，积极行动，切实把免费开放工作做实、做细、做好，为公众提供更多、更好的公共文化产品和服务。

二、美术馆、公共图书馆、文化馆(站)免费开放的指导思想、工作原则和主要目标

(一)指导思想

以邓小平理论和“三个代表”重要思想为指导，深入贯彻落实科学发展观和党的十七届五中全会精神，进一步推进公益性文化事业单位改革，着眼于保障公民基本文化权益，促进基本公共文化服务均等化，着眼于发挥公共文化机构的基本职能作用，着眼于增强公共文化服务能力和管理水平，以健全和增强服务项目、服务能力为重点，与建立公共文化服务体系经费保障机制相结合，努力实现美术馆、公共图书馆、文化馆(站)设施免费开放，与其职能相应的基本文化服务项目健全，免费向群众提供，公共文化服务能力明显增强。

(二)工作原则

1. 全面推开，逐步完善。贯彻落实中央关于公共文化机构免费开放的要求，全面推动美术馆、公共图书馆、文化馆(站)免费开放。在推进免费开放的过程中，建立与其职能任务相适应的基本文化服务内容和方式，加强管理，深化改革，提升服务能力。

2. 坚持公益，保障基本。免费开放作为政府的重要文化民生项目，免费提供的是与美术馆、公共图书馆、文化馆(站)职能相适应的基本公共文化服务，应由政府予以保障落实。同时，对于基本公共文化服务以外的文化服务项目，要坚持公益性，降低收费标准，不得以营利为目的。

3. 科学设计，注重实效。紧紧结合美术馆、图书馆、文化馆(站)基本职能，研究确定基本服务项目和内容；以免费开放为契机，加强规范化建设，实现美术馆、公共图书馆、文化馆(站)规章制度健全，职责任务清晰，服务内容明确，公共文化设施的利用率明显提高，免费开放落到实处，切实保障人民群众基本文化权益。

4. 扩大宣传，树立形象。免费开放的根本目的是让广大人民群众就近方便地参与文化活动，保护群众的基本文化权益。要加强免费开放的宣传工作，通过形式多样的宣传，让更多的群众了解美术馆、公共图书馆、文化馆(站)的功能和作用，吸引广大群众走进文化设施，享受政府提供的公共文化服务，同时树立美术馆、公共图书馆、文化馆(站)的良好社会形象。

(三)总体目标

到 2012 年年底，与深化文化体制改革、提升公共文化服务能力相结合，实现美术馆、公共图书馆、文化馆(站)规章制度健全，职责任务清晰，服务内容明确，保障机制完善，健全与其职能相适应的基本文化服务项目并免费向群众提供，设施利用率明显提高，使免费服务成为政府的重要民生项目和公共文化服务品牌。

三、美术馆、公共图书馆、文化馆(站)免费开放的基本内容和实施步骤

(一)美术馆免费开放的基本内容

美术馆基本展览实行免费参观。对于少数特殊展览，可根据实际情况实行低票价。

(二)公共图书馆、文化馆(站)免费开放的基本内容

公共图书馆、文化馆(站)免费开放包括两个方面：一是指公共空间设施场地的免费开放，二是指与其职能相适应的基本公共文化服务项目健全并免费向群众提供。基本公共文化服务项目将随着社会的不断发展、政府财力的增长和人民群众精神文化需求的不断增长而发展变化。

1. 公共图书馆免费开放主要包括：一般阅览室、少年儿童阅览室、多媒体阅览室(电子阅览室)、报告厅(培训室、综合活动室)、自修室等公共空间设施场地免费开放；文献资源借阅、检索与咨询、公益性讲座和展览、基层辅导、流动服务等基本文化服务项目健全并免费提供；为保障基本职能实现的一些辅助性服务如办证、验证及存包等全部免费。

2. 文化馆免费开放主要包括：多功能厅、展览厅(陈列厅)、宣传廊、辅导培训教室、计算机与网络教室、舞蹈(综合)排练室、独立学习室(音乐、书法、美术、曲艺等)、娱乐活动室等公共空间设施场地的免费开放；普及性的文化艺术辅导培训、时政法制科普教育、公益性群众文化活动、公益性展览展示、培训基层队伍和业余文艺骨干、指导群众文艺作品创作等基本文化服务项目健全并免费提供；为保障基本职能实现的一些辅助性服务如办证、存包等全部免费。

3. 文化站免费开放主要包括：多功能厅、展览厅(陈列厅)、辅导培训教室、计算机与网络教室等公共空间设施场地的免费开放；书报刊借阅、时政法制科普教育、群众文艺演出活动、数字文化信息服务、公共文化资源配送和流动服务、体育健身、青少年校外活动等服务项目健全并免费提供；为保障基本职能实现的一些辅助性服务如办证、存包等全部免费。

(三)美术馆、公共图书馆、文化馆(站)免费开放的实施步骤

1. 美术馆免费开放的具体实施步骤分为两个阶段：

第一阶段：在2011年年底之前国家级、省级美术馆全部向公众免费开放。

第二阶段：在2012年年底之前各级美术馆全部向公众免费开放。

2. 公共图书馆、文化馆(站)免费开放的具体实施步骤分两个阶段：

第一阶段：到2011年年底，全国所有公共图书馆、文化馆(站)实现无障碍、零门

槛进入，公共空间设施场地全部免费开放，所提供的基本服务项目全部免费。

第二阶段：到2012年年底，全国所有一级馆、省级馆、省会城市馆、东部地区馆站免费提供的基本公共文化服务质量和水平不断提升，形成2个以上服务品牌。其他图书馆、文化馆站实现基本公共文化服务项目健全，并免费提供。

四、推进美术馆、公共图书馆、文化馆(站)免费开放的具体举措

(一)取消原有部分收费项目

取消美术馆门票收费，取消公共图书馆办证费、验证费、自修室使用费、电子阅览室上网费，取消公共图书馆、文化馆(站)存包费，限期取消文化馆(站)群众文化艺术辅导和培训费，业余文艺骨干培训费，公益性讲座、展览收费。

(二)限期收回出租设施

要严格执行《公共文化体育设施条例》和中央《关于加强公共文化服务体系建设的若干意见》《关于进一步加强农村文化建设的意见》，维护好美术馆、公共图书馆、文化馆(站)的公益性质，不得以拍卖、租赁等任何形式改变公共文化设施用途，已挪作他用的限期收回。

(三)降低非基本服务收费

公共图书馆、文化馆(站)除基本公共服务外，为满足广大基层群众多层次、多样化的需求，开展了多种多样的公益性服务。如公共图书馆深度参考咨询服务(为读者收集专题信息，编写参考资料，或者进行代查、代译、复印书刊资料等服务)、赔偿性收费和文化馆(站)的高端艺术培训服务等，可以收取合理的费用。在财政经费保障机制建立的前提下，各级公共图书馆、文化馆(站)应把主要精力用于开展基本公共文化服务。基本公共文化服务以外的公益性服务，要与市场价格有所区分，降低收费标准，按照成本价格为群众提供服务。

(四)完善免费开放公示制度

美术馆、公共图书馆、文化馆(站)要公示免费开放内容，在窗口接待、场所引导、资料提供以及内容讲解等方面创造良好的服务环境，增强吸引力。

(五)制定应急预案

美术馆、公共图书馆、文化馆(站)要切实做好免费开放的前期准备，充分考虑免费开放后可能遇到的各种情况和问题，制定切实可行、严谨细致的免费开放工作方案。要制定突发事件的应急预案，完善应急处置机制，确保免费开放后的公众安全、资源安全、设施设备安全。

(六)加强免费开放的宣传

要开展形式多样的宣传活动，扩大免费开放的公众知晓率，吸引广大群众走进文化设施，最大限度地发挥美术馆、公共图书馆、文化馆(站)功能作用。

五、美术馆、公共图书馆、文化馆免费开放的保障机制

免费开放是实施民生工程的重要内容，是保障广大人民群众基本文化权益、提高公民鉴赏能力的重要举措。各级文化、财政部门要高度重视，加强领导，采取措施，加强管理和创新，保证这一惠民措施真正落到实处。

（一）加强组织保障

各级文化、财政部门要加强对免费开放工作的组织领导，将免费开放作为公共文化服务体系建设的重点工作，纳入文化建设总体规划，纳入重要议事日程，纳入财政预算。要建立统筹协调、密切配合、分工协作的工作机制，加强免费开放工作的组织和领导。要充分依靠专家，加强对免费开放工作方案的制度设计和科学研究，保证免费开放工作科学有序地开展。

（二）建立经费保障机制

各级财政部门要进一步明确美术馆、公共图书馆、文化馆（站）公益性文化单位性质，按照"增加投入、转换机制、增强活力、改善服务"的原则，建立免费开放经费保障机制，保证免费开放后正常运转并提供基本公共文化服务。中央财政安排专项资金，重点对中西部地区美术馆、公共图书馆、文化馆（站）开展基本公共文化服务项目所需经费予以补助，对东部地区予以适当奖励。要逐步提高经费保障水平，不断健全美术馆、公共图书馆、文化馆（站）免费提供的基本公共文化服务项目，提升服务质量。探索建立公共文化多元化投入机制，鼓励社会力量对美术馆、公共图书馆、文化馆（站）进行捐赠和投入，拓宽经费来源渠道。

（三）深化改革，增强发展活力。要按照中央关于深化文化体制改革的总体部署，推动公共文化服务体制机制创新，优化组织结构，改进内部管理，创新服务方式，提高运营效率。进一步深化公益性文化单位内部机制改革，在人事、分配制度等方面大胆创新，形成讲实绩、重贡献、向优秀人才和关键岗位倾斜的分配机制。建立健全各项规章制度，以制度管人、以制度管事，增强发展活力。

（四）加强管理，拓展服务领域。要根据群众的需求，结合公共文化事业特点和本地本单位实际，整合业务流程，合理调配资源，改善服务效能。不断拓展服务领域、方式和手段，提供更加人性化的服务设施和服务项目，努力强化文化的感染力和辐射力，最大限度地缓解因免费开放带来的供需矛盾。要尊重和贴近服务对象的文化需求，在实现均等普惠的公共服务基础上，逐步增设多样化服务，重点增加对未成年人、老年人、农民工等特殊人群的对象化服务。

（五）加强监管，建立评估体系。在各级党委、政府的领导下，各级文化、财政部门要指导、督促各地做好免费开放工作，并对各单位实施情况进行督促检查和考评，对开放中出现的问题和困难及时沟通、协调，切实帮助解决免费开放中遇到的困难和

问题。各级文化行政部门要发挥行业管理作用，加快完善美术馆、公共图书馆、文化馆(站)业务规范化建设，开展评估定级，加强分类指导，不断提高管理水平和服务能力。要加强宣传，扩大免费开放的社会影响，让更多群众了解美术馆、公共图书馆、文化馆站的功能作用，吸引广大群众走进文化设施，共享改革开放带来的文化发展成果。

文化部　财政部

二〇一一年一月二十六日

(三)《中央补助地方公共文化服务体系建设专项资金管理暂行办法》①

中央补助地方公共文化服务体系建设专项资金管理暂行办法

第一章　总　则

第一条　为规范和加强中央补助地方公共文化服务体系建设专项资金(以下简称专项资金)管理，提高专项资金使用效益，根据《中华人民共和国预算法》等国家有关法律法规，制定本办法。

第二条　专项资金由中央财政根据《中共中央办公厅、国务院办公厅印发〈关于加快构建现代公共文化服务体系的意见〉的通知》设立，用于支持和引导地方落实国家基本公共文化服务指导标准和地方基本公共文化服务实施标准，促进基本公共文化服务标准化、均等化，保障群众基本文化权益。

第三条　专项资金管理和使用坚持中央引导、地方统筹、突出重点、注重绩效、专款专用的原则。

第四条　专项资金分配实行因素分配与项目管理相结合的方法，重点向革命老区、民族地区、边疆地区、贫困地区倾斜，对基本公共文化服务绩效评价结果优良的地方予以奖励。

第五条　专项资金管理和使用应当严格执行国家有关法律法规、财务规章制度和本办法的规定，接受财政、审计、监察等部门的监督检查。

第二章　支出范围

第六条　专项资金用于支持地方提供基本公共文化服务项目，改善基层公共文化体育设施条件，加强基层公共文化服务人才队伍建设等。

① 财政部关于印发《中央补助地方公共文化服务体系建设专项资金管理暂行办法》的通知[EB/OL]. [2015-12-24]. http://yn.mof.gov.cn/lanmudaohang/zhengcefagui/201603/t20160310_1900063.html。

具体支持范围包括提供基本公共文化服务项目、公共文化体育设施维修和设备购置、基层公共文化服务人才队伍建设以及基本公共文化服务其他项目。

第七条　基本公共文化服务项目具体支出范围包括读书看报、收听广播、观看电视、观赏电影、送地方戏、设施开放服务以及开展文体活动等。

第八条　读书看报服务支出范围

(一)用于公共图书馆、文化馆(中心)、乡镇和村(社区)(村指行政村，下同)基层综合文化服务中心(含农家书屋)等配备图书、报刊和电子书刊，并免费提供借阅服务。

(二)用于在城镇主要街道、公共场所、居民小区等人流密集地点设置阅报栏或电子阅报屏，提供时政、“三农”、科普、文化、生活等方面的信息服务。

第九条　收听广播和观看电视服务支出范围

(一)用于为全民提供突发事件应急广播服务。

(二)用于补助纳入中央广播电视节目无线覆盖(包括模拟信号覆盖和数字化覆盖)范围的发射机及附属系统购置及运行维护。

(三)用于补助广播电视直播卫星相关实施方案确定的家庭接收设备购置。

第十条　观赏电影服务，用于为农村群众提供数字电影放映服务。

第十一条　送地方戏服务，用于为农村乡镇每年送戏曲等文艺演出。

第十二条　公共数字文化服务，用于公共图书馆、文化馆(站)、公共博物馆、美术馆、公共电子阅览室等公共文化设施开展公共数字文化服务。包括：

(一)公共数字文化软硬件平台建设；公共数字文化资源制作采集与加工整理；数字资源版权征集购买。

(二)公共数字文化服务宣传培训推广等。

全国博物馆、纪念馆、公共图书馆、美术馆、文化馆(站)以及城市社区文化中心免费开放运转经费中央补助通过中央财政一般性转移支付安排。

第十三条　开展文体活动，用于城乡居民依托村(社区)综合文化服务中心、文体广场、公园、健身路径等公共设施就近方便参加各类文化体育活动以及各级文化馆(站)等开展文化艺术知识普及和培训等。

第十四条　公共文化体育设施维修和设备购置

(一)公共图书馆、文化馆(中心)、博物馆、纪念馆、剧院(场)、体育场(馆)，广播电视发射(监测)台站、转播台站、卫星地球站、保留事业单位性质的广播电视播出机构等的设施维修与设备购置。

(二)保留事业单位性质的文艺院团、新闻出版单位等设施维修与设备购置；省及省以下文物保护单位维修保护；乡镇和村基层综合文化服务中心维修和设备购置。

(三)流动文化车购置。

城市街道(社区)文化中心维修购置通过中央集中彩票公益金安排。

第十五条　基层公共文化服务人才队伍建设，用于购买村(社区)公共文化服务中心的公益文化岗位，组织乡镇、街道和村(社区)文化专兼职人员每年的集中培训等。

第十六条　第六条规定的公共文化其他项目是指党中央、国务院决定以及中央相关部门、财政部共同实施的基本公共文化服务项目。

第十七条　专项资金不得用于支付各种罚款、捐款、赞助、投资等支出，不得用于编制内在职人员工资性支出和离退休人员离退休费，不得用于偿还债务，不得用于国家规定禁止列支的其他支出。

第三章　分配办法

第十八条　专项资金分为补助资金和奖励资金，补助资金、奖励资金具体数额由财政部根据年度专项资金规模等确定。

第十九条　补助资金分为一般项目补助资金和重点项目补助资金，重点项目补助资金分为中央相关部门重点项目补助资金，以及省级财政部门申请的县级及县级以上的重点公共文化体育设施维修和设备购置项目补助资金。

中央相关部门重点项目是指中央有关部门根据国家基本公共文化服务指导标准确定、由其牵头申请并组织实施的，用于支持地方加快构建现代公共文化服务体系的基本公共文化服务项目。

第二十条　一般项目补助资金实行因素分配法，包括基本因素、业务因素和财力因素。按照基本因素和业务因素(权重各占50%)计算分配金额，再根据中央对地方均衡性转移支付办法规定的各省(区、市)财政困难程度系数对分配金额调整确定补助数额。

第二十一条　基本因素及权重

(一)常住人口数(权重10%)，按国家统计局公布的各省(区、市)行政区划内的常住人口最新数测算。

(二)国土面积数(权重10%)，按国家统计局公布的各省(区、市)行政区划的国土面积最新数测算。

(三)乡镇(含街道)个数(权重15%)，按国家统计局或民政部公布的各省(区、市)乡镇(含街道)个数的最新数测算。

(四)行政村个数(权重15%)，按国家统计局或民政部公布的各省(区、市)行政村(含社区)个数的最新数测算。

第二十二条　业务因素及权重

(一)公共文化体育服务设施个数(权重10%)，按照相关行政主管部门最近统计公布的各省(区、市)文化、文物、体育、广播电视、新闻出版等公共文化设施个数、乡镇、街道和村(社区)基层综合文化服务中心个数以及省、市、县级文物保护单位个数测算。

(二)公共文化体育服务设施建筑面积(权重 20%)，按照相关行政主管部门公布的各省(区、市)公共文化体育服务设施总建筑面积最新数测算。

(三)工作条件因素(权重 20%)，由财政部根据各省(区、市)工作环境、工作难度等按 10 分制评价测算。

第二十三条　一般项目补助资金计算分配公式如下：

某省(区、市)一般项目补助资金额度＝某省(区、市)分配因素得分/∑各省(区、市)分配因素得分×年度中央财政专项资金一般项目补助资金总额；

其中：某省(区、市)分配因素得分＝∑(某省(区、市)分配因素值/全国该项分配因素总值×相应权重)×某省(区、市)财政困难程度系数。

第二十四条　重点项目补助资金由财政部分别根据中央相关部门和各省级财政部门的申请情况核定，相关标准由财政部根据项目内容在分配下达年度补助资金预算时确定。

中央部门年度重点项目补助资金由中央部门商财政部同意后向财政部申报。

第二十五条　奖励资金是对基本公共文化服务绩效评价结果优良地方的奖励，用于支持地方提升公共文化服务质量和服务效果，引导群众文化消费，具体支持范围包括：

(一)国家基本公共文化服务指导标准确定的公共文化服务项目与内容。

(二)各省(区、市)基本公共文化服务实施标准确定的公共文化服务项目与内容。

(三)引导群众文化消费，包括发放文化惠民卡、实行公益演出补贴等。

第二十六条　奖励资金由财政部根据上年各省(区、市)基本公共文化服务绩效评价结果测算分配。

第四章　申报与审批

第二十七条　省级财政部门负责本省(区、市)专项资金申报工作；中央相关部门负责基本公共文化服务重点项目补助资金申报工作。

第二十八条　省级财政部门按照职责分工分别商同级宣传、文化、新闻出版广电、体育、文物部门(以下统称同级相关部门)后于每年 3 月 31 日前将上年本省(区、市)公共文化服务体系建设情况、专项资金分配使用情况以及当年县级及县级以上重点公共文化体育设施维修和设备购置项目补助资金申请报财政部。重点项目原则上每省(区、市)不超过 5 个，一般项目补助资金和奖励资金不需报送申请。

第二十九条　中央相关部门于每年 3 月 31 日前，将年度基本公共文化服务重点项目补助资金申请报财政部。

第三十条　财政部根据本办法和相关标准，于每年全国人民代表大会批准中央预算草案后 90 日内将专项资金下达省级财政部门。

第三十一条　财政部根据当年专项资金实际执行情况和下年度专项资金预算测算情况，于每年 9 月 30 日前提前下达下年度部分专项资金预算预计数。

第五章　管理与使用

第三十二条　省级财政部门收到专项资金预算后，应当及时商同级相关部门，制定专项资金分配使用方案，于 30 日内将预算按照规定程序下达到本级有关单位和市、县级财政部门。其中：

（一）一般项目补助资金用于市、县的部分，原则上按照因素分配法下达到市、县级财政部门。

（二）重点项目补助资金按照财政部批复文件下达。

（三）奖励资金由省级财政部门商同级相关部门统筹安排下达。

第三十三条　专项资金分配和使用应当符合本办法规定，做到分配合理、使用规范，不得用于平衡预算，不得挤占、截留和挪用。

第三十四条　省级财政部门应当根据本办法商同级相关部门制定完善本省（区、市）专项资金管理使用办法。

第三十五条　市、县级财政部门应当会同同级相关部门制定专项资金管理和使用细则，建立群众文化需求反馈机制，结合地方实际情况，统筹安排一般项目补助资金和奖励资金，切实提高专项资金使用效益，避免资金闲置和浪费。

第三十六条　专项资金的资金支付应当按照国库集中支付制度有关规定执行，结转和结余资金按照财政部和同级财政部门规定执行。

第三十七条　专项资金使用中属于政府采购范围的，按照政府采购有关法律制度规定执行。鼓励地方财政部门安排部分专项资金，根据政府向社会力量购买公共文化服务指导性意见和目录，采取政府购买服务的方式引导社会力量参与提供公共文化服务。

第三十八条　专项资金购置形成的固定资产属于国有资产的，应当按照国家国有资产管理有关规定管理，防止国有资产流失。

第六章　资金监管与绩效评价

第三十九条　各级财政部门应当会同同级相关部门建立健全专项资金监管和绩效评价机制。

财政部会同中央相关部门对专项资金实施监管，对专项资金管理使用情况开展绩效评价，监管和评价结果作为以后年度分配专项资金的重要参考依据，并择机向社会公开。

财政部驻各地财政监察专员办事处按照财政部要求开展专项资金监管工作。

第四十条　凡有下列行为之一的，财政部将采取通报批评、停止拨款、收回专项资金等措施，并依照《财政违法行为处罚处分条例》进行处理。

(一)编报虚假预算，套取专项资金的；

(二)挤占、截留、挪用专项资金的；

(三)未按照专项资金补助范围使用的；

(四)因管理不善，造成国家资产损失和浪费的；

(五)其他违反国家财经纪律等的行为。

第七章　附　则

第四十一条　本办法自2016年1月1日起施行。《财政部关于印发〈中央补助地方文化体育与传媒事业发展专项资金管理暂行办法〉的通知》(财教〔2008〕141号)、《财政部　广电总局关于印发〈中央广播电视节目无线覆盖专项资金管理办法〉的通知》(财教〔2009〕36号)、《财政部关于印发〈中央补助地方农村文化建设专项资金管理暂行办法〉的通知》(财教〔2013〕25号)同时废止。

【本章小结】

本章介绍了我国公共文化设施免费开放的发展历程，重点解读了免费开放政策的内涵：一是与公共文化设施相适应的基本公共文化服务项目免费提供；二是对于基本公共文化服务项目以外的非基本服务项目，应坚持公益性、降低收费标准、不得以营利为目的。所以，公共文化设施的免费开放，不能简单地理解为所有的服务项目都不收费，而是基本服务免费，非基本服务可以收取成本补偿费用。本章还提供了文化馆(站)、公共图书馆等不同类型公共文化设施免费开放的内容与方式，界定了“基本服务”的内容、范围，明确了免费开放保障经费的中央财政和地方财政的分担机制，并且对实施“免费开放”以来显露出来的问题进行了分析，对政策未来走向作出了预估。

【思考题】

1. 正确理解“免费开放”的含义。
2. 博物馆“免费开放”的主要内容。
3. 公共图书馆“免费开放”的主要内容。
4. 文化馆(站)“免费开放”的主要内容。
5. 什么是基本服务？什么是非基本服务？两者有何关系。

第七章　公共文化设施建设规范

【目标与任务】

了解建立公共文化设施建设标准规范的意义，了解三种不同类型标准规范的功能作用。掌握《公共图书馆建设用地指标》《文化馆建设用地指标》《公共图书馆建设标准》《文化馆建设标准》和《乡镇综合文化站建设标准》的内容与特点。了解公共图书馆、文化馆(站)、博物馆等设施的相关建筑设计规范。掌握基层综合文化服务中心建设的基本思路与实现途径。

一、公共文化设施建设标准规范的类型

公共文化设施是指用于提供公共文化服务的建筑物、场地和设备，主要包括图书馆、博物馆、文化馆(站)、美术馆、科技馆、纪念馆、体育场馆、工人文化宫、青少年宫、妇女儿童活动中心、老年人活动中心、乡镇(街道)和村(社区)基层综合性文化服务中心、农家(职工)书屋、公共阅报栏(屏)、广播电视播出传输覆盖设施、公共数字文化服务点等。公共文化设施是公共文化产品与服务供给的“承载体”，是面向人民群众提供公共文化资源与服务的重要阵地，是公共文化服务体系建设中的“硬件”。为公共文化设施建设确立规范标准，旨在保障公共文化服务的可持续发展，是促进公共文化服务均等化的重要途径。

目前我国有关公共文化设施建设标准的规范主要有三类：一是国务院行政法规，即《公共文化体育设施条例》；二是国务院行政部门发布的标准规范，主要是公共文化设施“建设用地指标”和“建设标准”两大系列；三是以国家标准或行业标准形式发布的设施建设技术标准规范。

国务院2003年颁布的《公共文化体育设施条例》，是截至目前我国有关公共文化设施建设最高层级的行政法规。《公共文化体育设施条例》明确规定公共文化设施的数量、

种类、规模以及布局，应当根据国民经济和社会发展水平、人口结构、环境条件以及文化体育事业发展的需要，统筹兼顾，优化配置，符合国家关于城乡公共文化设施用地定额指标的规定。《公共文化体育设施条例》明确规定由各级人民政府举办的公共文化设施的建设、维修、管理资金，应当列入本级人民政府基本建设投资计划和财政预算。《公共文化体育设施条例》还明确规定，公共文化设施的建设选址，应当符合人口集中、交通便利的原则；公共文化设施的建筑物设计，应当符合实用、安全、科学、美观等要求，并采取无障碍措施，方便残疾人使用。

公共文化设施的"建设用地指标"和"建设标准"以国务院部门规章的形式出现，直接使用者是各级政府的决策部门和审查监督部门，主要用于规范政府对公共文化设施建设项目的立项与投资审批，起到保障与规范作用。这类标准规范虽然冠名为"标准"或"指标"，但它们既不是工程技术标准，也不是项目施工标准，没有纳入国家标准化范畴，不是强制执行的技术或质量标准，属于政府规范性文件。

公共文化设施"建设用地指标"，主要用于合理确定公共文化设施的建设项目用地面积，以及在城市规划中预留公共文化设施的建设用地。一般而言，用地指标既规范单体公共文化设施的建设用地，也规范一个地区公共文化设施服务网络的规划用地。通俗地说，建一个公共文化设施需要多少土地，一个地区需要建多少个公共文化设施并预留多少建设用地，用地指标会给出指导标准。

公共文化设施"建设标准"，主要指用于规范公共文化设施建设项目的规模分级和项目构成，给出公共文化设施总建筑面积和分项面积控制指标，提出公共文化设施建设选址、总体布局的原则要求，明确公共文化设施建设项目实施过程的基本标准。

作为国家标准或行业标准的建筑设计标准规范，是以强制性或推荐性标准形式出现的公共文化设施建设的工程技术标准、项目施工标准，这类标准纳入国家标准化质量体系的范畴。

二、公共文化设施"建设用地指标"

所谓建设用地指标，"是指在平均先进的生产工艺、规划设计、技术经济水平和通常的场地条件下，一个建设项目(或单项工程)的主体工程和配套工程所需占用的额定土地面积"(《工程项目建设用地指标编制工作暂行办法》)。建设用地指标的规划，应遵循2008年1月1日起施行的《中华人民共和国城乡规划法》。结合《公共文化体育设施条例》的规定，公共文化设施的建设预留地，由县级以上地方人民政府土地行政主管部门、城乡规划行政主管部门按照国家有关用地定额指标，纳入土地利用总体规划和城乡规划，并依照法定程序审批。公共文化设施建设用地指标，既要考虑确定单项设施建设用地规模的需要，同时也要通盘考虑、规划预留整个地区的公共文化设施建设用地。

建设用地指标是编制和审批设计任务书(或可行性研究报告)、确定项目建设用地规模的依据，是编制初步设计文件、核定和审批建设项目用地面积的尺度。目前，国务院有关部门已经制定实施的公共文化设施的建设用地指标，主要有《公共图书馆建设用地指标》(建标〔2008〕74 号)、《文化馆建设用地指标》(建标〔2008〕128 号)。另外，《博物馆建设用地指标》已经完成初稿。

《公共图书馆建设用地指标》和《文化馆建设用地指标》的主编部门均是文化部，批准部门是住房和城乡建设部、国土资源部和文化部。前者自 2008 年 6 月 1 日起正式施行，后者自 2008 年 10 月 1 日施行。这两项建设用地指标是公共图书馆、文化馆用地选址和总平面规划设计时确定所需用地面积的全国统一标准；是编制和审批公共图书馆、文化馆项目建议书或可行性研究报告时确定建设用地规模的依据；是编制初步设计文件，核定和审批建设项目用地面积的依据；也是编制城市规划时确定公共图书馆、文化馆发展用地的依据。适用于县级以上(含县级)人民政府投资新建、改建或扩建的公共图书馆、文化馆工程，其他级别的公共图书馆、文化馆(站)可参照执行。

从内容来看，《公共图书馆建设用地指标》和《文化馆建设用地指标》贯彻了公共文化服务“以人为本”“普遍均等，惠及全民”的原则，主要特点表现在以下四方面。

第一，提出了公共图书馆、文化馆的网点布局原则和服务半径指标，这是最大的亮点。长期以来，我国事实上形成了“一级政府建设和管理一个公共图书馆、一个文化馆”的现状。这一现状与目前致力于构建的覆盖全社会的普遍均等的公共文化服务体系不相适应。因为服务体系的一个重要指标是“全覆盖”，即所有人都能就近获得图书馆服务，而一级政府管理的一个城市如果只有一所图书馆、文化馆，无论如何也形不成全覆盖的、普遍均等的服务体系。

第二，突破了以往单纯依据行政级别确定公共图书馆、文化馆建设规模的做法，建立了主要依据服务人口确定建设规模的原则。根据公共文化服务体系全覆盖的普遍服务原则以及我国城乡人口变迁的现实，服务人口也没有采用以往惯用的“户籍人口”，而是采用“常住人口”，包括城镇户籍人口(非农业人口及农业人口)和居住半年以上的暂住人口。需要特别指出的是，服务人口指相应服务范围内的规划总人口，而不是现实人口。

第三，提出了公共图书馆、文化馆的选址要求。充分考虑到服务对象的交通出行习惯和要求，明确提出公共图书馆、文化馆应设置于城市中人口集中、交通便利、环境良好的地区。考虑到大城市及特大城市的实际交通状况，交通便利的原则具体化为“公交便利”。

第四，进一步明确了节约、集约用地和保护文化设施用地的建设要求。公共图书馆、文化馆的改建、扩建项目，应充分利用原有场地和设施，减少新增用地；因条件所限无法扩建，确需异地新建的，原馆的使用性质应予保留。

三、公共文化设施“建设标准”

我国公共文化设施建设目前还存在着许多亟待解决的问题，包括设施建设的随意性和地区差异的问题；公共文化设施被挤占、挪用或长期缺失的问题；建筑功能不完善、内容单一、缺少活动场所的问题；公共文化设施成为“形象工程”项目，忽视了内在的功能需求，导致低效使用土地与建筑的问题；建设年代较早的公共文化设施功能落后、规模不足的问题等。为了进一步规范和指导公共文化设施建设，达到合理与节约投资的目的，国务院有关部门编制了相关的建设标准。

目前，已经制定完成并开始实施的公共文化设施建设标准有《公共图书馆建设标准》《文化馆建设标准》《乡镇综合文化站建设标准》《档案馆建设标准》《科学技术馆建设标准》。《博物馆建设标准》的编制工作已经启动，《剧场建设标准》的编制工作正在酝酿之中。

《公共图书馆建设标准》(2008 年 11 月 1 日起施行)、《文化馆建设标准》(2010 年 12 月 1 日起施行)和《乡镇综合文化站建设标准》(2012 年 5 月 1 日起施行)的主编部门是文化部，批准部门是住房和城乡建设部、国家发展和改革委员会。这三项标准是公共图书馆和文化馆(站)建设项目科学决策和合理确定项目建设水平的全国统一标准，是审批核准公共图书馆和文化馆(站)建设项目的依据，是有关部门审查公共图书馆和文化馆(站)建设项目初步设计和监督检查工程项目建设全过程的尺度。三项标准确定了公共图书馆、文化馆(站)建设项目的规模分级和项目构成，给出了总建筑面积和分项面积控制指标，提出了建设选址、总体布局的原则要求，明确了建设项目实施过程中的基本要求。贯彻实施《公共图书馆建设标准》《文化馆建设标准》和《乡镇综合文化站建设标准》，是为人民群众提供规范、优质公共文化服务的基本前提，也是公共图书馆、文化馆(站)设施建设和发展的重要依据。

《公共图书馆建设标准》《文化馆建设标准》和《乡镇综合文化站建设标准》的主要特点表现在以下四方面。

第一，突破了按行政层级建设的惯例，明确提出公共图书馆、文化馆(站)建筑面积规模主要依据服务人口数量确定。按照这一原则，今后公共图书馆、文化馆(站)的规模大小，不再完全取决于行政级别，而主要服从于服务人口数量，以形成便利、均等、普惠的公共文化服务设施体系。

第二，形成了比较系统的基于公共图书馆、文化馆(站)建设现实水平且具有一定前瞻性的控制指标体系。以服务人口为主要依据确定公共图书馆、文化馆(站)的建设规模，需要通过一系列具体的控制指标来实现。如《公共图书馆建设标准》第一次明确提出了未来5～10年我国公共图书馆建设规模控制的主要指标：人均拥有公共图书馆藏书0.6～1.5册，千人拥有公共图书馆座席0.3～2个，千人拥有公共图书馆建筑面积6～23平方米，同时还提出了公共图书馆每平方米藏书量、单个阅览座席占用面积、使用面积系数等基本测算指标。

第三，规定了用房设置，以适应现代公共文化服务基本理念的要求。如《公共图书馆建设标准》将公共图书馆的用房项目分为8大类41项，提出了各类用房的面积比例，以及在不同规模的公共图书馆设置与否的指导意见，对公共图书馆的总体布局、外观造型、室内装修、环保节能、防灾防火、建筑设备等提出了原则要求。《文化馆建设标准》《乡镇综合文化站建设标准》也详细规定了不同类型文化馆(站)的建筑用房设置要求和使用面积控制指标。

第四，特别重视公共图书馆、文化馆(站)的环境建设。为改变以往公共图书馆、文化馆(站)建设重房屋建筑、轻环境建设的倾向，明确提出了一系列有关环境建设的要求。如明确规定了选址时，应将方便使用、安全环保放在首位，选择在人口集聚、位置适中、交通便捷、环境及地质条件良好的地方，以便为更多的市民提供便捷的服务，提高公共文化设施的使用效率；明确规定了建设内容包括房屋建筑、场地、建筑设备和技术设备等。

四、公共文化设施建筑设计规范

公共图书馆、文化馆、博物馆等公共文化设施的建筑设计，除了总体上应遵循现行有效的国家建筑设计规范标准，如《民用建筑设计通则》《建筑工程抗震设防分类标准》《建筑结构可靠度设计统一标准》《无障碍设计规范》《建筑设计防火规范》《建筑内部装修设计防火规范》《公共建筑节能设计标准》《民用建筑热工设计规范》《建筑采光设计标准》《建筑照明设计标准》等之外，还必须遵循公共文化设施特定的建筑设计规范标准要求，如文化馆须遵循《文化馆建筑设计规范》，公共图书馆须遵循《图书馆建筑设计规范》《公共图书馆建筑防火安全技术标准》，博物馆须遵循《博物馆建筑设计规范》《博物馆和文物保护单位安全防范系统要求》《博物馆照明设计规范》等。这类标准规范都属于纳入国家或行业标准系列的强制性标准规范。

《民用建筑设计通则》(GB 50352—2005)，由建设部主编和批准，自2005年7月1日起施行。该标准适用于新建、改建和扩建的民用建筑设计，作为各类民用建筑设计必须共同遵守的通用规则，旨在使民用建筑符合适用、经济、安全、卫生和环境等基本要求。

《建筑工程抗震设防分类标准》(GB 50223—2008)，由住房和城乡建设部、国家质量监督检验检疫总局联合发布，自2008年7月30日起施行。该标准根据《建筑工程抗震设防分类标准》(GB 50223—2004)进行修订而成。在修订过程中，调查总结了汶川大地震的经验教训，提高了博物馆、文化馆、图书馆，及医院、体育场馆、影剧院、商场、交通枢纽等人员密集的公共服务设施的抗震能力。本标准适用于抗震设防区建筑工程的抗震设防分类。新建、改建、扩建的建筑工程，其抗震设防类别不应低于本标准的规定。

《建筑结构可靠度设计统一标准》(GB 50068—2001)，由建设部和国家质量监督检验检疫总局联合发布，自2002年3月1日起施行。该标准旨在统一各类材料的建筑结构可靠度设计的基本原则和方法，使设计符合技术先进、经济合理、安全适用、确保质量的要求。该标准适用于建筑结构、组成结构的构件及地基基础的设计。

《无障碍设计规范》(GB 50763—2012)，由住房和城乡建设部、国家质量监督检验检疫总局联合发布，自2012年9月1日起施行。该规范旨在建设城市的无障碍环境，提高人民社会生活质量，确保有需求的人能够安全地、方便地使用各种设施。适用于全国城市新建、改建和扩建的城市道路、城市广场、城市绿地、居住区、居住建筑、公共建筑及历史文物保护建筑等。供人们行走和使用的道路交通与建筑物的相应设施应符合乘轮椅者、拄盲杖者及使用助行器者的通行与使用要求。根据无障碍环境建设的用途和目的，无障碍设计应综合考虑其所获得的经济效益、社会效益和环境效益。

《建筑设计防火规范》(GB 50016—2014)，由住房和城乡建设部、国家质量监督检验检疫总局联合发布，自2015年5月1日起施行。此前，我国建筑防火设计主要执行《建筑设计防火规范》(GB 50016—2006)和《高层民用建筑设计防火规范》(GB 50045—95)。随着我国经济建设快速发展以及近年来我国重特大火灾暴露出的突出问题，这两项规范中的部分内容已不适应发展需要，且《高层民用建筑设计防火规范》中与《建筑设计防火规范》规定相同或相近的条文，约占总条文的80%，还有些规定相互不够协调。为深刻吸取近年来我国重特大火灾教训，适应工程建设发展需要，便于管理和使用，新版《建筑设计防火规范》(GB 50016—2014)将上述两项规范合并，调整了两项标准间不协调的要求。本规范主要有以下变化：(1)将住宅建筑的高、多层分类统一按照建筑高度划分；(2)增加了灭火救援设施和木结构建筑两章，完善了有关灭火救援的要求，系统规定了木结构建筑的防火要求；(3)补充了建筑外保温系统的防火要求；(4)对消防设施的设置作出明确规定并完善了有关内容；(5)适当提高了高层住宅建筑和建筑高度大于100m的高层民用建筑的防火要求；(6)补充了有顶商业步行街两侧的建筑利用该步行街进行安全疏散时的防火要求；调整、补充了建材、家具、灯饰商店营业厅和展览厅的设计疏散人员密度；(7)补充了地下仓库、物流建筑、大型可燃气体储罐(区)、液氨储罐、液化天然气储罐的防火要求，调整了液氧储罐等的防火间距；(8)完善了防止建筑火灾竖向或水平蔓延的相关要求；(9)规定了厂房、仓库、堆场、储罐、民用建筑、城市交通隧道，以及建筑构造、消防救援、消防设施等的防火设计要求，在附录中明确了建筑高度、层数、防火间距的计算方法。

《建筑内部装修设计防火规范》(GB 50222—95)，由建设部批准，自 1995 年 10 月 1 日起施行。1999 年、2001 年分别作了修订。该规范旨在保障建筑内部装修的消防安全，贯彻“预防为主，防消结合”的消防工作方针，防止和减少建筑物火灾的危害，适用于民用建筑和工业厂房的内部装修设计，不适用于古建筑和木结构建筑的内部装修设计。建筑内部装修设计应妥善处理装修效果和使用安全的矛盾，积极采用不燃性材料和难燃性材料，尽量避免采用在燃烧时产生大量浓烟或有毒气体的材料，做到安全适用，技术先进，经济合理。该规范规定的建筑内部装修设计，在民用建筑中包括顶棚、墙面、地面、隔断的装修，以及固定家具、窗帘、帷幕、床罩、家具包布、固定饰物等；在工业厂房中包括顶棚、墙面、地面和隔断的装修。

《公共建筑节能设计标准》(GB 50189—2015)，由建设部和国家质量监督检验检疫总局于 2015 年 2 月 2 日联合发布，2015 年 10 月 1 日起施行。该标准旨在贯彻国家有关法律法规和方针政策，改善公共建筑的室内环境，提高能源利用效率，促进可再生能源的建筑应用，降低建筑能耗，制定本标准，适用于新建、扩建和改建的公共建筑节能设计。

《民用建筑热工设计规范》(GB 50176—2016)，由住房和城乡建设部批准，自 2017 年 4 月 1 日起实施。该规范旨在使民用建筑热工设计与地区气候相适应，保证室内基本的热环境要求，符合国家节约能源的方针，提高投资效益。该规范适用于新建、扩速和改建的民用建筑热工设计，不适用于室内温湿度有特殊要求和特殊用途的建筑，以及简易的临时性建筑。

《建筑采光设计标准》(GB 50033—2013)，由住房和城乡建设部、国家质量监督检验检疫总局联合发布，2013 年 5 月 1 日起施行，是在《建筑采光设计标准》(GB/T 50033—2001)基础上修订完成的。该标准旨在建筑采光设计中，贯彻国家的法律法规和技术经济政策，充分利用天然光，创造良好光环境，节约能源，保护环境和构建绿色建筑。适用于利用天然采光的民用建筑和工业建筑的新建、改建和扩建工程的采光设计。采光设计应做到技术先进、经济合理，有利于视觉工作和身心健康。

《建筑照明设计标准》(GB 50034—2013)，由住房和城乡建设部批准，自 2014 年 6 月 1 日起实施，是对原国家标准《建筑照明设计标准》(GB 50034—2004)进行全面修订而成。该标准旨在建筑照明设计中，贯彻国家的法律、法规和技术经济政策，满足建筑功能需要，有利于生产、工作、学习、生活和身心健康，做到技术先进、经济合理、使用安全、节能环保、维护方便，促进绿色照明应用。该标准适用于新建、改建和扩建以及装饰的居住、公共和工业建筑的照明设计。

《文化馆建筑设计规范》(JGJ 41—87)，由建设部和文化部审查批准，自 1988 年 6 月 1 日起试行。该规范旨在保证文化馆建筑设计质量，使文化馆建筑符合安全、卫生和使用功能等方面的基本要求。适用于新建、扩建、改建的文化馆建筑设计。群众艺术馆、文化站等可参照执行。文化馆的建筑设计，应根据当地经济发展水平，文化需求和民族文化传统等因素，在满足当前适用需要的基础上，适当考虑留有发展余地。2014 年 9 月 1 日，经住房和城乡建设部批准，已升级版本成为《文化馆建筑设计规范》(JGJ/T 41—2014)，自 2015 年 3 月 1 日起实施。

《图书馆建筑设计规范》(JGJ 38—99)，由建设部、文化部和教育部批准为强制性行业标准，自 1999 年 10 月 1 日起施行。该规范旨在适应图书馆事业的发展，使图书馆建筑设计符合使用功能、安全、卫生等方面的基本要求。适用于公共图书馆、高等学校图书馆、科学研究图书馆及各类专门图书馆等的新建、改建和扩建工程的建筑设计。图书馆建筑必须满足文献资料信息的采集、加工、利用和安全防护等功能要求，并为读者、工作人员创造良好的环境和工作条件。图书馆建筑设计应结合图书馆的性质、特点及发展趋势，采用先进的管理方式，适应现代化服务的要求，并力求造型美观，与环境协调。2015 年 8 月 28 日，经住房和城乡建设部批准，已升级版本成为《图书馆建筑设计规范》(JGJ 38—2015)，自 2016 年 5 月 1 日起实施。其中，第 6.1.2、6.1.3、6.2.1、6.2.2 条为强制性条文，必须严格执行。主要修订内容为：修订使用范围，删除了不适用规定；增加并修改部分术语；增加无障碍设计有关内容；补充图书馆部分新的功能空间；补充修改防火的相关内容；增加室内环境有关内容及规定；对部分技术经济指标进行修订。

《公共图书馆建筑防火安全技术标准》(WH 0502—96)，由文化部提出并归口为文化行业标准，自 1996 年 7 月 1 日起施行。该标准适用于各类综合性公共图书馆的新建、改建和扩建工程及其附属设备和专用设备的防火安全技术。学校图书馆、科研及各种专业图书馆(室)、其他各类型图书馆(室)可参照该标准的条文执行。

《博物馆建筑设计规范》(JGJ 66—91)，由建设部、文化部审查批准为行业标准，自 1991 年 8 月 1 日起施行。该规范旨在适应博物馆建设的需要，保证博物馆建筑设计符合适用、安全、卫生等基本要求。适用于社会历史类和自然历史类博物馆的新建和扩建设计。改建设计及其他类别博物馆设计可参照执行。博物馆建筑必须符合城镇文化建筑的规划布局要求，并应反映所在地区建筑艺术、科学技术和文化发展的先进水平。博物馆建筑设计必须与完整的工艺设计相配合，满足藏品的收藏保管、科学研究和陈列展览等基本功能，并应设置配套的观众服务设施。对古建筑的改建设计必须符合各项文物法规，保持原有建筑风貌，并应满足防火、防盗等安全要求。藏品库房以新建为宜。2015 年 6 月 30 日，经住房和城乡建设部批准，已升级版本成为《博物馆建筑设计规范》(JGJ 66—2015)，自 2016 年 2 月 1 日起实施。其中，第 4.1.3、4.1.5 条为强制性条文，必须严格执行。

《博物馆和文物保护单位安全防范系统要求》(GB/T 16571—2012)，是对《文物系统博物馆安全防范工程设计规范》(GB/T 16571—1996)的修订，并把标准名称更改为现名，由国家质量监督检验检疫总局和国家标准化管理委员会联合发布，于 2013 年 2 月 1 日起实施。该标准规定了博物馆和文物保护单位安全防范系统的人力防范、实体防范、技术防范要求，是安全防范系统设计、施工、检验、验收的基本依据。适用于博物馆和文物保护单位(古建筑、石窟寺及石刻、古文化遗址、古墓葬等)及考古发掘工地的新建、改建、扩建的安全防范系统。纪念馆、近现代重要史迹及代表性建筑、考古研究所、文物商店和其他收藏、临时展出文物场所的安全防范系统可参照使用。

《博物馆照明设计规范》(GB/T 23863—2009)，由国家质量监督检验检疫总局和国家标准化管理委员会发布，自 2009 年 12 月 1 日起施行。该规范规定了博物馆照明的设计原则、照明数量和质量指标。适用于新建、改建、扩建或利用古建筑及旧建筑的博物馆照明设计。

《镇(乡)村文化中心建筑设计规范》(JGJ 156—2008)，由住房和城乡建设部批准为行业标准，自 2008 年 10 月 1 日起施行。该规范旨在满足广大镇(乡)村居民开展文化活动的基本要求，提高镇(乡)村文化中心建筑设计的质量。适用于新建、改建、扩建的县级人民政府驻地以外的镇和乡、村文化中心建筑设计。镇(乡)村文化中心建筑设计，应符合下列要求：(1)应贯彻环境保护、安全卫生、节约用地、节约能源、节约用水、节约材料的有关规定。(2)应以人为本，适合不同人群，特别是儿童、老年人、残疾人文化活动的特点和要求。(3)应符合当地经济和社会发展水平。(4)应体现因地制宜、就地取材、地域风格、民族特色。(5)应在满足近期使用的同时，兼顾今后改造的可能。

《剧场建筑设计规范》(JGJ 57—2016)，由住房和城乡建设部批准为行业标准，自 2017 年 3 月 1 日起实施，是对《剧场建筑设计规范》(JGJ 57—2000)的修订。该规范旨在保证剧场建筑设计满足使用功能、安全、卫生、节能、环保、经济及舞台工艺等方面的基本要求，适用于新建、扩建和改建的剧场建筑设计。剧场建筑设计应遵循实用和可持续性发展的原则，并应根据所在地区文化需求、功能定位、服务对象、管理方式等因素，确定其类型、规模和等级。根据使用性质及观演条件，剧场建筑可用于歌舞剧、话剧、戏曲等三类戏剧演出。当剧场为多用途时，其技术要求应按其主要使用性质确定，其他用途适当兼顾。

《电影院建筑设计规范》(JGJ 58—2008)，由建设部批准为行业标准，自 2008 年 8

月 1 日起实施。该规范旨在保证电影院建筑的设计质量，使其满足适用、安全、卫生及电影工艺等方面的基本要求。适用于放映 35mm 的变形宽银幕、遮幅宽银幕及普通银幕三种画幅制式电影和数字影片的新建、改建、扩建电影院建筑设计。当电影院有多种用途或功能时，应按其主要用途确定建筑标准。电影院建筑就为观众创造安全和良好的视听环境，为工作人员创造方便有效的工作环境。电影院建筑设计应遵循电影产业可持续性发展的原则，并应与电影院工艺设计紧密配合。

五、基层综合性文化服务中心建设

针对基层公共文化设施不足、供给不足及条块分割、重复建设、多头管理等问题与“短板”，2015 年 10 月，国务院办公厅发布了《关于推进基层综合性文化服务中心建设的指导意见》，给出了现代基层公共文化服务可持续发展的一揽子政策。

第一，基层综合性文化服务中心建设，不搞大拆大建，主要采取盘活存量、调整置换、集中利用等方式进行建设。

基层综合性文化服务中心建设，不是新一轮设施建设。该意见明确指出，基层综合性文化服务中心主要采取盘活存量、调整置换、集中利用等方式进行建设，不搞大拆大建，凡现有设施能够满足基本公共文化需求的，一律不再进行改扩建和新建。

建设的重点任务是以基层综合性文化中心为终端平台，整合各级各类面向基层的公共文化资源，实现人财物统筹使用，资源共享共用，从而达到丰富服务内容，创新服务方式，强化服务功能，提升服务效益的目的。

比如，解决农村基层读书看报问题，目前已有基层公共图书馆和农家书屋两个并行推进的系统，该意见明确提出将农家书屋纳入基层综合性文化服务中心管理和使用，即通过资源和功能整合强化农村公共阅读体系建设。

近年来，群众性广场文化活动风靡大江南北，但以往我国城市乡村的文化广场建设滞后，为弥补这一短板，该意见要求按照人口规模和服务半径，建设选址适中、与地域条件相协调的文体广场，以满足老百姓融入日常生活的文体活动需求。

第二，基层综合性文化服务中心的标准化建设，不是千村一面，而是要展现乡景、记忆乡愁、凝聚乡情、富有乡韵，成为老百姓喜闻乐见的阵地。

党的十八届三中全会提出了以标准化促进均等化的现代公共文化服务发展思路，但标准化不是千村一面，不是整齐划一。基层综合性文化服务中心是公共文化服务体系的末端，是群众自我创造、自我表现、自我服务的前沿平台，最能体现文化的地方传统、群众创造和个性特色。因此，处理好标准化与彰显地方文化传统和特色的关系，是一个关乎公共文化服务保基本、促公平、可持续发展的重要问题。

近年来，各地在基层综合性文化服务中心建设实践中已经创造出了不少可资借鉴的经验。如浙江的“文化礼堂”、安徽的“农民乐园”、甘肃的“乡村舞台”、广东中山的“2＋8＋N”社区综合文化中心建设、广西来宾的“五个一”村级公共服务中心建设等，都在标准化和地域化、特色化的有机结合方面做出了有益探索。

把基层综合性文化服务中心建设成展现乡景、记忆乡愁、凝聚乡情、富有乡韵、老百姓喜闻乐见的阵地，这是基层综合性文化服务中心建设中必须把握的重要原则。

第三，基层综合性文化服务中心建设，不是政府包办，应当鼓励群众参与建设管理，探索社会化建设管理模式。

该意见要求，县(市、区)人民政府在推进基层综合性文化服务中心建设中承担主体责任，乡镇(街道)政府(办事处)负责综合文化站的日常管理，并指导村(社区)综合性文化服务中心开展工作，明确体现了基层综合性文化服务中心建设由政府主导的原则。同时，意见鼓励群众参与建设管理，并提出探索社会化建设管理模式。

社会力量以捐赠、赞助等方式参与公共文化服务，在基层综合性文化服务中心这一平台上具有额度小、见效快的特点。基层综合性文化服务中心一般规模较小、构成相对简单、直接服务群众，比较适合采用政府向社会组织购买管理运营的方式。公共文化服务公众“参与式”管理模式、居民和村民评议制度等管理机制创新，主要的实践环境就是村、社区综合性文化服务中心。

意见一方面明确政府主导不是政府包办，基层综合性文化服务中心建设需要进一步加强和加快社会化发展；另一方面也明确社会化发展不是政府转移主体责任的借口，提供基本公共文化服务始终是政府的责任。

第四，基层综合性文化服务中心建设，不是什么内容都往里装，应主动对接群众实际需求。

基层综合性文化服务中心的突出特点是功能上的综合性。具体表现就是它的职能任务，即整合各级各类面向基层的公共文化资源、提供基本公共文化服务；除此之外，还要求配合做好其他基本公共服务，如科学普及、法治宣传教育，以及就业社保、养老助残、妇儿关爱、人口管理等。基层综合性文化服务中心建设的目的是在基层打造方便群众、提高效率的综合性、一站式公共服务平台。

需要明确的是，拓展职能任务并不是要弱化或淡化基本公共文化服务职责，也不是要把基层综合性文化服务中心变成一个筐，什么都往里装。综合的边界，首先应该考虑基层群众的实际需求，其次要考虑所提供服务的相关性，在强调服务职能综合性的同时，要防止功能走向过度泛化。

另外，随着互联网的日益普及，基层综合性文化服务中心在做好传统阵地服务的基础上，还必须创新服务方式和手段，提高服务的网络化、数字化水平。从设施建设角度来看，目前基层综合性文化服务中心提高数字化服务水平，亟须在以下方面加强探索：一是普及设施内无线局域网全覆盖，二是主动融入区域综合性、一站式数字服务平台，三是促进公共电子阅览室升级换代，四是不断拓展数字服务的内容和范围。

六、重要政策法规选编

(一)《公共文化体育设施条例》①

公共文化体育设施条例

（经 2003 年 6 月 18 日国务院第 12 次常务会议通过，自 2003 年 8 月 1 日起施行）

第一章　总　则

第一条　为了促进公共文化体育设施的建设，加强对公共文化体育设施的管理和保护，充分发挥公共文化体育设施的功能，繁荣文化体育事业，满足人民群众开展文化体育活动的基本需求，制定本条例。

第二条　本条例所称公共文化体育设施，是指由各级人民政府举办或者社会力量举办的，向公众开放用于开展文化体育活动的公益性的图书馆、博物馆、纪念馆、美术馆、文化馆(站)、体育场(馆)、青少年宫、工人文化宫等的建筑物、场地和设备。

本条例所称公共文化体育设施管理单位，是指负责公共文化体育设施的维护，为公众开展文化体育活动提供服务的社会公共文化体育机构。

第三条　公共文化体育设施管理单位必须坚持为人民服务、为社会主义服务的方向，充分利用公共文化体育设施，传播有益于提高民族素质、有益于经济发展和社会进步的科学技术和文化知识，开展文明、健康的文化体育活动。

任何单位和个人不得利用公共文化体育设施从事危害公共利益的活动。

第四条　国家有计划地建设公共文化体育设施。对少数民族地区、边远贫困地区和农村地区的公共文化体育设施的建设予以扶持。

第五条　各级人民政府举办的公共文化体育设施的建设、维修、管理资金，应当列入本级人民政府基本建设投资计划和财政预算。

第六条　国家鼓励企业、事业单位、社会团体和个人等社会力量举办公共文化体育设施。

国家鼓励通过自愿捐赠等方式建立公共文化体育设施社会基金，并鼓励依法向人民政府、社会公益性机构或者公共文化体育设施管理单位捐赠财产。捐赠人可以按照

---

① 公共文化体育设施条例［EB/OL］.［2003-06-26］. http://www.gov.cn/zwgk/2005-05/23/content_157.htm。

税法的有关规定享受优惠。

国家鼓励机关、学校等单位内部的文化体育设施向公众开放。

第七条　国务院文化行政主管部门、体育行政主管部门依据国务院规定的职责负责全国的公共文化体育设施的监督管理。

县级以上地方人民政府文化行政主管部门、体育行政主管部门依据本级人民政府规定的职责，负责本行政区域内的公共文化体育设施的监督管理。

第八条　对在公共文化体育设施的建设、管理和保护工作中做出突出贡献的单位和个人，由县级以上地方人民政府或者有关部门给予奖励。

第二章　规划和建设

第九条　国务院发展和改革行政主管部门应当会同国务院文化行政主管部门、体育行政主管部门，将全国公共文化体育设施的建设纳入国民经济和社会发展计划。

县级以上地方人民政府应当将本行政区域内的公共文化体育设施的建设纳入当地国民经济和社会发展计划。

第十条　公共文化体育设施的数量、种类、规模以及布局，应当根据国民经济和社会发展水平、人口结构、环境条件以及文化体育事业发展的需要，统筹兼顾，优化配置，并符合国家关于城乡公共文化体育设施用地定额指标的规定。

公共文化体育设施用地定额指标，由国务院土地行政主管部门、建设行政主管部门分别会同国务院文化行政主管部门、体育行政主管部门制定。

第十一条　公共文化体育设施的建设选址，应当符合人口集中、交通便利的原则。

第十二条　公共文化体育设施的设计，应当符合实用、安全、科学、美观等要求，并采取无障碍措施，方便残疾人使用。具体设计规范由国务院建设行政主管部门会同国务院文化行政主管部门、体育行政主管部门制定。

第十三条　建设公共文化体育设施使用国有土地的，经依法批准可以以划拨方式取得。

第十四条　公共文化体育设施的建设预留地，由县级以上地方人民政府土地行政主管部门、城乡规划行政主管部门按照国家有关用地定额指标，纳入土地利用总体规划和城乡规划，并依照法定程序审批。任何单位或者个人不得侵占公共文化体育设施建设预留地或者改变其用途。

因特殊情况需要调整公共文化体育设施建设预留地的，应当依法调整城乡规划，并依照前款规定重新确定建设预留地。重新确定的公共文化体育设施建设预留地不得少于原有面积。

第十五条　新建、改建、扩建居民住宅区，应当按照国家有关规定规划和建设相应的文化体育设施。

居民住宅区配套建设的文化体育设施，应当与居民住宅区的主体工程同时设计、同时施工、同时投入使用。任何单位或者个人不得擅自改变文化体育设施的建设项目和功能，不得缩小其建设规模和降低其用地指标。

第三章　使用和服务

第十六条　公共文化体育设施管理单位应当完善服务条件，建立、健全服务规范，开展与公共文化体育设施功能、特点相适应的服务，保障公共文化体育设施用于开展文明、健康的文化体育活动。

第十七条　公共文化体育设施应当根据其功能、特点向公众开放，开放时间应当与当地公众的工作时间、学习时间适当错开。

公共文化体育设施的开放时间，不得少于省、自治区、直辖市规定的最低时限。国家法定节假日和学校寒暑假期间，应当适当延长开放时间。

学校寒暑假期间，公共文化体育设施管理单位应当增设适合学生特点的文化体育活动。

第十八条　公共文化体育设施管理单位应当向公众公示其服务内容和开放时间。公共文化体育设施因维修等原因需要暂时停止开放的，应当提前 7 日向公众公示。

第十九条　公共文化体育设施管理单位应当在醒目位置标明设施的使用方法和注意事项。

第二十条　公共文化体育设施管理单位提供服务可以适当收取费用，收费项目和标准应当经县级以上人民政府有关部门批准。

第二十一条　需要收取费用的公共文化体育设施管理单位，应当根据设施的功能、特点对学生、老年人、残疾人等免费或者优惠开放，具体办法由省、自治区、直辖市制定。

第二十二条　公共文化设施管理单位可以将设施出租用于举办文物展览、美术展览、艺术培训等文化活动。

公共体育设施管理单位不得将设施的主体部分用于非体育活动。但是，因举办公益性活动或者大型文化活动等特殊情况临时出租的除外。临时出租时间一般不得超过 10 日；租用期满，租用者应当恢复原状，不得影响该设施的功能、用途。

第二十三条　公众在使用公共文化体育设施时，应当遵守公共秩序，爱护公共文化体育设施。任何单位或者个人不得损坏公共文化体育设施。

第四章　管理和保护

第二十四条　公共文化体育设施管理单位应当将公共文化体育设施的名称、地址、服务项目等内容报所在地县级人民政府文化行政主管部门、体育行政主管部门备案。

县级人民政府文化行政主管部门、体育行政主管部门应当向公众公布公共文化体育设施名录。

第二十五条　公共文化体育设施管理单位应当建立、健全安全管理制度，依法配备安全保护设施、人员，保证公共文化体育设施的完好，确保公众安全。

公共体育设施内设置的专业性强、技术要求高的体育项目，应当符合国家规定的安全服务技术要求。

第二十六条　公共文化体育设施管理单位的各项收入，应当用于公共文化体育设施的维护、管理和事业发展，不得挪作他用。

文化行政主管部门、体育行政主管部门、财政部门和其他有关部门，应当依法加强对公共文化体育设施管理单位收支的监督管理。

第二十七条　因城乡建设确需拆除公共文化体育设施或者改变其功能、用途的，有关地方人民政府在作出决定前，应当组织专家论证，并征得上一级人民政府文化行政主管部门、体育行政主管部门同意，报上一级人民政府批准。

涉及大型公共文化体育设施的，上一级人民政府在批准前，应当举行听证会，听取公众意见。

经批准拆除公共文化体育设施或者改变其功能、用途的，应当依照国家有关法律、行政法规的规定择地重建。重新建设的公共文化体育设施，应当符合规划要求，一般不得小于原有规模。迁建工作应当坚持先建设后拆除或者建设拆除同时进行的原则。迁建所需费用由造成迁建的单位承担。

第五章　法律责任

第二十八条　文化、体育、城乡规划、建设、土地等有关行政主管部门及其工作人员，不依法履行职责或者发现违法行为不予依法查处的，对负有责任的主管人员和其他直接责任人员，依法给予行政处分；构成犯罪的，依法追究刑事责任。

第二十九条　侵占公共文化体育设施建设预留地或者改变其用途的，由土地行政主管部门、城乡规划行政主管部门依据各自职责责令限期改正；逾期不改正的，由作出决定的机关依法申请人民法院强制执行。

第三十条　公共文化体育设施管理单位有下列行为之一的，由文化行政主管部门、体育行政主管部门依据各自职责责令限期改正；造成严重后果的，对负有责任的主管人员和其他直接责任人员，依法给予行政处分：

(一)未按照规定的最低时限对公众开放的；

(二)未公示其服务项目、开放时间等事项的；

(三)未在醒目位置标明设施的使用方法或者注意事项的；

(四)未建立、健全公共文化体育设施的安全管理制度的；

(五)未将公共文化体育设施的名称、地址、服务项目等内容报文化行政主管部门、体育行政主管部门备案的。

第三十一条　公共文化体育设施管理单位，有下列行为之一的，由文化行政主管部门、体育行政主管部门依据各自职责责令限期改正，没收违法所得，违法所得5000元以上的，并处违法所得2倍以上5倍以下的罚款；没有违法所得或者违法所得5000元以下的，可以处1万元以下的罚款；对负有责任的主管人员和其他直接责任人员，依法给予行政处分：

(一)开展与公共文化体育设施功能、用途不相适应的服务活动的；

(二)违反本条例规定出租公共文化体育设施的。

第三十二条　公共文化体育设施管理单位及其工作人员违反本条例规定，挪用公共文化体育设施管理单位的各项收入或者有条件维护而不履行维护义务的，由文化行政主管部门、体育行政主管部门依据各自职责责令限期改正；对负有责任的主管人员和其他直接责任人员，依法给予行政处分；构成犯罪的，依法追究刑事责任。

第六章　附　则

第三十三条　国家机关、学校等单位内部的文化体育设施向公众开放的，由国务院文化行政主管部门、体育行政主管部门会同有关部门依据本条例的原则另行制定管理办法。

第三十四条　本条例自2003年8月1日起施行。

(二)《公共图书馆建设用地指标》①

公共图书馆建设用地指标

第一章　总　则

第一条　为贯彻落实"十分珍惜、合理利用土地和切实保护耕地"基本国策和《公共文化体育设施条例》，适应我国文化事业发展，满足人民群众日益增长的文化生活需要，促进公共图书馆建设和节约集约用地，制定本指标。

第二条　本指标是编制和审批公共图书馆项目可行性研究报告，确定其建设用地规模的依据；是编制项目建议书和初步设计文件，核定和审批建设项目用地面积的尺度；也是城市规划确定公共图书馆发展用地的依据。

第三条　本指标适用于公共图书馆的新建、改建和扩建工程，以及公共图书馆的规划布局。规模较小的县、街道、社区或村镇，公共图书馆建设可参照本指标执行。

第四条　公共图书馆项目建设用地，必须贯彻执行国家有关建设和土地管理法律、法规，积极采用先进技术，按照专业化协作和社会化服务的原则，统筹兼顾，精心规

---

① 公共图书馆建设用地指标[M]. 北京：中国计划出版社，2008：1-6。

划、设计，切实做到科学合理、节约用地。

第五条　公共图书馆项目建设用地，除执行本指标规定外，尚应符合国家现行有关标准和规范的规定。

第二章　节约和合理用地的基本规定

第六条　公共图书馆的建设，应综合考虑所在城镇服务人口规模、社会经济发展状况以及自然环境条件等特点，合理确定用地规模和服务半径。

第七条　公共图书馆建设，应纳入城市公共文化设施统一规划，合理布局、配套建设。

第八条　公共图书馆的布局，应符合城市规划和土地利用总体规划，尽可能结合城市广场、公共绿地等公共活动空间综合布置。

第九条　公共图书馆的总平面布置，在满足服务功能和公共安全的前提下，应充分利用地上、地下空间。

第十条　公共图书馆的改建、扩建项目，应充分利用原有场地和设施，减少新增用地；因条件所限无法扩建，确需异地新建的，原馆的使用性质应保留。

第十一条　用地十分紧张的城市或山地城市，公共图书馆的用地面积应适当减少。

第三章　基本术语

第十二条　公共图书馆：指由各级人民政府投资兴办向社会公众开放的图书馆，是具有文献信息资源的收集、整理、存储、传播、研究和服务等功能的公益性文化与社会教育设施。

第十三条　服务半径：指读者到达公共图书馆的最远直线距离。

第十四条　服务人口：指公共图书馆向社会开放，提供文献信息资料借阅、大众文化传播等日常公益性服务的人口数量，即公共图书馆服务范围内的人口总数。

第十五条　公共图书馆体系：由若干不同规模公共图书馆构成的，能够提供实用、便捷、高效服务的公共图书馆服务网络。

第四章　建设用地指标

第一节　分类与用地构成

第十六条　公共图书馆根据服务人口数量分为大型馆、中型馆和小型馆。

大型馆：指服务人口150万(含)、建筑面积20000m^2以上的公共图书馆，其主要功能为文献信息资料借阅等日常公益性服务以及文献收藏、研究、业务指导和培训、文化推广等。

中型馆：指服务人口20万～150万、建筑面积4500～20000m^2的公共图书馆，其主要功能为文献信息资料借阅、大众文化传播等日常公益性服务。

小型馆：指服务人口5万～20万(含)、建筑面积1200～4500m^2的公共图书馆，其主要功能为文献信息资料借阅、大众文化传播等日常公益性服务。

第十七条　公共图书馆建设用地主要包括公共图书馆建筑用地、集散场地、绿化用地及停车场地。

第二节　设置与选址原则

第十八条　公共图书馆的设置原则应符合表 1 的要求，逐步发展成为公共图书馆体系。

大型馆覆盖的 6.5km 服务半径内不应再设置中型馆；大、中型馆覆盖的 2.5km 服务半径内不应再设置小型馆。

表 1　公共图书馆的设置原则

服务人口（万人）	设置原则	服务半径（km）
≥150	大型馆：设置 1～2 处，但不得超过 2 处；服务人口达到 400 万时，宜分 2 处设置	≤9.0
	中型馆：每 50 万人口设置 1 处	≤6.5
	小型馆：每 20 万人口设置 1 处	≤2.5
20～150	中型馆：设置 1 处	≤6.5
	小型馆：每 20 万人口设置 1 处	≤2.5
5～20	小型馆：设置 1 处	≤2.5

第十九条　公共图书馆的选址：应在人口集中、公交便利、环境良好、相对安静的地区，同时满足各类公共图书馆合理服务半径的要求。

第三节　建设用地控制指标

第二十条　小型馆建设用地控制指标应符合表 2 的规定。

表 2　小型馆建设用地控制指标

服务人口（万人）	藏书量［万册（件）］	建筑面积（m^2）	容积率	建筑密度（%）	用地面积（m^2）
5	5	1200	≥0.8	25～40	1200～1500
10	10	2300	≥0.9	25～40	2000～2500
15	15	3400	≥0.9	25～40	3000～4000
20	20	4500	≥0.9	25～40	4000～5000

注：①表中服务人口指小型馆所在城镇或服务片区内的规划总人口。
②表中用地面积为单个小型馆建设用地面积。

第二十一条　中型馆建设用地控制指标应符合表 3 的规定。

表 3　中型馆建设用地控制指标

服务人口（万人）	藏书量［万册(件)］	建筑面积（m^2）	容积率	建筑密度（%）	用地面积（m^2）
30	30	5500	≥1.0	25～40	4500～5500
40	35	6500	≥1.0	25～40	5500～6500
50	45	7500	≥1.0	25～40	6500～7500
60	55	8500	≥1.1	25～40	7000～8000
70	60	9500	≥1.1	25～40	8000～9000
80	70	11000	≥1.1	25～40	8500～10000
90	80	12500	≥1.2	25～40	9000～10500
100	90	13500	≥1.2	25～40	9500～11000
120	100	16000	≥1.2	25～40	10000～13000

注：①表中服务人口指中型馆所在城镇或服务片区的规划总人口。
　　②表中用地面积为单个中型馆建设用地面积。

第二十二条　大型馆建设用地控制指标应符合表 4 的规定。

表 4　大型馆建设用地控制指标

服务人口（万人）	藏书量［万册(件)］	建筑面积（m^2）	容积率	建筑密度（%）	用地面积（m^2）
150	130	20000	≥1.2	30～40	11000～17000
200	180	27000	≥1.2	30～40	14000～22000
300	270	40000	≥1.3	30～40	20000～30000
400	360	53000	≥1.4	30～40	27000～38000
500	500	70000	≥1.5	30～40	35000～47000
800	800	104000	≥1.5	30～40	46000～69000
1000	1000	120000	≥1.5	30～40	52000～80000

注：①表中服务人口指大型馆所在城市的规划总人口。
　　②表中用地面积是指大型馆建设用地(包括分 2 处建设)的总面积。
　　③大型馆总藏书超过 1000 万册的，可按照每增加 100 万册藏书，增补建设用地 5000m^2 进行控制。

第二十三条　公共图书馆停车场地包括自行车停车和机动车停车。

自行车停车宜达到每百平方米建筑面积配建 2 个车位的标准。

小型馆原则上不设置机动车停车场。大、中型馆的机动车停车，应以利用地下空间为主；确需设置地面停车场的，其用地不得超过建设用地总面积的 8%。

(三)《文化馆建设用地指标》①

文化馆建设用地指标

第一章　总　则

第一条　为适应我国公益性文化事业发展的要求，贯彻落实“十分珍惜、合理利用土地和切实保护耕地”基本国策和《公共文化体育设施条例》，满足人民群众日益增长的文化生活需要，促进文化馆建设项目节约集约用地，制定本指标。

第二条　本指标是编制和审批文化馆项目建议书或可行性研究报告，确定建设用地规模的依据；是编制初步设计文件，核定和审批建设项目用地面积的依据；也是编制城乡规划确定文化馆发展用地的依据。

第三条　本指标适用于文化馆的新建、改建和扩建工程，以及文化馆的规划布局。乡(镇)、街道综合文化站参照执行。

第四条　文化馆项目建设用地，必须贯彻执行国家有关建设和土地管理法律、法规，按照专业化协作和社会化服务的原则，统筹兼顾，精心规划、设计，切实做到科学合理、节约用地。

第五条　文化馆建设用地，除符合本指标规定外，还应符合国家现行有关标准和规范的规定。

第二章　节约和合理用地的基本规定

第六条　文化馆的建设，应综合考虑所在城镇的行政建制及其服务人口规模、社会经济发展状况、自然环境条件、地方文化特色以及建设管理方式等特点，合理确定用地规模和服务半径。

第七条　文化馆的建设，应纳入城乡公共文化设施统一规划，合理布局、配套建设。

第八条　文化馆的布局，应符合城乡规划和土地利用总体规划，并本着服务市民、方便群众活动的原则合理分布。

第九条　文化馆的选址，应在城镇人口集中、交通便利(大城市和特大城市应满足公交便利)、环境优美、适宜开展群众活动的地区；宜结合城镇广场、公园绿地等公共活动空间综合布置，避免或减少对医院、学校、幼儿园、住宅区等需要安静环境的建筑的影响。

第十条　文化馆的总平面布置，在满足服务功能和公共安全的前提下，应充分利用地上、地下空间。

第十一条　文化馆的改建、扩建项目，应充分利用原有场地和设施，减少新增用地；

---

①　中华人民共和国文化部．文化馆建设用地指标[M]．北京：中国计划出版社，2008：1-4。

因条件所限无法扩建确需异地新建的，应保留原馆址公益性文化设施的使用性质不变。

第三章　建设用地指标

第一节　分级分类与设置原则

第十二条　文化馆按其行政管理级别分为省（自治区、直辖市）级文化馆、市（地、州、盟）级文化馆和县（旗、市、区）级文化馆 3 个等级。

省、自治区、直辖市应设置省级文化馆，市（地、州、盟）应设置市级文化馆，县（旗、市、区）应设置县级文化馆。

第十三条　文化馆按其建设规模分为大型馆、中型馆和小型馆 3 种类型。

建筑面积达到或超过 6000m^2 的为大型馆；

建筑面积达到或超过 4000m^2 但不足 6000m^2 的为中型馆；

建筑面积达到或超过 2000m^2 但不足 4000m^2 的为小型馆。

第十四条　文化馆的设置原则应满足表 1 的规定。

服务人口不足 5 万的地区，不设置独立的文化馆建设用地，鼓励文化馆与其他相关文化设施联合建设。

表 1　文化馆的设置原则

类型	设置原则	城镇人口或服务人口（万人）	服务范围或服务半径
大型馆	省会、自治区首府、直辖市和大城市	≥50	市区
中型馆	中等城市	20～50	市区
	市辖区	≥30	3.0～4.0km
小型馆	小城市、县城	5～20	市区或镇区
	市辖区或独立组团	5～30	1.5～2.0km

注：大型馆覆盖的 4.0km 服务半径内不再设置中型馆；大、中型馆覆盖的 2.0km 服务半径内不再设置小型馆。

第二节　建设用地控制指标

第十五条　文化馆建设用地主要包括文化馆建筑用地、室外活动场地、绿化用地、道路和停车场用地。

第十六条　各类文化馆的建设用地面积控制指标应符合表 2 的规定。

表 2　文化馆建设用地控制指标

类型	建筑面积（m^2）	容积率	建筑密度（%）	建设用地总面积（m^2）	建设用地中的室外活动场地（m^2）
大型馆	≥6000	≥1.3	25～40	4500～6500	1200～2000
中型馆	4000～6000	≥1.2	25～40	3500～5000	900～1500
小型馆	2000～4000	≥1.0	25～40	2000～4000	600～1000

第十七条　文化馆停车场地包括自行车停车和机动车停车。

自行车停车应按每百平方米建筑面积2个车位配置。

机动车停车应充分利用地下空间及社会停车设施，地面停车场地面积控制在建设用地总面积的8%以内。

附录

基本术语

1. 文化馆：是各级人民政府设立的公益性文化事业机构，是国家公共文化设施的组成部分，是公民进行文化艺术活动的重要场所。

文化馆的主要职能：社会宣传教育，公益文化服务，文化艺术普及，非物质文化遗产保护。

文化馆的主要任务：组织群众性文化艺术活动；开展文化艺术知识技能培训；组织业余文艺作品创作；辅导基层文化工作骨干和社会文艺团队；指导下一级文化馆(站)开展基层文化工作；对民族民间文化暨非物质文化遗产研究保护；开展群众文化理论研究和对外民间文化交流。

2. 服务半径：是指市民到达文化馆的最远直线距离。

3. 服务人口：是指相应服务范围内的规划总人口，包括城镇户籍人口(非农业人口及农业人口)和居住半年以上的暂住人口。

(四)《公共图书馆建设标准》①

公共图书馆建设标准

第一章　总则

第一条　为促进公共图书馆事业的发展，加强和规范公共图书馆基础设施建设，提高建设项目的决策水平，加速公共图书馆建设的标准化、规范化和现代化的进程，以实现和保障人民群众利用图书馆的权利，满足人民群众基本的知识、信息和文化需求，依据法律、法规及国家现行政策，制定本标准。

第二条　本标准是公共图书馆建设项目科学决策和合理确定项目建设、投资水平的全国性统一标准；是审核批准公共图书馆建设项目的依据；是有关部门审查公共图书馆建设项目初步设计和检查工程建设全过程的尺度。

第三条　本标准适用于县级以上行政区域内新建、改建和扩建的公共图书馆。街

---

① 公共图书馆建设标准[EB/OL][2008-8-28]. http://www.mohurd.gov.cn/zcfg/jsbwj_0/jsbwjbzde/200902/t20090226_186362.html。

道、乡镇、新建居民区公共图书馆的建设参照本标准执行。

第四条　公共图书馆建设属于公共文化服务基础设施建设，应纳入当地经济和社会发展总体规划，纳入城市建设规划。

第五条　公共图书馆建设应贯彻执行国家发展文化事业和加强公共建筑工程建设管理的方针政策，以人为本，科学规划，规模适当，功能优先，经济适用，环保节约，以大型图书馆为骨干，以中小型图书馆为基础，立足于构建覆盖全社会的普遍均等、惠及全民的公共图书馆服务网络。

第六条　公共图书馆应按照统筹兼顾，量力而行，逐步改善的原则进行建设。

第七条　公共图书馆建设项目宜一次规划建成。投资确有困难的可分期实施，并留有发展余地。

第八条　公共图书馆的改建或扩建项目，应充分利用原有场地和设施。

第九条　公共图书馆建设除执行本标准外，还应符合国家其他有关强制性标准、规范、规定的要求。

第二章　规模分级、项目构成与选址

第十条　新建、改建和扩建的公共图书馆规模，应以服务人口数量和相应的人均藏书量、千人阅览座位指标为基本依据，兼顾服务功能、文献资源数量与品种和当地经济发展水平确定。

服务人口是指公共图书馆服务范围内的常住人口。

第十一条　公共图书馆分为大型馆、中型馆、小型馆，其建设规模与服务人口数量对应指标见表1。

表1　公共图书馆建设规模与服务人口数量对应指标

规　模	服务人口(万)
大型	150以上
中型	20～150
小型	20及以下

第十二条　公共图书馆的建设内容包括房屋建筑、场地、建筑设备和图书馆技术设备。

第十三条　公共图书馆的房屋建筑包括藏书、借阅、咨询服务、公共活动与辅助服务、业务、行政办公、技术设备、后勤保障八类用房。

各级公共图书馆用房项目设置见附录。

第十四条　公共图书馆的场地包括人员集散场地、道路、停车场、绿化用地等。

第十五条　公共图书馆的建筑设备包括给水排水、通风空调、强弱电及网络布线等。

第十六条　公共图书馆的技术设备包括电子计算机、网络设备和相关外围设备，视听及音像控制设备，文献数字化加工与复制设备，图书防盗设备，文献消毒设备，流动图书车，缩微制品摄制、冲洗及阅读设备，视障和老龄阅读设备，装裱及文献修复设备，自助借还设备，书架、阅览桌椅、目录柜、出纳柜台等家具设备，其他设备等12类。

各级公共图书馆应根据功能及规模合理配置图书馆技术设备。

第十七条　公共图书馆选址的要求是：

一、宜位于人口集中、交通便利、环境相对安静、符合安全和卫生及环保标准的区域。

二、应符合当地建设的总体规划及公共文化事业专项规划，布局合理。

三、应具备良好的工程地质及水文地质条件。

四、市政配套设施条件良好。

第十八条　公共图书馆的建设用地应符合《公共图书馆建设用地指标》的规定。绿地率宜为30%～35%。

第十九条　大、中型公共图书馆应独立建设。小型公共图书馆宜与文化馆等其他文化设施合建。公共图书馆与其他文化设施合建时，必须满足其使用功能和环境要求，并自成一区，单独设置出入口。

第三章　总建筑面积和分项面积

第二十条　公共图书馆总建筑面积以及相应的总藏书量、总阅览座位数量，按表2的控制指标执行。

表2　公共图书馆总建筑面积以及相应的总藏书量、总阅览座位数量控制指标

规模	服务人口（万）	建筑面积		藏书量		阅览座位	
		千人面积指标（m^2/千人）	建筑面积控制指标（m^2）	人均藏书（册、件/人）	总藏量（万册、件）	千人阅览座位（座/千人）	总阅览座位（座）
大型	400～1000	9.5～6	38000～60000	0.8～0.6	320～600	0.6～0.3	2400～3000
	150～400	13.3～9.5	20000～38000	0.9～0.8	135～320	0.8～0.6	1200～2400
中型	100～150	13.5～13.3	13500～20000	0.9	90～135	0.9～0.8	900～1200
	50～100	15～13.5	7500～13500	0.9	45～90	0.9	450～900
	20～50	22.5～15	4500～7500	1.2～0.9	24～45	1.2～0.9	240～450
小型	10～20	23～22.5	2300～4500	1.2	12～24	1.3～1.2	130～240
	3～10	27～23	800～2300	1.5～1.2	4.5～12	2.0～1.3	60～130

注：1. 服务人口1000万以上的，参照1000万服务人口的人均藏书量、千人阅览座位数指标执行。服务人口3万以下，不建设独立的公共图书馆，应与文化馆等文化设施合并建设，其用于图书馆部分的面积，参照3万服务人口的人均藏书量、千人阅览座位指标执行。

2. 表中服务人口处于两个数值区间的，采用直线内插法确定其建筑面积、藏书量和阅览座位指标。

3. 建筑面积指标所包含的项目见附录。

第二十一条　在确定公共图书馆建筑面积时，首先应依据服务人口数量和表 2 确定相应的藏书量、阅览座位和建筑面积指标，再综合考虑服务功能、文献资源的数量与品种和当地经济发展水平因素，在一定的幅度内加以调整。

一、根据服务功能调整，是指省、地两级具有中心图书馆功能的公共图书馆增加满足功能需要的用房面积。主要包括增加配送中心、辅导、协调和信息处理、中心机房(主机房、服务器)、计算机网络管理与维护等用房的面积。

二、根据文献资源的数量与品种调整总建筑面积的方法是：

1. 根据藏书量调整建筑面积＝(设计藏书量－藏书量指标)÷每平方米藏书量标准÷使用面积系数

2. 根据阅览座位数量调整建筑面积＝(设计藏书量－藏书量指标)÷1000 册/座位×每个阅览座位所占面积指标÷使用面积系数

三、根据当地经济发展水平调整总建筑面积，主要采取调整人均藏书量指标以及相应的千人阅览座位指标的方法。调整后的人均藏书量不应低于 0.6 册(5 万人口以下的，人均藏书量不应少于 1 册)。

四、总建筑面积调整幅度应控制在±20％以内。

第二十二条　少年儿童图书馆的建筑面积指标包括在各级公共图书馆总建筑面积指标之内，可以独立建设，也可以合并建设。

独立建设的少年儿童图书馆，其建筑面积应依据服务的少年儿童人口数量按表 2 的规定执行；合并建设的公共图书馆，专门用于少年儿童的藏书与借阅区面积之和应控制在藏书和借阅区总面积的 10％～20％。

第二十三条　公共图书馆各类用房使用面积比例参照表 3 确定，其总使用面积系数宜控制在 0.7。

表 3　公共图书馆各类用房使用面积比例表

序号	用房类别	比例(％)		
		大型	中型	小型
1	藏书区	30～35	55～60	55
2	借阅区	30		
3	咨询服务区	3～2	5～3	5
4	公共活动与辅助服务区	13～10	15～13	15
5	业务区	9	10～9	10
6	行政办公区	5	5	5
7	技术设备区	4～3	4	4
8	后勤保障区	6	6	6

第四章　总体布局与建设要求

第二十四条　公共图书馆建筑设计应适应现代图书馆服务方式的变化，满足图书馆开架与闭架管理相结合、纸质图书与数字资源利用相结合、提供文献资源与提供文化活动相结合的服务模式需求，根据其规模和功能合理设计。在外观造型、室内装修和环境设计上，注意体现文化建筑的氛围特点，讲究实用效果。

第二十五条　公共图书馆总平面布置必须分区明确，布局合理，流线通畅，朝向和通风良好。少儿阅览区应与成人阅览区分开，并宜设置单独的出入口，有条件的，可设室外少年儿童活动场地。老龄阅览室和视障阅览室应设在一层。后勤保障用房应尽量集中布置。

公共图书馆馆区范围内的室外道路、围栏、照明、绿化、消防设施、管线沟井等室外工程应统一规划建设。

第二十六条　公共图书馆的交通流线组织应畅通便捷，主要出入口人、书、车要分流，标识清晰，科学组织读者、图书和工作人员交通流线。藏书库、采编用房及书刊出入口的书流通道宜与读者人流通道分开布置。要设计应对突发事件的安全疏散路线。

第二十七条　公共图书馆的无障碍设计应符合《城市道路和建筑物无障碍设计规范》(JGJ 50—2001)的规定。

第二十八条　公共图书馆应配建公共停车场所，并宜充分利用社会停车设施和地下空间。可根据实际需要按《公共图书馆建设用地指标》或当地规划部门的规定确定机动车及自行车车位数量。地下车库面积不在图书馆总建筑面积之内。

第二十九条　公共图书馆建筑应以多层为主，当用地紧张且城市规划许可时，可采用高层建筑，但向公众开放的公共空间不宜超过6层。

第三十条　公共图书馆的藏书、借阅、咨询服务、公共活动与辅助服务等基本用房，应具有空间使用的灵活性和可调整性，宜采用框架(框剪)结构体系或其他大空间结构形式。

第三十一条　公共图书馆建筑结构抗震要求一般按标准设防类建筑设防。但公共图书馆的视听室和报告厅、大型公共图书馆的阅览室、保存有国家珍贵及重要文献的特藏书库，应按重点设防类建筑设防。

第三十二条　公共图书馆的室内环境设计、建筑热工设计和暖通空调设计，应符合《公共建筑节能设计标准》(GB 50189—2005)的规定，改善室内环境，提高能源利用效率。建筑构配件、装修材料和建筑设备必须选择安全、节能、环保、不损害健康的产品。

第三十三条　公共图书馆各部分的允许噪声级按《图书馆建筑设计规范》(JGJ 38—

99)的分区规定执行。阅览室、研究室等“静区”，应有较安静的环境，避免噪声特别是交通噪声的干扰。确实无法避免时，应从平面布置和隔声两方面采取措施。电梯井道及产生噪声的设备机房应采取吸声、隔声及减振措施，阅览区宜采用软质材料地面、吸声顶棚、吸声墙面等有助于减低噪声的措施。

第三十四条　公共图书馆的主要阅览室特别是少儿和老龄阅览室应有良好的日照，并应充分利用自然通风和天然采光。

第三十五条　公共图书馆的文献资料防护应包括围护结构保温、隔热、温度和湿度要求、防潮、防尘、防有害气体、防阳光直射和紫外线照射、防磁、防静电、防虫、防鼠、消毒和安全防范等。

公共图书馆要有严格可靠的防水、防潮措施，书库、特藏书库和非书资料库、阅览室的防护设计应符合《图书馆建筑设计规范》(JGJ 38—99)的规定，设置必要的通风、空调、除湿设备，有条件的宜设空气调节和净化设施。

第三十六条　公共图书馆的建筑防火应遵守国家现行的建筑设计防火规范和有关技术标准。根据《图书馆建筑设计规范》(JGJ 38—99)的规定确定耐火等级、防火防烟分区，针对图书馆的特点设计建筑构造、配置消防设施，设置安全疏散出口。

第三十七条　阅览室在四层及以上的公共图书馆应设为读者服务的电梯，四层以下的大中型公共图书馆也可设电梯。书库在二层及以上的公共图书馆应设提升设备。

第五章　建筑设备

第三十八条　公共图书馆应设室内外给水、排水系统和消防给水系统，及相应的设施和设备。给排水管道不得穿过书库及藏阅合一的阅览室。

第三十九条　公共图书馆室内温度、湿度设计参数、通风换气次数、送风气流速度等应符合《图书馆建筑设计规范》(JGJ 38—99)的要求。需要空气调节的大、中型公共图书馆，宜按照现行国家标准，设置集中空调系统。供热热源优先采用城市集中供热。

第四十条　公共图书馆的电气系统，应按其规模确定用电负荷等级。计算机中心、消防系统以及防盗监控系统，应按规定设置可靠的备用电源。

公共图书馆人工照明标准，应符合《建筑照明设计标准》(GB 50034—2004)的要求。除正常的人工照明外还应设应急照明和值班照明。阅览区照明宜分区控制。

第四十一条　公共图书馆应按需要设电话系统、电视接收与卫星接收系统，在适当位置设公用电话。大中型公共图书馆应设与消防安保合用的广播系统。

第四十二条　公共图书馆应按网络化的要求，建设由主干网、局域网、信息点组成的网络系统。信息点的布局根据阅览座位、业务工作的需要确定。有条件的公共图书馆可设置局域无线网络系统。大型公共图书馆的网络系统应与办公自动化、楼宇自动化一并考虑，根据实际需要选择适当型级的综合布线系统。

第四十三条　公共图书馆应设置安全防盗装置。大、中型公共图书馆的主要入口处、储藏珍贵文献资料的书库和阅览室、重要设备室、网络管理中心等均应设置门禁及电视监控系统。

附录　公共图书馆用房项目设置表

项目构成		大型	中型	小型	内容	备注
藏书区	基本书库	●	◎	○	保存本库、辅助书库等	包括工作人员工作、休息使用面积。开架书库还包括出纳台和读者活动区 使用面积：闭架书库 280～350 册/m^2；开架书库 250～280 册/m^2；阅览室藏书区 250 册/m^2
	阅览室藏书区	●	●	●		
	特藏书库	●	●	◎	古籍善本库、地方文献库、视听资料库、微缩文献库、外文书库，以及保存书画、唱片、木版、地图等文献库	
借阅区	一般阅览室	●	●	●	报刊阅览室、图书借阅室等	包括工作人员工作、休息使用面积，出纳台和读者活动区 阅览座位使用面积：1.8～2.3m^2/座
	老龄阅览室	◎	◎	◎		
	少年儿童阅览室	●	●	●	少年儿童的期刊阅览室、图书借阅室、玩具阅览室等	
	特藏阅览室	●	●	◎	古籍阅览室、外文阅览室、工具书阅览室、舆图阅览室、地方文献阅览室、微缩文献阅览室、参考书阅览室、研究阅览室等	阅览座位使用面积：3.5～5m^2/座
	视障阅览室	●	●	◎		阅览座位使用面积：4m^2/座
	多媒体阅览室	●	●	●	电子阅览室、视听文献阅览室等	总面积要满足"全国文化信息资源共享工程"终端设置和开展服务的需要
咨询服务区	办证、检索	●	●	●		小型馆不少于 18m^2
	总出纳台	●	●	◎		
	咨询	●	●	◎	专门设置的咨询服务台、咨询服务机构、咨询服务专用的计算机位等	

续表

项目构成		大型	中型	小型	内容	备注
公共活动与辅助服务区	寄存、饮水处	●	●	●		
	读者休息处	●	●	◎		
	陈列展览	●	●	○		大型馆：400～800m²； 中型馆：150～400m²
	报告厅	●	●	○		大型馆：300～500 席位；应与借阅区隔离、单独设置。 中型馆：100～300 席位。每座使用面积不少于 0.8m²/座
	综合活动室	◎	◎	●		小型馆不设单独报告厅、陈列展览室、培训室，只设 50～300m² 的综合活动室，用于陈列展览、讲座、读者活动、培训等 大、中型馆可另设综合活动室
	培训室	●	●	◎	用于读者培训的教室或场地	大型馆 3～5 个； 中型馆 1～3 个
	交流接待	●	●	○		
	读者服务（复印等）	●	●	●		
业务区	采编、加工	●	●	●		
	配送中心	◎	◎	●	为街道、乡镇图书馆统一采编、配送图书用房	
	辅导、协调	●	●	●	用于指导、协调下级馆业务	
	典藏、研究、美工	●	●	○		
	信息处理（含数字资源）	●	●	○		
行政办公区	行政办公室	●	●	●		参照《党政机关办公用房建设标准》（国家发展计划委员会计投资〔1999〕2250 号）执行
	会议室	●	●	●		

续表

<table>
<tr><th colspan="2">项目构成</th><th>大型</th><th>中型</th><th>小型</th><th>内容</th><th>备注</th></tr>
<tr><td rowspan="6">技术设备区</td><td>中心机房（主机房、服务器）</td><td>●</td><td>●</td><td>●</td><td></td><td rowspan="6">包括“全国文化信息资源共享工程”设备使用面积，以及工作人员工作、休息使用面积</td></tr>
<tr><td>计算机网络管理和维护用房</td><td>●</td><td>●</td><td>◎</td><td></td></tr>
<tr><td>文献消毒</td><td>●</td><td>●</td><td>●</td><td></td></tr>
<tr><td>卫星接收</td><td>●</td><td>●</td><td>◎</td><td></td></tr>
<tr><td>音像控制</td><td>●</td><td>◎</td><td>○</td><td></td></tr>
<tr><td>微缩、装裱整修</td><td>◎</td><td>◎</td><td>○</td><td></td></tr>
<tr><td rowspan="8">后勤保障区</td><td>变配电室</td><td>●</td><td>●</td><td>◎</td><td></td><td rowspan="8">包括操作人员工作、休息使用面积</td></tr>
<tr><td>电话机房</td><td>●</td><td>●</td><td>◎</td><td></td></tr>
<tr><td>水池/水箱/水泵房</td><td>●</td><td>●</td><td>◎</td><td></td></tr>
<tr><td>通风/空调机房</td><td>●</td><td>●</td><td>◎</td><td></td></tr>
<tr><td>锅炉房/换热站</td><td>●</td><td>●</td><td>◎</td><td></td></tr>
<tr><td>维修、各种库房</td><td>●</td><td>●</td><td>◎</td><td></td></tr>
<tr><td>监控室</td><td>●</td><td>●</td><td>○</td><td></td></tr>
<tr><td>餐厅</td><td>◎</td><td>◎</td><td>○</td><td></td></tr>
</table>

注：1. 以上用房有关设计要求，按《图书馆建筑设计规范》(JGJ 38—99)的规定执行。

2. 小型图书馆的可设项目原则适用 2300m^2 以上的小型图书馆

注：●应设　◎可设　○不设

(五)《文化馆建设标准》[①]

文化馆建设标准

第一章　总　则

第一条　为适应我国公益性文化事业发展的需要，加强和规范文化馆(合群众艺术馆)的建设，依据《公共文化体育设施条例》及相关法律法规，制定本建设标准。

第二条　本建设标准是文化馆建设项目科学决策和合理确定项目建设水平的全国统一标准，是审批核准文化馆建设项目的依据，是有关部门审查文化馆建设项目初步设计和监督检查工程项目建设全过程的尺度。

第三条　本建设标准适用于县级以上(含县级)人民政府投资新建、改建或扩建的文化馆工程，其他文化馆(站)可参照执行。

① 中华人民共和国文化部. 文化馆建设标准[M]. 北京：中国计划出版社，2010：1-10。

第四条　文化馆属于社会公益性文化设施，其建设应纳入当地国民经济和社会发展规划、城市规划或镇规划、城镇建设相关专项规划，纳入政府投资计划。

第五条　文化馆建设应符合国家及所在城镇文化事业发展规划的要求，以人为本、功能优先，因地制宜、合理布局，经济适用、节能环保。

第六条　文化馆建设应立足现实、兼顾发展，统一规划，配套建设，投资确有困难的，可一次规划设计、分期建设。

第七条　文化馆建筑可独立建设，也可与其他相关文化设施联合建设，规模较小的文化馆应与其他文化设施联合建设。文化馆的改、扩建项目应充分利用原有场地和设施。

第八条　文化馆建设必须贯彻执行国家有关法律、法规，按照专业化协作和社会化服务的原则，统筹兼顾，优化配置，科学设计。

第九条　文化馆建设除执行本标准外，还应符合国家现行的相关标准、规范和定额指标的规定。

第二章　建设规模与项目组成

第十条　文化馆建筑根据其建筑面积规模划分为大型馆、中型馆和小型馆 3 种类型。

大型馆指建筑面积大于等于 $6000m^2$ 的文化馆；

中型馆指建筑面积大于等于 $4000m^2$ 且小于 $6000m^2$ 的文化馆；

小型馆指建筑面积大于等于 $800m^2$ 且小于 $4000m^2$ 的文化馆。

第十一条　文化馆建筑项目包括：房屋建筑、室外场地及建筑设备。

第十二条　文化馆房屋建筑包括：群众活动用房、业务用房、管理用房和辅助用房。

一、群众活动用房包括：演艺活动、交流展示、辅导培训、图书阅览、游艺娱乐等用房。

二、业务用房包括：文艺创作、研究整理、其他专业工作用房。

三、管理用房包括：行政管理、会议接待等用房。

四、辅助用房包括：储存库房、建筑设备、后勤服务等用房。

第十三条　文化馆室外场地包括：开展群众文化艺术与信息交流活动的室外活动场地、美化环境的绿地、休憩场地、道路及停车场地等。

第十四条　文化馆建筑设备包括：给水排水系统及设备、电气系统及设备、暖通与空调系统及设备、网络与通信系统及设备、舞台演出及展览设备等。

第三章　选址、用地与总体布局

第十五条　文化馆的选址应符合所在地的城市规划、镇规划或相关专项规划，选择在城镇文化中心或人口集中、交通便利(大城市和特大城市应为公交便利)的地区；同时满足工程地质及水文地质条件，符合安全、卫生和环保标准，便于开展群众性文化活动；宜结合城镇广场、公园绿地等公共活动空间综合布置，避免或减少对医院、学校、幼儿园、住宅等需要安静环境的建筑的影响。

第十六条　文化馆的建设用地面积、建筑密度、室外活动场地面积、停车场地面积等控制指标应符合《文化馆建设用地指标》的相关规定(表 1)。绿地率应符合当地城市规划、镇规划的相关控制要求。

表 1　文化馆建设用地控制指标

<table>
<tr><th>类型</th><th>建筑用地总面积(m^2)</th><th>室外活动场地面积(m^2)</th><th>建筑密度(%)</th><th>停车场地控制</th></tr>
<tr><td>大型馆</td><td>4500～6500</td><td>1200～2000</td><td>25～40</td><td rowspan="3">机动车：控制在建设用地总面积的 8%以内；
自行车：按每百平方米建筑面积 2 个车位配置</td></tr>
<tr><td>中型馆</td><td>3500～5000</td><td>900～1500</td><td>25～40</td></tr>
<tr><td>小型馆</td><td>2000～4000</td><td>600～1000</td><td>25～40</td></tr>
</table>

注：建筑面积不足 2000m^2 的小型馆，应与其他相关公共文化设施联合建设，不设置独立的建设用地。

第十七条　文化馆建筑的总平面布局应达到功能组织合理、动静分区明确、空间构成紧凑、日照通风良好、结合自然环境，有效组织建筑的室内外空间，节约集约用地。

第十八条　文化馆建筑的出入口应不少于 2 个；紧邻城镇交通干道的出入口应留出集散缓冲空间，并符合当地城镇规划和建设的相关要求。联合建设的文化馆应相对独立，并设有专用出入口。

第十九条　文化馆的大型排演厅、观演厅、展览厅、多功能厅等人流量大、聚散集中的用房宜设在建筑首层，并应设置直接对外的安全出口或合理组织应急疏散通道。

第四章　面积指标

第二十条　文化馆建筑面积规模依据服务人口数量确定并符合表 2 的要求。

表 2　文化馆建筑面积指标

<table>
<tr><th>类型</th><th>服务人口(万人)</th><th>建筑面积(m^2)</th><th>适用范围</th></tr>
<tr><td rowspan="2">大型馆</td><td>≥250</td><td>≥8000</td><td rowspan="2">大城市</td></tr>
<tr><td>50～250</td><td>6000～8000</td></tr>
<tr><td rowspan="2">中型馆</td><td>20～50</td><td rowspan="2">4000～6000</td><td>中等城市</td></tr>
<tr><td>≥30</td><td>市辖区</td></tr>
</table>

续表

类型	服务人口（万人）	建筑面积（m^2）	适用范围
小型馆	5～20	2000～4000	小城市
	5～30		市辖区或独立组团
	<5	800～2000	城关镇

注：省、市、县文化馆服务人口以其所在城镇常住人口进行核算，其他文化馆服务人口以其服务范围内的常住人口进行核算；处于两个数值区间的，采用直线内插法确定建筑面积；小于 $2000m^2$ 的文化馆应与其他相关文化设施联合建设。

第二十一条　文化馆建筑各类用房的项目设置应兼顾当地城镇经济社会发展水平、社会需求以及各馆的特色综合确定，可参照本建设标准附录执行。

第二十二条　文化馆建筑应以群众活动功能为主，各类功能用房的使用面积比例可参照表 3 执行。文化馆建筑的使用面积系数宜为 65%。

表 3　文化馆各类功能用房使用面积比例(%)

序号	分项内容	大型馆	中型馆	小型馆
1	群众活动用房	77～79	77～79	76～78
2	业务用房	6	8	10
3	管理用房	7	7	8
4	辅助用房	8～10	6～8	4～6
5	总使用面积	100	100	100

第五章　建筑与室内外环境

第二十三条　文化馆建筑造型、室内外环境设计应体现公共文化设施的属性，具有地方风格和文化特色。

第二十四条　文化馆室内外的无障碍设计，应符合《城市道路和建筑物无障碍设计规范》JGJ 50 的规定，非单层建筑应设无障碍电梯。

第二十五条　文化馆室外活动场地可结合绿地统筹设计，并应留有开展露天群众文化活动或信息宣传活动、设置临时舞台或相应设备的条件。

第二十六条　文化馆建筑应以多层为主，用地紧张且城市规划许可时可适当提高层数。

第二十七条　文化馆建筑应根据使用功能的要求以及经济的合理性确定各类用房的空间体量，选择适宜的柱网、层高与结构形式。多功能厅、展览厅、阅览室、舞蹈(综合)排练室、儿童活动室、大教室等群众活动用房应兼顾空间组织的灵活性。

第二十八条　文化馆建筑抗震设防分类应符合《建筑工程抗震设防分类标准》GB 50223 的规定，按标准设防类建筑设防；文化馆的大型排演厅、观演厅、多功能厅、展览厅应按重点设防类建筑设防。文化馆建筑结构安全等级应符合《建筑结构可靠度设计统一标准》GB 50068 的规定，安全等级应为二级；其大型排演厅、观演厅、多功能厅、展览厅安全等级应为一级。

第二十九条　文化馆建筑消防设计应符合《建筑设计防火规范》GB 50016 和《高层民用建筑设计防火规范》GB 50045 的规定，耐火等级不应低于二级；装修材料的使用应符合《建筑内部装修设计防火规范》GB 50222 的规定。

第三十条　文化馆建筑应符合《文化馆建筑设计规范》JGJ 41 允许噪声级的相关规定；大型排演厅、观演厅的噪声控制可参照《剧场建筑设计规范》JGJ 57 和《电影院建筑设计规范》JGJ 08 执行。文化馆建筑内部各项活动功能差异性较大，平面布局除考虑动静分区外还应采取必要的隔声措施。

第三十一条　文化馆大型排演厅的观众厅、舞台、后台及声学设计等应符合《剧场建筑设计规范》的有关要求。文化馆的观演厅可参照《剧场建筑设计规范》及《电影院建筑设计规范》有关观众厅、舞台、后台以及声学要求、放映机房要求等综合设计。

第三十二条　文化馆建筑应充分利用自然通风和采光，采光设计可参照《建筑采光设计标准》GB/T 50033 执行。老年活动室和儿童活动室应有良好的建筑朝向和日照、通风条件。

第三十三条　文化馆建筑的节能设计、室内环境设计、热工设计和暖通空调设计，应符合《公共建筑节能设计标准》GB 50189 以及《民用建筑热工设计规范》GB 50176 的相关规定。建筑构配件、装修材料和建筑设备必须选择安全、节能、环保的产品。

第三十四条　文化馆建筑的室内外装修应考虑使用功能与当地经济社会发展状况、气候条件、景观环境、地方及民族特色等，因地制宜，力求适用、经济、美观。

第六章　建筑设备

第三十五条　文化馆建筑五层以上(含五层)设有群众活动用房的应设置电梯。

第三十六条　文化馆应设有给水、排水系统及消防给水系统，以及相应的设施和设备。

第三十七条　文化馆应设有相应的采暖、空调系统并达到国家有关节能标准要求。采用集中采暖、空调系统的文化馆，应设置分楼层或分室内区域的室温可调控装置。

第三十八条　文化馆的电气系统，应按其规模合理确定用电负荷等级；消防系统、安防系统应设置备用电源，保证用电安全。文化馆建筑的人工照明标准，应符合《建筑照明设计标准》GB 50034 的要求；文化馆室外活动场地应配有相应的室外活动照明系统。

第三十九条　文化馆应根据需要配置电话、电视与卫星接收系统等设备。大型文化馆应设置与消防、安防合用的广播系统，可在适当位置设公用电话。

第四十条　文化馆应根据实际需求选择与当地网络化发展相适应的网络服务系统以及网络和计算机设备，综合布线。

附录　文化馆建筑用房项目设置表

功能	项目构成	主要内容	大型馆	中型馆	小型馆	使用面积控制要求
群众活动用房	演艺活动	大型排演厅(400～600 座)	●	○	○	800～1200m²
		观演厅(150～300 座)	◎	●	◎	400～800m²
		多功能厅(小型排演、报告)	●	●	●	300～500m²
	交流展示	展览厅(陈列厅)	●	●	●	展览厅≥65m²/间，250～500m² 为宜
		宣传廊	●	●	●	
	辅导培训	大教室(80 人/班为宜)	●	◎	◎	≥1.4m²/人，120m²/间为宜
		小教室(40 人/班为宜)	●	●	●	≥1.4m²/人，60m²/间为宜
		计算机与网络教室	●	●	●	70～100m² 为宜
	辅导培训	多媒体视听教室	●	◎	◎	100～180m²/间为宜
		舞蹈(综合)排练室	●	●	●	≥6m²/人，200～400m²/间为宜
		独立学习室(音乐、书法、美术、曲艺等，≤30 人/班)	●	●	●	美术、书法≥2.8m²/人，其他≥2.0m²/人，60m²/间为宜
	图书阅览	阅览室	●	●	◎	100～150m² 为宜
		资料档案室、书报储存室	●	●	●	25～50m² 为宜
	游艺娱乐	综合活动室	◎	◎	◎	30m²/间为宜
		儿童活动室	●	◎	○	100～120m²/间为宜
		老人活动室	●	●	●	60～90m²/间为宜
		特色文化活动室	◎	◎	◎	100～150m²/间为宜
业务用房	文艺创作	文艺创作室	●	●	●	一般工作室 24m²/间为宜；琴房≥6m²/间；美术、书法工作室≥24m²/间为宜；其他有特殊要求的专业工作室可根据实际需要确定使用面积
	研究整理	非物质文化遗产工作室、文化艺术档案室	●	●	●	
	其他专业工作	音像、摄影、音乐、戏曲、舞蹈、美术、书法等工作室	●	●	●	
		刊物编辑、出版工作室	◎	◎	◎	
		网络文化服务、机房	●	●	◎	
管理用房	行政管理	办公室	●	●	●	应符合《党政机关办公用房建设标准》的要求
	会议接待	会议、接待室	●	●	◎	60～90m² 为宜

续表

<table>
<tr><th>功能</th><th>项目构成</th><th>主要内容</th><th>大型馆</th><th>中型馆</th><th>小型馆</th><th>使用面积控制要求</th></tr>
<tr><td rowspan="5">辅助用房</td><td>储存库房</td><td>道具库房、储藏间等</td><td>●</td><td>●</td><td>●</td><td rowspan="5">室内停车面积平均 40m²/辆为宜；
值班室面积不宜小于 6m²；
其他用房按使用功能要求及建设规模配建需求确定使用面积</td></tr>
<tr><td rowspan="2">建筑设备</td><td>水池/水箱/水泵房、变配电室等</td><td>●</td><td>●</td><td>●</td></tr>
<tr><td>维修室、锅炉房/换热站、空调机房、监控室等</td><td>●</td><td>●</td><td>◎</td></tr>
<tr><td rowspan="2">后勤服务</td><td>值班等</td><td>●</td><td>●</td><td>◎</td></tr>
<tr><td>车库等</td><td>●</td><td>◎</td><td>○</td></tr>
</table>

注：表中●、◎、○分别为应设、可设和不设用房项目；文化馆建筑群众活动用房项目构成主要内容的设置数量差异较大，各馆可根据实际需求及本馆特长合理确定；小型馆的应设项目原则上适用于 2000m² 以上的文化馆。

(六)乡镇综合文化站建设标准①

乡镇综合文化站建设标准

第一章　总　则

第一条　为加强和规范乡镇综合文化站的设施建设，提高乡镇综合文化站建设项目的决策科学性和管理水平，满足农民群众基本文化需求，促进社会主义新农村建设，依据有关法律、法规及国家现行政策，制定本建设标准。

第二条　本标准是乡镇综合文化站建设项目科学决策、合理确定项目建设和投资水平的全国性统一标准，是编制、评估和审批乡镇综合文化站建设项目建议书和可行性研究报告的重要依据，也是有关部门审查乡镇综合文化站建设项目初步设计和对整个建设过程监督检查的尺度。

第三条　本标准适用于政府在乡镇一级行政单位新建、改建和扩建的乡镇综合文化站。街道综合文化站和其他文化站的建设可参照本建设标准执行。

第四条　乡镇综合文化站的建设应纳入当地经济和社会发展的总体规划，纳入新农村建设规划和城镇建设相关专项规划。

第五条　乡镇综合文化站的建设应贯彻执行国家关于加强农村文化建设、加强公共文化服务体系建设以及加强公共建筑工程建设管理的方针政策，坚持以人为本，科学规划，努力构建规模适当、安全可靠、功能优先、经济适用、环保节能，覆盖广大

① 中华人民共和国文化部．乡镇综合文化站建设标准[M]．北京：中国计划出版社，2012：1-9。

农村区域的普遍均等、惠及全民的乡镇综合文化站服务设施。

第六条　乡镇综合文化站项目建设应遵循统一规划、统筹建设，突出重点、分步实施的建设原则。改建或扩建项目，应充分利用原有场地和设施。

第七条　乡镇综合文化站的建设，除执行本建设标准外，尚应符合国家现行有关标准、规范和定额指标的规定。

第二章　建设规模、项目构成与选址

第八条　乡镇综合文化站建设根据其建筑面积规模划分为大型站、中型站和小型站三种类型。

大型站是指建筑面积大于或等于 $800m^2$ 的乡镇综合文化站；

中型站是指建筑面积大于或等于 $500m^2$ 且小于 $800m^2$ 的乡镇综合文化站；

小型站是指建筑面积大于或等于 $300m^2$ 且小于 $500m^2$ 的乡镇综合文化站。

第九条　乡镇综合文化站的建设内容包括房屋建筑、室外场地和建筑设备。

第十条　乡镇综合文化站的房屋建筑包括：文化体育活动用房，书刊阅览用房，教育培训用房，网络信息服务用房，管理与辅助用房。

一、文化体育活动用房：包括多功能活动厅、排练室、展览室、体育健身室、美术室等；

二、书刊阅览用房：包括书刊阅览室、少年儿童图书阅览室、电子阅览室等；

三、教育培训用房：包括教室、视听室等；

四、网络信息服务用房：包括广播电视服务室、文化信息资源共享工程服务室、微机室等；

五、管理和辅助用房：包括管理室、设备间、库房等。

乡镇综合文化站建筑用房项目内容设置应根据其建设规模及主要功能合理确定，并应符合本建设标准附录一的要求。

第十一条　乡镇综合文化站室外场地主要包括：室外活动场地(含开展群众文化体育活动的篮球场、演出和文艺活动场地，以及宣传橱窗等)、绿化休憩场地、道路及停车场地等。

第十二条　乡镇综合文化站建筑设备包括：卫生设备、电气设备、通信设备、信息设施设备、暖通空调设备、消防与安全设备等，应根据其建设规模、环境要求和功能需求合理配置。

第十三条　乡镇综合文化站选址应符合下列要求：

一、应选择乡、镇中心或交通便利、人口集中的地域，便于群众聚集活动，且易于疏散；

二、应符合所在城镇的镇(乡)总体规划；

三、工程地质及水文地质条件良好，符合安全、卫生和环保标准等要求。

四、宜结合乡镇广场、公园绿地等公共活动空间综合布置，避免或减少对医院、学校、幼儿园、住宅等需要安静环境建筑的影响。

第十四条　乡镇综合文化站可与其他文化、社会教育、社会服务设施合并建设，但不得与乡、镇政府办公楼合并建设。

在与其他文化、社会教育、社会服务设施合并建设时，文化站功能用房应相对集中，便于开展活动，避免相互干扰。在与乡、镇政府办公楼使用同一场地进行建设时，应独立成区，并设有专用出入口。

第三章　建筑面积指标

第十五条　乡镇综合文化站建筑面积规模应以服务人口数量为主要依据，兼顾经济社会发展水平、社会需求、功能设计综合确定，并符合表1的控制要求。

表1　乡镇综合文化站建筑面积控制指标

类型	服务人口（万人）	建筑面积（m^2）
大型站	5～10	800～1500
中型站	3～5	500～800
小型站	1～3	300～500
	1以下	300

注：1. 表中服务人口处于两个数值区间的，采用直线内插法确定其建筑面积指标。

2. 表中服务人口是指乡镇辖区的常住人口。

3. 服务人口在10万以上的，参照国家现行标准《文化馆建设标准》建标136—2010中服务人口5万以上的市辖区文化馆建筑面积指标研究。

4. 建筑面积指标所包含的项目应符合附录一的规定。

第十六条　乡镇综合文化站建筑各类功能用房使用面积比例应参照表2确定，其总使用面积系数宜控制在0.7。

表2　乡镇综合文化站各类用房使用面积比例表

序号	用房类别	比例（%）		
		大型站	中型站	小型站
1	文化体育活动用房	50～60	40～50	35～40
2	书刊阅览用房	15～12	17～15	18～17
3	教育培训用房	15～12	17～15	18～17
4	网络信息用房	12～9	16～12	18～16
5	管理和辅助用房	8～7	10～8	11～10

第十七条　乡镇综合文化站宜为一至三层建筑，并应设有不少于600m^2的室外活动场地。

室外活动场地面积应保障基本文化、体育活动需要，留有设置临时舞台的相应空间和设施条件，并配建不少于15m^2的宣传橱窗。

结合乡镇广场、公园绿地等公共活动空间综合布置的乡镇综合文化站，可适当减少室外活动场地面积或不再另设室外活动场地。

第十八条　乡镇综合文化站的建设用地面积应能保障其房屋建筑和室外活动场地的需要，绿化率和停车场面积应符合当地主管部门的相关控制指标要求。乡镇综合文化站建筑的容积率、建筑密度和室外活动场地面积参照表3确定。

表3　乡镇综合文化站建设用地控制指标

类型	室外活动场地面积(m^2)	容积率	建筑密度(%)	绿化、道路、停车场面积
大型站	600～1200	0.7～1.0	25～40	根据当地主管部门有关控制指标要求和实际情况确定
中型站	600～1000	0.5～0.7	25～40	
小型站	600～800	0.3～0.5	25～40	

第四章　建筑标准与建筑设备

第十九条　乡镇综合文化站外观建筑造型、室内外环境设计应体现公共文化设施的特点，宜具有地方风格和民族特色。室内外装修应因地制宜，力求经济、适用、美观。

第二十条　乡镇综合文化站的平面布局应达到功能组织合理，做到动区、静区分开，空间构成紧凑，结合自然环境，日照通风良好，有效组织建筑与场地的室内外空间，节约(集约)用地。

第二十一条　乡镇综合文化站应符合无障碍设计的要求。

乡镇综合文化站的内部空间应保证通行便利、出入口通畅。老年、少儿、残疾人活动区域应尽量放在首层或便于安全疏散的位置。多功能活动厅、排练室、展览室净高不低于3.6m。

第二十二条　乡镇综合文化站的文化体育活动用房应保障功能的综合性和使用的灵活性，文化体育活动用房、书刊阅览用房、教育培训用房的结构形式应满足使用功能的大空间要求和空间组织的灵活性需求，不应设置固定的座椅和舞台等设施。不得设置固定座椅的大型会议室。

第二十三条　乡镇综合文化站建筑的体形、外墙、屋顶及门窗的节能设计应符合现行国家标准《公共建筑节能设计标准》GB 50189的规定。建筑构配件、装修材料和建筑设备必须选择安全、节能、环保的产品。

第二十四条　乡镇综合文化站的建筑结构抗震要求，应根据当地所属的抗震设防分区，按照标准设防类建筑设防。

第二十五条　乡镇综合文化站的房屋建筑，应符合国家建筑设计防火规范的要求，其耐火等级不应低于二级；其装修材料应符合建筑内部装修设计防火规范的规定。

第二十六条　乡镇综合文化站的供暖，应根据不同气候分区及当地具体条件区别对待。

严寒及寒冷地区，应按照国家有关规定设置采暖设施，并应优先采用集中供暖。供暖方式均应符合安全、卫生要求。

在夏热地区，应注意房间朝向，做好通风及遮阳设计。网络信息服务用房等处需设置空气调节。

第二十七条　大、中型乡镇综合文化站及有条件的小型乡镇综合文化站应设置室内外给水、排水系统，设水冲厕所、饮水处以及其他盥洗设备。

第二十八条　乡镇综合文化站的电气系统，应按其规模合理确定用电负荷等级，保证用电安全。建筑的人工照明标准，应符合现行国家标准《建筑照明设计标准》GB 50034的要求；室外活动场地应配有电闸箱和相应的室外活动照明系统。乡镇综合文化站应配置电话，并根据需要配置电视与卫星接收等设备。

第二十九条　乡镇综合文化站应根据实际需求选择与当地网络化发展相适应的网络服务系统以及网络和计算机设备，综合布线。

附录一　乡镇综合文化站建设用房项目设置

项目构成		大型	中型	小型
文化体育活动用房	多功能活动厅	●	●	●
	排练室	◎	○	○
	展览室	●	◎	○
	体育健身室（乒乓球、台球、健身、棋牌等）	●	●	◎
	美术室	◎	◎	○
书刊阅览用房	书刊阅览室	●	●	●
	少年儿童图书阅览室	◎	◎	◎
	电子阅览室	●	◎	◎
教育培训用房	教室	●	●	●
	视听室	●	◎	◎
网络信息服务用房	文化信息资源共享工程服务室	●	●	●
	微机室	◎	◎	◎
	广播电视服务室	◎	◎	◎

续表

项目构成		大型	中型	小型
管理和辅助用房	管理室	●	●	●
	设备间	◎	◎	○
	库房	●	●	◎

注：●应设　◎可设　○不设

附录二　乡镇综合文化站专用设备、器材配备表

乡镇综合文化站的专用设备、器材包括：演出设备和乐器、演出服装，美术创作及展览设备，书报刊阅览设备，教育培训、视听及电教设备，摄影及摄像设备，文化信息资源共享工程设备，综合文化车，体育健身器材，其他设备等九类。其具体内容如下表：

乡镇综合文化站专用设备、器材配置表

序号	项　　目	细　　目
1	演出设备和乐器、演出服装	灯光、音响、流动舞台、乐器、服装、道具等
2	美术创作及展览设备	书画桌、展品挂件、展板、灯光等
3	书报刊阅览设备	书架、书柜、阅览桌椅及相关设备等
4	教育培训、视听及电教设备	课桌、椅、影碟机、电视、电脑、投影仪等
5	摄影及摄像设备	照相机、摄像机、刻录机等
6	文化信息资源共享工程设备	PC 服务器、投影仪、计算机和相关设备、卫星信号接收器等
7	综合文化车	送戏、送书下乡等流动文化服务综合用车
8	体育健身器材	乒乓球桌、台球桌、室内外健身器材、球类等
9	其他设备	舞龙、舞狮、民间工艺品制作等特色文化活动设备

(七)《国务院办公厅关于推进基层综合性文化服务中心建设的指导意见》①

国务院办公厅关于推进基层综合性文化服务中心建设的指导意见

国办发〔2015〕74 号

各省、自治区、直辖市人民政府，国务院各部委、各直属机构：

为贯彻落实《中共中央办公厅　国务院办公厅关于加快构建现代公共文化服务体系

① 国务院办公厅关于推进基层综合性文化服务中心建设的指导意见[EB/OL]. [2015-10-20]. http://www.gov.cn/zhengce/content/2015－10/20/content_10250.htm。

的意见》精神，推进基层公共文化资源有效整合和统筹利用，提升基层公共文化设施建设、管理和服务水平，经国务院同意，现就推进基层综合性文化服务中心建设提出如下意见。

一、推进基层综合性文化服务中心建设的重要性和紧迫性

基层是公共文化服务的重点和薄弱环节。近年来，我国公共文化服务体系建设加快推进，公共文化设施网络建设成效明显，基层公共文化设施条件得到较大改善。但随着我国新型工业化、信息化、城镇化和农业现代化进程加快，城市流动人口大幅增加，基层群众的精神文化需求呈现出多层次、多元化特点，现有的基层文化设施和服务已难以满足广大人民群众的实际需要。一是基层特别是农村公共文化设施总量不足、布局不合理。尤其在西部地区和老少边穷地区，基层文化设施不足的问题突出。二是面向基层的优秀公共文化产品供给不足，特别是内容健康向上、形式丰富多彩、群众喜闻乐见的文化产品种类和数量少，服务质量参差不齐。三是由于缺少统筹协调和统一规划，公共文化资源难以有效整合，条块分割、重复建设、多头管理等问题普遍存在，基层公共文化设施功能不健全、管理不规范、服务效能低等问题仍较突出，总量不足与资源浪费问题并存，难以发挥出整体效益。

党的十八届三中全会明确提出"建设综合性文化服务中心"的改革任务。推进基层综合性文化服务中心建设，有利于完善基层公共文化设施网络，补齐短板，打通公共文化服务的"最后一公里"；有利于增加基层公共文化产品和服务供给，丰富群众精神文化生活，充分发挥文化凝聚人心、增进认同、化解矛盾、促进和谐的积极作用；有利于统筹利用资源，促进共建共享，提升基层公共文化服务效能。要从战略和全局的高度，充分认识加强基层综合性文化服务中心建设的重要性和紧迫性，增强责任感和使命感，为巩固基层文化阵地、全面建成小康社会奠定坚实基础。

二、指导思想、基本原则和工作目标

(一)指导思想。全面贯彻党的十八大和十八届二中、三中、四中全会精神，按照党中央、国务院决策部署，以保障群众基本文化权益为根本，以强化资源整合、创新管理机制、提升服务效能为重点，因地制宜推进基层综合性文化服务中心建设，把服务群众同教育引导群众结合起来，把满足需求同提高素养结合起来，促进基本公共文化服务标准化均等化，使基层公共文化服务得到全面加强和提升，为实现"两个一百年"奋斗目标和中华民族伟大复兴中国梦提供精神动力和文化条件。

(二)基本原则。

坚持导向，服务大局。发挥基层综合性文化服务中心在宣传党的理论和路线方针政策、培育社会主义核心价值观、弘扬中华优秀传统文化等方面的重要作用，推动人们形成向上向善的精神追求和健康文明的生活方式，用先进文化占领基层文化阵地。

以人为本，对接需求。把保障人民群众基本文化权益作为工作的出发点和落脚点，把群众满意度作为检验工作的首要标准，建立健全群众需求反馈机制，促进供需有效对接，真正把综合性文化服务中心建成服务基层、惠及百姓的民心工程。

统筹规划，共建共享。以中西部地区和老少边穷地区为重点，从城乡基层实际出发，发挥基层政府的主导作用，加强规划指导，科学合理布局，整合各级各类面向基层的公共文化资源和服务，促进优化配置、高效利用，形成合力。

因地制宜，分类指导。综合考虑不同地区的经济发展水平、人口变化、文化特点和自然条件等因素，坚持试点先行，及时总结不同地区建设经验，发挥典型示范作用，推动各地形成既有共性又有特色的建设发展模式。

改革创新，提升效能。围绕建设、管理、使用等关键环节，改革管理体制和运行机制，创新基层公共文化服务的内容和形式，鼓励社会参与和群众自我服务，提高综合服务效益。

（三）工作目标。到 2020 年，全国范围的乡镇（街道）和村（社区）普遍建成集宣传文化、党员教育、科学普及、普法教育、体育健身等功能于一体，资源充足、设备齐全、服务规范、保障有力、群众满意度较高的基层综合性公共文化设施和场所，形成一套符合实际、运行良好的管理体制和运行机制，建立一支扎根基层、专兼职结合、综合素质高的基层文化队伍，使基层综合性文化服务中心成为我国文化建设的重要阵地和提供公共服务的综合平台，成为党和政府联系群众的桥梁和纽带，成为基层党组织凝聚、服务群众的重要载体。

三、加强基层综合性文化服务中心建设

（四）科学规划，合理布局。在全面掌握基层公共文化设施存量和使用状况的基础上，衔接国家和地方经济社会发展总体规划、土地利用总体规划、城乡规划以及其他相关专项规划，根据城乡人口发展和分布，按照均衡配置、规模适当、经济适用、节能环保等要求，合理规划布局公共文化设施。

（五）加强基层综合性文化设施建设。落实《国家基本公共文化服务指导标准（2015—2020 年）》，进一步完善基层综合性文化设施建设标准，加大建设力度。基层综合性文化服务中心主要采取盘活存量、调整置换、集中利用等方式进行建设，不搞大拆大建，凡现有设施能够满足基本公共文化需求的，一律不再进行改扩建和新建。乡镇（街道）综合性文化设施重在完善和补缺，对个别尚未建成的进行集中建设。村（社区）综合性文化服务中心主要依托村（社区）党组织活动场所、城乡社区综合服务设施、文化活动室、闲置中小学校、新建住宅小区公共服务配套设施以及其他城乡综合公共服务设施，在明确产权归属、保证服务接续的基础上进行集合建设，并配备相应器材设备。

（六）加强文体广场建设。与乡镇（街道）和村（社区）综合性文化设施相配套，按照人口规模和服务半径，建设选址适中、与地域条件相协调的文体广场，偏远山区不具备建设条件的，可酌情安排。文体广场要建设阅报栏、电子阅报屏和公益广告牌，并加强日常维护，及时更新内容。配备体育健身设施和灯光音响设备等，有条件的可搭建戏台舞台。

四、明确功能定位

（七）向城乡群众提供基本公共文化服务。着眼于保障群众的基本文化权益，按照《国家基本公共文化服务指导标准（2015—2020 年）》和各地实施标准，由县级人民政府结合自身财力和群众文化需求，制定本地基层综合性文化服务中心基本服务项目目录（以下简称服务目录），重点围绕文艺演出、读书看报、广播电视、电影放映、文体活动、展览展示、教育培训等方面，设置具体服务项目，明确服务种类、数量、规模和质量要求，实现“软件”与“硬件”相适应、服务与设施相配套，为城乡居民提供大致均等的基本公共文化服务。

（八）整合各级各类面向基层的公共文化资源。发挥基层综合性文化服务中心的终端平台优势，整合分布在不同部门、分散孤立、用途单一的基层公共文化资源，实现人、财、物统筹使用。以基层综合性文化服务中心为依托，推动文化信息资源共建共享，提供数字图书馆、数字文化馆和数字博物馆等公共数字文化服务；推进广播电视户户通，提供应急广播、广播电视器材设备维修、农村数字电影放映等服务；推进县域内公共图书资源共建共享和一体化服务，加强村（社区）及薄弱区域的公共图书借阅服务，整合农家书屋资源，设立公共图书馆服务体系基层服务点，纳入基层综合性文化服务中心管理和使用；建设基层体育健身工程，组织群众开展体育健身活动等。同时，加强文化体育设施的综合管理和利用，提高使用效益。

（九）开展基层党员教育工作。结合推进基层组织建设，把基层综合性文化服务中心作为加强思想政治工作、开展党员教育的重要阵地，发挥党员干部现代远程教育网络以及文化信息资源共享工程基层服务点、社区公共服务综合信息平台等基层信息平台的作用，广泛开展政策宣讲、理论研讨、学习交流等党员教育活动。

（十）配合做好其他公共服务。按照功能综合设置的要求，积极开展农民科学素质行动、社区居民科学素质行动、法治宣传教育和群众性法治文化活动，提高基层群众的科学素养和法律意识。要结合当地党委和政府赋予的职责任务，与居民自治、村民自治等基层社会治理体系相结合，根据实际条件，开展就业社保、养老助残、妇儿关爱、人口管理等其他公共服务和社会管理工作，推广一站式、窗口式、网络式综合服务，简化办事流程，集中为群众提供便捷高效的服务。

五、丰富服务内容和方式

（十一）广泛开展宣传教育活动。围绕新时期党和国家的重大改革措施及惠民政策，采取政策解读、专题报告、百姓论坛等多种方式，开展基层宣传教育，使群众更好地理解、支持党委和政府工作；开展社会主义核心价值观学习教育和中国梦主题教育实践，推进文明村镇、文明社区创建和乡贤文化建设，利用宣传栏、展示墙、文化课堂、道德讲堂以及网络平台等方式开展宣传，举办道德模范展览展示、巡讲巡演活动，通过以身边人讲身边事、身边事教身边人的方式，培养群众健康的生活方式和高尚的道德情操，引领社会文明风尚；弘扬中华优秀传统文化，利用当地特色历史文化资源，加强非物质文化遗产传承保护和民间文化艺术之乡创建，开展非物质文化遗产展示、民族歌舞、传统体育比赛等民族民俗活动，打造基层特色文化品牌；积极开展艺术普及、全民阅读、法治文化教育、科学普及、防灾减灾知识技能和就业技能培训等，传播科学文化知识，提高群众综合素质。

(十二)组织引导群众文体活动。支持群众自办文化，依托基层综合性文化服务中心，兴办读书社、书画社、乡村文艺俱乐部，组建演出团体、民间文艺社团、健身团队以及个体放映队等。结合中华传统节日、重要节假日和重大节庆活动等，通过组织开展读书征文、文艺演出、经典诵读、书画摄影比赛、体育健身竞赛等文体活动，吸引更多群众参与。加强对广场舞等群众文体活动的引导，推进广场文化健康、规范、有序发展。工会、共青团、妇联等群团组织保持和增强群众性，以基层综合性文化服务中心为载体开展职工文化交流、青少年课外实践和妇女文艺健身培训等丰富多彩的文体活动，引导所联系群众继承和弘扬中华优秀传统文化，自觉培育和践行社会主义核心价值观。

(十三)创新服务方式和手段。畅通群众文化需求反馈渠道，根据服务目录科学设置“菜单”，采取“订单”服务方式，实现供需有效对接。实行错时开放，提高利用效率。为老年人、未成年人、残疾人、农民工和农村留守妇女儿童等群体提供有针对性的文化服务，推出一批特色服务项目。广泛开展流动文化服务，把基层综合性文化服务中心建成流动服务点，积极开展文化进社区、进农村和区域文化互动交流等活动。充分发挥互联网等现代信息技术优势，利用公共数字文化项目和资源，为基层群众提供数字阅读、文化娱乐、公共信息和技能培训等服务。推广文化体育志愿服务，吸纳更多有奉献精神和文体技能的普通群众成为志愿者，在城乡社区就近就便开展志愿服务活动。探索国家和省级文化体育等相关机构与基层综合性文化服务中心的对口帮扶机制，推动国家及省级骨干文艺团体与基层综合性文化服务中心“结对子”。

六、创新基层公共文化运行管理机制

(十四)强化政府的主导作用。县(市、区)人民政府在推进基层综合性文化服务中心建设中承担主体责任，要实事求是确定存量改造和增量建设任务，把各级各类面向基层的公共文化资源纳入到支持基层综合性文化服务中心建设发展上来；宣传文化部门要发挥牵头作用，加强协调指导，及时研究解决建设中存在的问题；各相关部门要立足职责、分工合作；公共文化体育机构要加强业务指导，共同推动工作落实。

（十五）建立健全管理制度。加强对乡镇（街道）综合文化站的管理，制定乡镇（街道）综合文化站服务规范。建立村（社区）综合性文化服务中心由市、县统筹规划，乡镇（街道）组织推进，村（社区）自我管理的工作机制。结合基本公共文化服务标准化建设，重点围绕基层综合性文化服务中心的功能定位、运行方式、服务规范、人员管理、经费投入、绩效考核、奖惩措施等重点环节，建立健全标准体系和内部管理制度，形成长效机制，实现设施良性运转、长期使用和可持续发展。严格安全管理制度，制定突发事件应急预案，及时消除各类安全隐患。

（十六）鼓励群众参与建设管理。在村（社区）党组织的领导下，发挥村委会和社区居委会的群众自治组织作用，引导城乡居民积极参与村（社区）综合性文化服务中心的建设使用，加强群众自主管理和自我服务。健全民意表达机制，依托社区居民代表会议、村民代表会议和村民小组会议等，开展形式多样的民主协商，对基层综合性文化服务中心建设发展的重要事项，充分听取群众意见建议，保证过程公开透明，接受群众监督。

（十七）探索社会化建设管理模式。加大政府向社会力量购买公共文化服务力度，拓宽社会供给渠道，丰富基层公共文化服务内容。鼓励支持企业、社会组织和其他社会力量，通过直接投资、赞助活动、捐助设备、资助项目、提供产品和服务，以及采取公益创投、公益众筹等方式，参与基层综合性文化服务中心建设管理。率先在城市探索开展社会化运营试点，通过委托或招投标等方式吸引有实力的社会组织和企业参与基层文化设施的运营。

七、加强组织实施

（十八）制定实施方案。各省（区、市）政府要把加强基层综合性文化服务中心建设发展作为构建现代公共文化服务体系的重要内容，对接相关规划，结合本地实际，尽快制订实施方案，明确总体思路、具体举措和时间安排。市、县两级政府要结合农村社区建设、扶贫开发、美丽乡村建设等工作，抓紧制定落实方案。

（十九）坚持试点先行。要稳步推进，先期确定一批基础条件较好的地方和部分中西部贫困地区进行试点，并逐步在全国范围推广实施。支持试点地区因地制宜探索符合本地实际、具有推广价值的基层综合性文化服务中心建设发展模式，创新服务内容和提供方式，拓宽优秀公共文化产品和服务供给渠道。

（二十）加大资金保障。地方各级政府要根据实际需要和相关标准，将基层综合性文化服务中心建设所需资金纳入财政预算。中央和省级财政统筹安排一般公共预算和政府性基金预算，通过转移支付对革命老区、民族地区、边疆地区、贫困地区基层综合性文化服务中心设备购置和提供基本公共文化服务所需资金予以补助，同时对绩效评价结果优良的地区予以奖励。发挥政府投入的带动作用，落实对社会力量参与公共文化服务的各项优惠政策，鼓励和引导社会资金支持基层综合性文化服务中心建设。

（二十一）加强队伍建设。乡镇（街道）综合文化站按照中央有关规定配备工作人员，村（社区）综合性文化服务中心由“两委”确定1名兼职工作人员，同时通过县、乡两级统筹和购买服务等方式解决人员不足问题。推广部分地方基层文化体育设施设立文化管理员、社会体育指导员等经验。鼓励“三支一扶”大学毕业生、大学生村官、志愿者等专兼职从事基层综合性文化服务中心管理服务工作。加强业务培训，乡镇（街道）和村（社区）文化专兼职人员每年参加集中培训时间不少于5天。

（二十二）开展督促检查。把基层综合性文化服务中心建设纳入政府公共文化服务考核指标。由各级文化行政部门会同有关部门建立动态监测和绩效评价机制，对基层综合性文化服务中心建设使用情况进行督促检查，及时协调解决工作中的各种问题。同时，引入第三方开展公众满意度测评。对基层综合性文化服务中心建设、管理和使用中群众满意度较差的地方要进行通报批评，对好的做法和经验及时总结、推广。

国务院办公厅
2015年10月2日

【本章小结】

本章阐释了建立公共文化设施建设标准规范的意义，以及设施建设标准化与服务均等化的关系。《公共文化体育设施条例》是当前规范公共文化设施建设最高层级的行政法规。公共图书馆和文化馆的“建设用地指标”，公共图书馆、文化馆、乡镇综合文化站的“建设标准”，是现行有效的公共文化设施建设标准规范，本章介绍了其基本内容，总结分析了其主要特点。本章系统梳理了纳入国家或行业标准体系的公共文化设施建筑设计规范标准；最后解读了基层综合性文化服务中心建设的基本思路与实现途径。

【思考题】

1. 建立公共文化设施建设规范标准的意义是什么，怎样理解以设施建设的标准化促进服务的均等化?

2. 公共文化设施规范标准的主要类型。

3.《公共图书馆建设用地指标》《文化馆建设用地指标》的功能作用、主要特点。

4.《公共图书馆建设标准》《文化馆建设标准》和《乡镇综合文化站建设标准》的功能作用、主要特点。

5. 基层综合性文化服务中心建设的基本方法。

第八章　公共文化机构运营管理

【目标与任务】

了解公共图书馆、文化馆(站)、博物馆等公共文化机构运营管理政策法规的发展变化，掌握新近出台的各类重要业务规范内容和特点。正确认识和遵循公共文化机构的服务理念和职业道德，熟悉公共文化机构运营过程中的知识产权保护法规和安全卫生管理规范。

一、公共图书馆运营管理规范

公共图书馆为个人和社会群体的终身学习、独立决策和文化发展提供了基本的条件。公共图书馆是开展教育、传播文化和提供信息的重要场所，也是丰富人民大众的精神生活的重要设施。

(一)政策法规演变历程

中华人民共和国成立后，党和政府及有关职能部门也多次制定和修订发展图书馆事业的专门政策、章程、条例、办法等，对促进我国图书馆事业发展发挥了重要作用。如1955年文化部发布《关于加强和改进图书馆工作的指示》，1957年国务院第57次会议批准通过《全国图书协调方案》等。改革开放以来，涉及或专门为公共图书馆制定的各种法规、章程、文件主要有：1978年五届人大一次会议通过的《政府工作报告》，强调“发展各类型的图书馆，组成为科学研究和大众服务的图书馆网”；1978年国家文物事业管理局发布《省(直辖市、自治区)图书馆工作条例》(试行草案)；1980年中共中央书记处第23次会议通过《图书馆工作汇报提纲》；1981年国务院办公厅转发文化部、教育部、共青团中央《关于全国少年儿童图书馆工作座谈会的情况报告》；1982年文化部重新修订颁布《省(自治区、市)图书馆工作条例》；1987年中共中央宣传部、文化部、国家教委、中国科学院联合发布《关于改进和加强图书馆工作的报告》等。

1982年文化部修订颁布的《省(自治区、市)图书馆工作条例》，是改革开放后指导省级图书馆工作的规范性文件。它规定了省级图书馆的性质、方针和任务。指出省级图书馆是国家举办的综合性公共图书馆，是社会主义科学、教育、文化事业的重要组成部分，是向社会公众提供图书阅读和知识咨询服务的学术性机构，也是全省的藏书、图书目录、协作和协调及业务研究、交流的中心。省级图书馆坚持为人民服务、为社会主义服务的方向，贯彻"百花齐放、百家争鸣、古为今用、外为中用"的方针，主要工作任务有6项，其中心是利用书刊资料为社会主义的物质文明建设和精神文明建设服务。

进入21世纪以后，随着图书馆事业的迅速发展，原有的政策、章程、条例、办法等已不能适应时代需求。2001年年初，文化部启动了《图书馆法》立法工作，取得了初步成果，后因各种原因于2004年6月停顿。2004年，中宣部印发《关于制定我国文化立法十年规划(2004—2013)的建议》，《图书馆法》列入前五年立法规划。2006年9月，《国家"十一五"时期文化发展规划纲要》发布，"抓紧研究制定图书馆法"列为"十一五"文化立法的任务之一，文化部再次启动《图书馆法》的立法工作。2008年10月，十一届全国人大常委会立法规划发布，《图书馆法》列为"第二类项目(研究起草、条件成熟时安排审议的法律草案)"。由于不同类型图书馆之间存在诸多差异，难以协调一致，为了加快立法工作，遂决定先行制定《公共图书馆法》。经过三年的努力，2011年底，《公共图书馆法》草案通过了文化部审查，上报国务院法制办。2013年10月，第十二届全国人大常委会立法规划发布，《公共图书馆法》被列为第一类项目，即计划本届人大任期内提交审议的立法项目。2015年12月9日，国务院法制办公布《中华人民共和国公共图书馆法(征求意见稿)》全文，征求社会各界意见。2017年4月19日，国务院召开常务会议，通过《中华人民共和国公共图书馆法(草案)》，并提请全国人大审议。2017年6月22日，全国人大常委会首次审议《中华人民共和国公共图书馆法(草案)》。2017年11月4日，《中华人民共和国公共图书馆法》经第十二届全国人民代表大会常务委员会第三十次会议审议通过，自2018年1月1日起施行。

除了图书馆专门立法之外，在我国制定或重新修订的部分法律法规中，也有适用于图书馆活动的条款或规定。经过2001年和2010年两次修订的《中华人民共和国著作权法》，以及2006年7月1日起施行的《信息网络传播权保护条例》，为公共图书馆履行自身使命，在不征得权利人许可，免费使用、通过信息网络传播受著作权保护的作品等方面，提供了必要的豁免权和便利条件。经过2002年、2007年和2013年三次修订的《中华人民共和国文物保护法》旨在加强对文物的保护，要求图书馆等相关机构加强对"历史上各时代重要的文献资料以及具有历史、艺术、科学价值的手稿和图书资料等"的收藏、保护与利用。2002年制定的《中华人民共和国科学技术普及法》要求图书馆应当履行社会教育职能，开展科普教育活动，发挥科普教育作用。2003年施行的《公共文化体育设施条例》，是公共图书馆上位类的行政法规，为各级政府举办公共图书馆、列入本级政府基本建设投资计划和财政预算，确定了法律依据。2008年5月1日起施行的《中华人民共和国政府信息公开条例》，明确将各级公共图书馆列为法定的政府信息查阅场所，并规定各级政府应为公共图书馆开展政府信息服务配备相应的设施、设备，行政机关应当及时向各级公共图书馆提供主动公开的政府信息，从而为推动公共图书馆事业发展提供了一个有效切入点，为各级公共图书馆开展政府信息服务提供了基本保障。2011年制定的《中华人民共和国非物质文化遗产法》要求图书馆利用自身特色和优势，开展非物质文化遗产的整理、研究、学术交流和非物质文化遗产代表性项目的宣传、展示等工作。

图书馆立法的“地方先行”，是中国图书馆事业法治建设的鲜明特点。截至2016年12月，我国共有6部地方性图书馆专门法规出台，分别是：《深圳经济特区公共图书馆条例(试行)》(1997年7月)、《内蒙古自治区公共图书馆管理条例》(2000年8月)、《湖北省公共图书馆条例》(2001年7月)、《北京市图书馆条例》(2002年7月)、《四川省公共图书馆条例》(2013年7月)和《广州市公共图书馆条例》(2015年1月)。还有多部地方政府规章出台，如《贵州省县级图书馆工作条例》(1985年6月)、《上海市公共图书馆管理办法》(1996年11月发布，2015年5月第四次修订)、《河南省公共图书馆管理办法》(2002年7月)、《浙江省公共图书馆管理办法》(2003年8月)、《乌鲁木齐市公共图书馆管理办法》(2008年3月)、《山东省公共图书馆管理办法》(2009年4月)、《东莞市公共图书馆管理办法》(2016年12月)。另外，一些地方文化行政部门制定了有关规章，如江西省文化厅《江西省公共图书馆服务标准》(2008年)、上海市文广局《上海市公共图书馆行业服务标准》(2010年)、新疆维吾尔自治区文化厅《新疆维吾尔自治区公共图书馆免费开放服务标准(试行)》(2010年)等。这些地方性法规规章对各地的图书馆事业发展起到了促进作用。

(二)公共图书馆主要业务规范

公共图书馆的各项业务工作，包括文献采访、分类编目、数字图书馆建设等都有相应的规范要求，必须遵循有关的规范与标准。

1. 文献采访工作业务规范

文献采访工作，是根据图书馆的性质、任务和读者需求、经费状况，通过搜寻、选择、采集等方式建立馆藏，并连续不断补充新出版物的过程。文献采访工作是图书馆的基础工作，其水平的高低直接影响图书馆馆藏的数量和质量，影响读者需求的满足程度和图书馆的服务效益。

公共图书馆要满足广大人民群众的终身教育及休闲娱乐的需要，根据所在服务地区群众的需要开展文献采访工作，一般要有比较多的复本，藏书建设要照顾到普通读者的需要，兼顾各个年龄层次和各种文化水平读者的需要。

在采访工作中，应遵循相应的工作规范。中国图书馆学会资源建设与共享专业委员会，曾于2006年出台了《图书馆文献采访工作规范(征求意见稿)》，对加强图书馆文献采访工作管理，规范文献采访工作操作，提高文献采访质量，起到了规范作用。内容包括：制订采选方针及文献收集标准，编写文献采购经费预算方案，建立文献采访管理制度，采访信息收集，文献选择，文献订单发送，政府采购，文献验收，文献登到，非购入方式采选，采访工作管理等。为了规范文献采访工作者行为，中国图书馆学会资源建设与共享专业委员会还根据我国图书馆文献采访工作实际情况，制订了《图书馆文献采访工作者行为准则(征求意见稿)》，作为行业自律规范。

2. 分类编目工作业务规范

如果说文献采访工作是图书馆工作的龙头，是图书馆的生命线，那么，分类编目工作无疑是图书馆工作的核心。因为按照一定的分类编目规则组成的目录，是图书馆向读者展示、推荐馆藏的主要途径。图书馆的所有服务都离不开目录。目录当然还决定服务的质量，包括向读者提供咨询和信息检索服务的质量。然而，如果没有完善的分类编目规则，要制订高质量的目录几乎是不可能的。

图书馆的文献分类标准，一般根据《中国图书馆分类法》执行。《中国图书馆分类法》(原称《中国图书馆图书分类法》)，是我国1949年后编制出版的一部具有代表性的大型综合性分类法，是当今国内图书馆使用最广泛的分类法体系。它是以科学分类和知识分类为基础，并结合文献内容特点及其某些外表特征进行逻辑划分和系统排列的类目表，是类分文献、组织文献分类排架、编制分类检索系统的工具。目前，《中国图书馆分类法》已经出版发行第五版①。公共图书馆在依据《中国图书馆分类法》类分文献时，一般不宜过专过深。

中文文献的著录与编目，一般根据《中国文献编目规则》执行。1996年，《中国文献编目规则》首次出版发行，是我国第一部依据国家标准并参考国际主要编目条例，包括各类型中文文献及其编目方法，符合著录国际标准化及编目规范化要求的大型文献编目规则。它对于推动我国文献编目工作标准化，提高文献机构编目工作水平，促进国内外中文书目信息交流发挥着重要作用，已成为编目人员进行中文文献编目的主要依据和必备工具。随着网络资源和电子文献的迅速发展，信息载体对象、信息传播方式、信息组织形式都有较大发展，由此文献编目的理论与方法亦发生变化。2005年，《中国

---

① 国家图书馆《中国图书馆分类法》编辑委员会. 中国图书馆分类法(第五版)[M]. 北京：国家图书馆出版社，2010.

文献编目规则》第二版出版[1]，解决了如何在使用机读格式的基础上对新产生的信息资源进行编目，如何适应新的元数据格式对数字资源进行编目等新问题。

西文文献的著录与编目，一般根据《西文文献著录条例》执行。1985 年，《西文文献著录条例》首次出版发行，主要依据《英美编目规则(AACRII)》及相关的国际标准，并结合我国西文文献编目的实际需要，试图既能满足手工记录的需要，又能照顾到自动化的实际需要。它在规范西文文献著录方面发挥了极其重要的作用，使中国西文文献的著录与国际接轨，为共享西文文献书目数据奠定了基础。随着出版物的发展，编目规则也需要不断改进、优化完善。2003 年，《西文文献著录条例》修订扩大版出版发行[2]，基本上可以满足当前从事西文文献著录与编目的需要。

在建立书目数据库和书目数据处理时，应遵循《中国机读目录格式》[3]。《中国机读目录格式》等效采用了国际图书馆协会联合会(IFLA)的 UNIMARC 格式，同时针对中国出版物的一些特殊情况和中国机读编目的实际做了必要的扩充，于 1996 年作为文化行业标准开始实施，在我国图书馆书目数据制作工作中起了重要作用。该标准规定了专著、连续出版物、测绘资料、乐谱、声像等类资料机读形式书目记录的字段标识符、指示符和子字段代码，以及记载在磁带、软盘、光盘等载体上的书目记录内容标识的逻辑和物理的格式，供中国国家书目机构同其他国家书目机构之间以及中国国内图书馆情报部门之间，以标准的计算机可读形式交换书目信息。

3. 数字图书馆建设业务规范

随着数字资源的日益丰富，数字图书馆建设也开始成为公共图书馆的重要业务。为了更好地推动我国数字图书馆建设，共享数字资源建设与服务成果，2007 年，由文化部牵头，中国图书馆学会召集，组织成立了“全国数字图书馆建设与服务联席会议”。多年来，联席会议定期就目前我国数字图书馆建设中的重要问题进行研讨，并商定以指南形式发布关于数字图书馆建设的重大政策和原则。联席会议已经审议通过并公布了《数字图书馆服务政策指南》《数字图书馆资源建设指南》《数字图书馆安全管理指南》和《数字图书馆资源建设和服务中的知识产权保护政策指南》等指南性文件。

《数字图书馆服务政策指南》凝聚了当前我国主要的数字图书馆建设单位对数字图书馆服务政策的理念共识和相关经验，从数字图书馆的服务对象、服务方式、服务策略、服务内容、服务承诺、服务监督与评估等方面进行了逐一说明。

---

① 国家图书馆《中国文献编目规则》修订组．中国文献编目规则(第二版)[M]．北京：北京图书馆出版社，2005.

② 中国图书馆学会西文文献著录条例修订组．西文文献著录条例(修订扩大版)[M]．北京：科学技术文献出版社，2003.

③ 国家图书馆．新版中国机读目录格式使用手册[M]．北京：北京图书馆出版社，2004.

《数字图书馆资源建设指南》对科学制订资源建设规划时，需考虑的建设原则、建设方式、建设工作内容、建设策略、建设经费、建设管理六个方面进行了逐一说明。

《数字图书馆安全管理指南》对数字图书馆安全主要应关注的要素，如安全政策、过程管理、访问控制、信息资源安全、备份与容灾、环境安全、应急响应与安全公告等内容进行了说明。

《数字图书馆资源建设和服务中的知识产权保护政策指南》旨在处理好公益性服务和商业性运营的关系、知识产权保护和知识传播服务的关系、保护他人知识产权和保护自主知识产权的关系，对能够做什么、不能做什么等，都一一作了详细说明。

4. 图书馆服务的规范标准

自2012年5月1日起，《公共图书馆服务规范》作为国家标准开始施行。该标准规定了图书馆服务资源、服务效能、服务宣传、服务监督与反馈等内容。适用于县(市)级以上公共图书馆。街道、乡镇级公共图书馆以及社区、乡村和社会力量办的各类公共图书馆基层服务点可参照执行。

《公共图书馆服务规范》率先破解了一些公共图书馆多年未解决的难题，如公共图书馆的基本服务应当免费、图书馆人财物的基本配置等，积极探索了创新公共文化服务体制机制的路径与载体，固化了多年来图书馆事业发展的一些成功实践和有效经验，用图书馆行业的服务规范促进图书馆行业的进一步成熟，也为《公共图书馆法》的出台添砖加瓦并创造了良好的法制氛围。

二、文化馆(站)运营管理规范

文化馆(站)是各级人民政府为保障公民基本文化权益设立的公益性文化事业机构，是国家公共文化设施的组成部分，是我国特有的公共文化艺术活动场所。其主要职能为：社会宣传教育、公益文化服务、文化艺术普及和非物质文化遗产保护等。主要任务包括：组织群众性文化艺术活动、开展文化艺术知识技能培训、组织业余文艺作品创作、辅导基层文化工作骨干和社会文艺团队、指导下一级文化馆(站)开展基层文化工作、对民族民间文化暨非物质文化遗产进行研究保护、开展群众文化理论研究和对外民间文化交流等。

目前我国文化馆性质的机构称谓不统一。由省、自治区、直辖市、计划单列市(区)、地(州、盟)、市一级政府设立的，一般称为群众艺术馆，或直接称艺术馆；由县(自治县)、旗(自治旗)、市辖区一级政府设立的，一般称为文化馆；由乡(镇)人民政府、城市街道办事处设立的，称为乡镇(街道)综合文化站。

(一)文化馆的运营管理规范

早在20世纪50年代，我国就颁发了《文化馆工作条例》。该条例就文化馆的工作范围进行了规定，明确指出收集、整理民间文化为文化馆的工作内容之一。1981 年，文化部发布了《文化馆工作试行条例》，取代《文化馆工作条例》，就文化馆的性质、方针、服务对象、工作任务等方面做出了详细的规定。1992 年，文化部下发了《群众艺术馆文化馆管理办法》，对文化馆的性质、职能做出了明确的界定，指出文化馆的职能定位应当包括群众文化活动组织、培训队伍建设、艺术创作和辅导，以及民间文化的收集、整理。

伴随着公共文化事业的迅速发展，原有的管理办法已经不能适应当前公共文化服务体系建设的需要。目前，文化部正在修订《群众艺术馆文化馆管理办法》。讨论稿明确了文化馆的职能定位：坚持以社会主义先进文化为导向，坚持以人民为中心，坚持以社会主义核心价值观为引领，通过繁荣群众文艺创作、组织群众文化活动、保护和利用民族民间文化等方式开展服务，满足群众基本文化需求，提高全民文化艺术素养。文化馆的主要任务，可以归纳为五大方面：(1)指导群众文艺创作，开展群众文艺培训；根据群众需求，创作贴近生活、贴近实际、贴近群众的文艺作品，培育基层文化队伍，推广优秀群众文艺作品和其他文化产品。(2)组织演出、展览、讲座等群众性文化活动，宣传党和国家方针政策、推动精神文明建设、展示地方特色文化、丰富群众文化生活。(3)组织开展民族民间文化艺术资源的搜集、整理、保护和利用，协助文化主管部门开展非物质文化遗产保护。(4)开展群众文化及其相关的理论和政策研究，编辑群众文化的刊物、资料等。(5)推动开展区域性群众文化交流，有条件的文化馆可开展对外民间文化艺术交流活动。

文化馆应当向社会公众免费提供基本文化服务，主要包括：(1)群众文化活动用房等公共设施场地的使用。(2)公益性群众文化活动。(3)普及性的文化艺术辅导培训。(4)培训基层队伍和业余文艺骨干。(5)指导群众文艺创作。(6)为保障基本职能实现的辅助性服务。(7)国家规定的其他免费服务项目。

自 2017 年 3 月 1 日起，《文化馆服务标准》(GB/T 32939—2016)作为国家标准开始施行。该标准规定了文化馆服务的总则、服务条件、基本要求、服务安全、服务评价与持续改进等，适用于县和县级以上文化馆。青年宫、少年宫、工人文化宫(俱乐部)、妇女儿童活动中心、科技馆等群众文化机构以及社会力量办的群众文化活动可以参照执行。

《文化馆服务标准》进一步明确了文化馆的服务职能和功能，完善了文化馆的服务条件，旨在发挥文化馆作为公益性文化事业机构在公共文化服务中的主体作用和效能，从而持续提高文化馆的公共文化服务绩效水平，体现文化馆在为社会提供公益性文化服务、提升国民文化素质中的重要价值。该标准是文化馆服务条件、服务能力和服务水平的基本要求，也是文化馆公共文化服务绩效评价的重要依据。

(二)文化站的运营管理规范

2009年，文化部制定并颁布了《乡镇综合文化站管理办法》，这是在1992年颁发的《文化站管理办法》基础上，根据当前公共文化服务体系建设的新形势，对乡镇综合文化站的性质、职能、规划、建设和服务做了详细的规定，并对建立乡镇综合文化站评估制度、人员和经费保障机制提出了明确要求。

与1992年的《文化站管理办法》相比，《乡镇综合文化站管理办法》的显著特点表现在以下四个方面。

第一，强调了文化站公益性文化事业的属性。明确了文化站是“政府设立的公益性文化机构”，其基本职能是“社会服务、指导基层和协助管理农村文化市场”。

第二，突出了文化站的多功能综合性。明确了文化站的主要职能包括：“开展书报刊借阅、时政法制科普教育、文艺演出活动、数字文化信息服务、公共文化资源配送和流动服务、体育健身和青少年校外活动等”。其中，“数字文化信息服务”和“公共文化资源配送和流动服务”是新的规定，即要求文化站建立文化共享工程基层服务点，协助县级文化馆、图书馆等文化单位配送公共文化资源，组织流动文化服务，保证公共文化资源进村入户，是新形势下赋予文化站的新职能。

第三，强化了文化站在公共文化服务体系建设中的重要作用。具体体现在：举办各类展览、讲座，普及科学文化知识，传递经济信息，为群众求知致富，促进当地经济建设服务；根据当地群众的需求和设施、场地条件，组织开展丰富多彩的、群众喜闻乐见的文体活动和广播、电影放映活动；指导村文化室(文化大院、俱乐部等)和农民自办文化组织建设，辅导和培训群众文艺骨干；协助县级文化馆、图书馆等文化单位配送公共文化资源，开展流动文化服务，保证公共文化资源进村入户；在县级图书馆的指导下，开办图书室，开展群众读书读报活动，为当地群众提供图书报刊借阅服务；建成文化共享工程基层服务点，开展数字文化信息服务等。

第四，强化了政府部门在公共文化服务体系建设中的责任。在管理方面，规定乡镇人民政府负责文化站日常工作的管理，县级文化行政部门负责对文化站进行监督和检查，县文化馆、图书馆等相关文化单位负责对文化站开展对口业务指导和辅导；文化站建设情况纳入创建全国和地区性文化先进单位的考核指标体系。在经费方面，规定文化站的建设、维修、日常运转和业务活动所需经费，应列入县乡人民政府基本建设投资计划和财政预算，不得随意核减或挪用；中央、省、市级财政可对文化站设施建设和内容建设予以经费补助。

该管理办法是近年来公共文化建设管理领域出台的重要部门规章之一，对于将乡镇综合文化站的管理纳入科学化、法制化轨道，促进农村精神文明建设，创建公共文化服务体系，将产生重要的作用。

自2017年3月1日起，《乡镇综合文化站服务标准》(GB/T 32940—2016)作为国家标准开始施行。该标准规定了文化站公共文化服务的总则、服务条件、服务规范、服务安全、服务评价与改进等，适用于设置在乡(民族乡)、镇的综合文化站(综合性文化服务中心)。城市街道综合文化站(综合性文化服务中心)可以参照执行。

《乡镇综合文化站服务标准》明确了文化站的服务职能和功能，改善了文化站的服务条件，旨在发挥文化站作为公益性文化事业机构在公共文化服务中的主体作用和效能，从而提高文化站的公共文化服务绩效水平，体现出文化站在为社会文化提供公益性服务、提升国民文化素质中的重要价值。该标准是文化站服务条件、服务能力和服务水平的基本要求，也是文化站公共文化服务绩效评价的重要依据。

三、博物馆运营管理规范

博物馆作为传承人类文明的重要场所，对展示人类文明、促进文化交流、提高人民群众的思想道德和科学文化素质有着十分重要的作用，是我国公共文化服务体系的重要组成部分。

(一)政策法规演变历程

1979年，国家文物局颁布了《省、市、自治区博物馆工作条例》，把省级博物馆定位为由国家举办的地方性综合性或专门性博物馆，是文物和标本的主要收藏机构、宣传教育机构和科学研究机构。该条例对藏品的征集保管与陈列展示、群众工作与科学研究、组织机构与队伍建设等做了规范和要求。其他博物馆可以参照执行。

1985年1月，文化部颁发了《革命纪念馆工作试行条例》，这是一个指导革命纪念馆实现管理科学化、工作制度化的法规性文件。该条例明确“各类革命纪念馆是为纪念近、现代革命史上重大事件或杰出人物并依托于有关革命遗址、纪念建筑而建立的纪念性博物馆”，对革命纪念馆的各项业务工作以及领导体制、工作人员、经费等做了具体规定。

为了进一步规范博物馆管理工作，促进博物馆事业发展，2005年12月，文化部根据《中华人民共和国文物保护法》《中华人民共和国文物保护法实施条例》《公共文化体育设施条例》《事业单位登记管理暂行条例》和《民办非企业单位登记管理暂行条例》等相关法律法规，制定并颁布了《博物馆管理办法》，2006年1月1日起施行。与以往相比，《博物馆管理办法》有许多新内容和新特点，如规范对象扩大至所有博物馆，既包括国有博物馆，也包括非国有博物馆；鼓励个人、法人和其他组织设立博物馆；鼓励博物馆发展相关文化产业，多渠道筹措资金，促进自身发展；在开放服务上，要求逐步建立减免费开放制度，特别是对开放时间，更是做了硬性规定，要求国有博物馆全年开放时间不少于10个月(非国有博物馆不少于8个月)，并且，开放时间应当与公众的工作、学习及休闲时间相协调，法定节假日和学校寒暑假期间应当适当延长开放时间。

2015 年 2 月，国务院总理李克强签署第 659 号国务院令，公布《博物馆条例》，自 2015 年 3 月 20 日起施行。该条例根据全面深化改革的新形势和我国博物馆事业发展的实际情况，针对亟待解决的主要问题做出规定，为促进我国博物馆事业健康发展提供法制保障。

《博物馆条例》明确规定，国家在博物馆的设立条件、提供社会服务、规范管理、专业技术职称评定、财税扶持政策等方面，公平对待国有和非国有博物馆。该条例为进一步规范博物馆的设立、变更、终止，明确了设立博物馆应当具备的条件，并对相关设立、变更、终止程序做出明确规定。

为提升博物馆的社会服务水平，该条例在保证开放时间、鼓励免费开放、规范陈列展览主题和内容等方面作出要求；同时，为更好发挥博物馆的教育、研究作用，规定博物馆应当根据不同年龄段未成年人接受能力组织讲解，寒暑假期间增设适合学生特点的陈列展览项目，开展相关专业领域理论及应用研究，为科学研究工作提供支持和帮助。

《博物馆条例》还鼓励博物馆多渠道筹措资金促进自身发展；鼓励博物馆挖掘藏品内涵，与文化创意、旅游等产业相结合，开发衍生产品，增强博物馆发展能力。

(二)博物馆藏品管理

博物馆藏品是国家宝贵的科学、文化财富，是博物馆业务活动的物质基础，因此，在运营管理过程中，博物馆有很多业务规范和严格要求，需要加以贯彻执行。

关于藏品的管理规范，1986 年，国家文物局制定了《博物馆藏品管理办法》，对藏品的接收、鉴定、登账、编目和建档，藏品库房管理，藏品的提用、注销、统计，藏品的保养、修复、复制等都做了具体的规范性要求。

由于藏品具有历史的或艺术的或科学的价值，藏品必须区分等级，一般分为珍贵文物和一般文物，珍贵文物又分为一、二、三级。其中，一级藏品必须重点保管。为了减少藏品定级的主观随意性，2001 年，文化部颁发的《文物藏品定级标准》，制定了一、二、三级文物的定级标准，并就 26 类藏品的一级文物定级标准进行了详细举例，提供了定级工作指南。

由于近现代实物资料数量繁多，在实际工作中难以准确把握哪些属于有价值的近现代文物，征集范畴、价值判断的随意性较大，在一定程度上影响了近现代文物保护宣传工作的健康发展。有鉴于此，国家文物局 2003 年印发了《近现代文物征集参考范围》和《近现代一级文物藏品定级标准(试行)》，对近现代文物的征集范围和重点征集对象，以及准确开展一级文物藏品的定级工作，都做出了明确规范。

为了确保藏品的安全，保证博物馆各项工作的正常开展，除了对建筑设施有相应的安全要求之外，1985 年，国家文物局发布了《博物馆安全保卫工作规定》，贯彻“预防为主，确保重点”的方针，明确规定了博物馆的领导职责、保卫组织、防盗、消防、技防等要求，特别是对重点要害部位的安全防范工作做了规定。安全防范须按照国家标准《文物系统博物馆风险等级和安全防护级别的规定》(GA 27—2002)要求执行，落实完善的安全防范系统和相应的安全防范措施。该标准规定了文物系统博物馆及其藏品、藏品部位风险等级的划分、防护级别的确定、安全防范系统技术要求和管理要求，适用于文物系统博物馆，也适用于考古所、文物管理所、文物商店、各级文物保护单位。非文物系统博物馆可参照使用。

因制作出版物、音像制品以及其他各种需要，需要对博物馆藏品进行拍摄的活动，必须遵循《文物拍摄管理暂行办法》(国家文物局 2001 年颁布)，履行相应的报批手续，获得《文物拍摄许可证》后方可执行。

博物馆若涉及古文化遗址、古墓葬、古建筑、石窟寺、石刻、壁画、近现代重要史迹和代表性建筑等不可移动文物，面向社会开放时，须遵循国家标准《文物保护单位开放服务规范》(GB/T 22528—2008)。该标准是为了贯彻《文物保护法》，适应当前我国旅游产业突飞猛进的发展状况，在有效保护、加强管理的前提下，充分发挥文物保护单位的社会教育作用、历史借鉴作用和科学研究作用，弘扬我国的优秀文化传统和文物价值，传播有益于社会进步的思想道德、历史和先进文化科技知识，解决文物保护与开放的矛盾而制定的。该标准规定了文物保护单位开放服务中所涉及的术语和定义、总则、开放管理机构应具备的基本条件、开放服务、安全等内容。适用于全国各级开放文物保护单位的服务。

《博物馆条例》特别强调了对藏品的保护和管理，从以下四个方面进行了规定。

一是规范博物馆的藏品取得。博物馆可以通过购买、接受捐赠、依法交换等法律、行政法规规定的方式取得藏品，但禁止取得来源不明或者来源不合法的藏品。

二是规范博物馆的藏品安全保护。博物馆应当建立藏品账目及档案，对于文物藏品要区分等级，单独设置文物档案，建立严格的管理制度，并报文物主管部门备案，未依照规定建账、建档的藏品，不得交换或者出借。

三是规范博物馆的藏品使用管理。博物馆不得从事文物等藏品的商业经营活动，从事其他商业经营活动，不得违反办馆宗旨，不得损害观众利益；藏品属于国有文物、非国有文物中的珍贵文物和国家规定禁止出境的其他文物的，不得出境，不得转让、出租、质押给外国人；国有博物馆藏品属于文物的，不得赠与、出租或者出售给其他单位和个人；博物馆藏品属于文物或者古生物化石的，其取得、保护、管理、展示、处置、进出境等还应当分别遵守有关文物保护、古生物化石保护的法律、行政法规的规定。

四是规范博物馆终止后的藏品处置。博物馆终止的，应当依照有关非营利组织法律、行政法规的规定处理藏品；藏品属于国家禁止买卖的文物的，应当依照有关文物保护法律、行政法规的规定处理。

四、公共文化机构的服务理念与职业道德规范

(一)服务理念

服务理念反映的是从业人员在职业活动中的核心价值观和追求的目标。从国际范围看，行业组织以行业自律规范的形式向全社会发布阐述服务理念、职业伦理的宣言性文件，是普遍的做法。在我国公共文化服务领域，已经建立并向社会公开其服务理念的，目前还只有图书馆界。

2008年，中国图书馆学会发布了《图书馆服务宣言》。该宣言遵循国际图书馆组织几部重要宣言的基本理念，向社会公众宣示了中国图书馆对于现代图书馆理念的认同。《图书馆服务宣言》的开篇语中写道，“现代图书馆秉承对全社会开放的理念，承担实现和保障公民基本文化权利、缩小社会信息鸿沟的使命”，阐明了现代图书馆所承担的社会功能。宣言阐述了“对全社会开放”“读者权利”“平等服务”“人文关怀”等服务原则，是对现代图书馆服务核心理念的表述。此外，对图书馆服务的专业性、图书馆资源共享、推进社会阅读、与社会各界合作等有关事业发展的重要问题，也都做了阐述。

(二)职业道德规范

职业道德是所有从业人员在职业活动中应该遵循的行为准则。实践证明，建立统一的职业伦理规范，对维系统一的职业理念，建立行业职业尊严、职业声誉和社会形象，提高公共文化机构的社会认知程度，促进文化事业发展，都具有重要作用。目前在我国公共文化机构中，已经建立并实施的行业职业道德规范，有图书馆行业的《中国图书馆员职业道德准则(试行)》和文博行业的《中国文物、博物馆工作者职业道德准则》等。

《中国图书馆员职业道德准则》是以《公民道德建设实施纲要》为指导，总结我国图书馆活动的实践经验，为履行图书馆承担的社会职责而制定的行业自律规范，由中国图书馆学会在2002年制定并颁布。《中国图书馆员职业道德准则》结合图书馆员的职业特点，主要从以下几个方面对图书馆员应有的职业道德做了概括和倡导：(1)图书馆的社会责任与图书馆员职业观念的确立——“确立职业观念，履行社会职责”。(2)图书馆员履行社会职责的实现方式：提供最好的图书馆服务——“适应时代需求，勇于开拓创新”；“真诚服务读者，文明热情便捷”。(3)图书馆服务中的平等原则、守密原则和公德原则——“维护读者权益，保守读者秘密”。(4)图书馆员的知识产权保护观念——“尊重知识产权，促进信息传播”。(5)图书馆员的基本职业纪律——“爱护文献资源，规范职业行为”。(6)图书馆员的专业素养——“努力钻研业务，提高专业素养”。(7)图书馆员个体与集体、与社会的关系——“发扬团队精神，树立职业形象”；“实践馆际合

作，推进资源共享”；“拓展社会协作，共建社会文明”。

1997年4月，国家文物局发布了《中国文物、博物馆工作人员职业道德准则》，对推进全国文物系统干部职工队伍建设、作风建设和职业道德建设起到了积极作用。2001年，为了深入贯彻落实《中共中央关于加强和改进党的作风的决定》和《公民道德建设实施纲要》精神，国家文物局修订并重新颁布了《中国文物、博物馆工作者职业道德准则》，要求文物、博物馆工作者认真履行保护祖国历史文化遗产的神圣职责，严格遵守国家有关文物保护的法律法规和方针政策，提高职业道德修养，自重、自省、自警、自励，为繁荣和发展社会主义文物、博物馆事业做出贡献。2012年7月，根据形势发展变化，同时也针对文博职业道德领域出现的新情况新问题，国家文物局组织力量对《中国文物、博物馆工作者职业道德准则》重新进行了修订，要求文物、博物馆从业人员要忠诚文物事业、严格依法履责、追求科学精神、恪尽职业操守、树立文明新风。修订后的职业道德准则，更加简洁易记，更加突出具有行业个性的职业道德操守，体现出与时俱进精神。修订后的全文内容如下：(1)忠诚文物事业。以保护文化遗产、弘扬中华文化为己任；以奉献社会、服务人民为宗旨。(2)严格依法履责。坚决贯彻文物工作方针，坚定执行《中华人民共和国文物保护法》，勇于同文物违法犯罪行为作斗争。(3)追求科学精神。尊重知识，尊重人才，遵循规律，求真务实，改革创新。(4)恪尽职业操守。不收藏文物，不买卖文物，不违规占用文物及资料，不以文物、博物馆职业身份牟取私利。(5)树立文明新风。自觉遵纪守法，践行社会公德，艰苦奋斗，甘于奉献。

五、公共文化机构的知识产权保护与限制

公共文化机构中的著作权问题有特殊性：一方面，作为政府举办的公共机构，需要模范地执行现行有效的著作权法律法规，保护作者的合法权益；另一方面，公共文化机构又是一个体现著作权保护与限制平衡的主要机构，著作权法中通过合理使用和法定许可等形式对权利的限制，在公共文化机构中有集中的体现。中共十七届六中全会提出了鼓励国家投资、资助或拥有版权的文化产品无偿用于公共文化服务的要求。

公共文化服务中有大量的信息、知识方面的传播内容，特别像公共图书馆等公共文化机构，除了提供传统的文献借阅服务之外，还有大量的数字网络信息传递、借阅等新型服务，这就涉及知识产权方面的问题。因此，公共文化机构在提供信息服务时，应遵守《中华人民共和国著作权法》要求。如图书馆、纪念馆、博物馆、美术馆等为陈列或者保存版本的需要，复制本馆收藏的作品时，可以不经著作权人许可，不向其支付报酬，但应当指明作者姓名、作品名称，并且不得侵犯著作权人依法享有的其他权利。

通过信息网络提供信息服务时，还应遵守《信息网络传播权保护条例》的具体规定。如图书馆、纪念馆、博物馆、美术馆等可以不经著作权人许可，通过信息网络向本馆

馆舍内服务对象提供本馆收藏的合法出版的数字作品和依法为陈列或者保存版本的需要以数字化形式复制的作品，不向其支付报酬，但不得直接或者间接获得经济利益。

按照《中华人民共和国政府信息公开条例》要求，公共图书馆等公共文化机构向公众提供公开的政务信息时，不涉及知识产权问题。

知识产权的保护和限制是一对矛盾。知识产权保护的基本理念，是保护权利与促进传播并重。当前的知识产权保护制度越来越严密，在促进信息知识传播方面已经构筑了越来越多的障碍，在一定程度上妨碍了信息的自由传播。国内外有识之士和相关团体，不断呼吁在公益性文化服务方面，知识产权制度应该提供宽松的环境，允许更多的合理使用，提供更多的法定许可。如国际图书馆协会联合会（以下简称“国际图联”）在2000年发布了《国际图联关于在数字环境下版权问题的立场》的声明，认为“著作权法强烈地影响了图书馆的大部分工作，它影响了图书馆能够提供给用户的服务和获取著作权作品的条件，它影响了图书馆履行信息领航员职能的方式，以及采取何种有效的存储和保存活动。”国际图联坚持，“在以公共利益为目的以及诸如教育和研究等合理使用的情况下，允许图书馆和公民可以无偿地获取和使用信息”。2002年，值国际图联成立75周年之际，国际图联公开发布了《关于图书馆和信息服务机构及信息自由的格拉斯哥宣言》，宣告：“自由获取和传播信息是人类的基本权利。”中国图书馆学会是中国各级各类图书馆及相关工作者依法登记成立的全国性、学术性群众团体，作为国际图联、中国科学技术协会的团体会员，是参与实施著作权保护的重要力量之一。2005年，中国图书馆学会也公开发布了《关于网络环境下著作权问题的声明》，表达了中国图书馆界在知识产权保护上的原则和立场。

六、公共文化机构运营安全管理规范

公共文化机构是面向社会开放和提供服务的公共场所，人员密集，安全责任重大。保障公共文化设施和公众活动安全，是公共文化机构履行管理职能的底线要求，因此在运营管理过程中，公共文化机构要严格执行消防、安全、卫生、节能等方面的政策法规。

在消防管理方面，公共文化机构应严格按照《中华人民共和国消防法》的要求，排查各种安全隐患，预防火灾和减少火灾危害。公共文化机构包括很多重点防火单位，一些单位设施建筑和设备老化严重，存在着火灾隐患，尤其是博物馆、文物古建筑、美术馆、图书馆、文化馆等场所，一旦发生火灾等事故，后果不堪设想。

在安全管理方面，应当贯彻落实《中华人民共和国公共文化服务保障法》的相关要求。(1)建立健全安全管理制度。主要包括两大部分：一是关于公共文化机构日常运转的安全管理制度，包括消防安全、人员安全、设施设备安全（数据、计算机网络系统安全）等方面的制度；二是应急预案制度，主要是制定针对各类突发事件的应急预案。

(2)开展安全评价。主要包括两个方面：一是对公共文化机构的设施安全评价，对使用和运转过程中可能存在的各种影响建筑物、人员和设施设备安全的风险，进行排查和分析，判断其发生的可能性及危害等级，提出有针对性的解决方案和防范措施。二是对公众活动的安全评价，主要是活动前进行的预评价，也就是对大规模公众活动的各种可能存在的安全风险进行排查和分析，判断其发生的可能性及危害程度，提出有针对性的解决方案、防范措施和应急预案。在举办群众文化活动时，应制定并落实安全工作方案，保护人民群众的生命财产安全，维护社会治安秩序和公共安全。预计参与人数超过1000人的大型群众性活动，须按照《大型群众性活动安全管理条例》要求，在活动举办日的20日前向有关部门提出安全许可申请，获得批准后方能举办。(3)配备安全保护设备和人员。保障公共文化设施和公众活动安全。

文化馆(站)、图书馆、青少年宫、文化共享工程等在提供互联网服务时，应当按照《中华人民共和国网络安全法》等要求执行，特别是在满足未成年人网络文化需求时，应按照相关要求，通过安排专业人员、招募志愿者、教师家长参与等方式建立专兼结合的辅导员队伍，为未成年人提供安全、健康的上网环境。

在卫生方面，《图书馆、博物馆、美术馆、展览馆卫生标准》(GB 9669—1996)规定了图书馆、博物馆、美术馆和展览馆的微小气候、空气质量、噪声、照度等标准值，并对卫生做出要求：配备机械通风装置(馆舍使用面积超过300平方米)；馆内采用湿式清扫，及时清除垃圾、污物，保持馆内整洁；馆内禁止吸烟；阅览室内不得进行印刷和复印，保持室内空气清洁等。

公共文化机构应当加强节能管理，按照《公共机构节能条例》的要求，采取技术上可行、经济上合理的节能措施，降低能源消耗，减少、制止能源浪费，有效、合理地利用能源，在全社会节能工作中起到表率作用。

七、重要政策法规选编

(一)《乡镇综合文化站管理办法》[①]

乡镇综合文化站管理办法

(经2009年8月5日文化部部务会议审议通过，自2009年10月1日起施行)

第一章　总则

第一条　为了促进乡镇综合文化站的建设，加强对乡镇综合文化站的管理，充分

① 乡镇综合文化站管理办法[EB/OL]．[2009-09-15]．http://www.gov.cn/flfg/2009-09/15/content_1418306.htm。

发挥乡镇综合文化站的作用，根据《公共文化体育设施条例》和国家有关规定，制定本办法。

第二条　本办法中的乡镇综合文化站（以下简称“文化站”），是指由县级或乡镇人民政府设立的公益性文化机构，其基本职能是社会服务、指导基层和协助管理农村文化市场。

第三条　乡镇人民政府负责文化站日常工作的管理，县级文化行政部门负责对文化站进行监督和检查，县文化馆、图书馆等相关文化单位负责对文化站开展对口业务指导和辅导。

第二章　规划和建设

第四条　文化部会同有关部门组织制定全国文化站建设规划和标准，并对其实施情况进行监督检查。

第五条　文化站建设应纳入当地国民经济和社会发展计划，与当地经济社会发展水平相适应，建设规模应符合国家有关规定；应纳入当地城乡建设规划，优先安排用地指标，无偿划拨建设用地。

各级人民政府应对少数民族地区、边远贫困地区的文化站建设予以重点扶持。

第六条　文化站应位于交通便利、人口集中、便于群众参与活动的区域，一般不设在乡镇人民政府办公场所内。

文化站的选址、设计、功能安排等应征得县级文化行政部门的同意。

第七条　文化站基本功能空间应包括：多功能活动厅、书刊阅览室、培训教室、文化信息资源共享工程基层点和管理用房，以及室外活动场地、宣传栏等配套设施。

第八条　文化站应配置开展公共文化服务必需的设备、器材和图书等文化资源，并有计划地予以更新、充实。

文化站设施和设备必须按照国家有关规定办理资产登记及相关手续，依法管理，确保国有资产安全、完整和有效使用。

第九条　因乡镇建设规划需拆除文化站或者改变其功能、用途的，应依照国家有关法律、法规的规定择地重建。乡镇人民政府在作出决定前，应广泛听取群众的意见，并征得县级文化行政部门同意，报县级人民政府批准。

第三章　职能和服务

第十条　文化站的主要职能是，开展书报刊借阅、时政法制科普教育、文艺演出活动、数字文化信息服务、公共文化资源配送和流动服务、体育健身和青少年校外活动等。

第十一条　文化站通过以下方式履行职能，开展服务：

(一)举办各类展览、讲座，普及科学文化知识，传递经济信息，为群众求知致富，促进当地经济建设服务。

(二)根据当地群众的需求和设施、场地条件，组织开展丰富多彩的、群众喜闻乐见的文体活动和广播、电影放映活动；指导村文化室(文化大院、俱乐部等)和农民自办文化组织建设，辅导和培训群众文艺骨干。

(三)协助县级文化馆、图书馆等文化单位配送公共文化资源，开展流动文化服务，保证公共文化资源进村入户。

(四)在县级图书馆的指导下，开办图书室，开展群众读书读报活动，为当地群众提供图书报刊借阅服务。

(五)建成全国文化信息资源共享工程基层服务点，开展数字文化信息服务。

(六)在县级文化行政部门的指导下，搜集、整理非物质文化遗产，开展非物质文化遗产的普查、展示、宣传活动，指导传承人开展传习活动。

(七)协助县级文化行政部门开展文物的宣传保护工作。

(八)受县级文化行政部门的委托，协助做好农村文化市场管理及监督工作。发现重大问题或事故，依法采取应急措施并及时上报。

第十二条　文化站应完善内部管理制度，建立、健全服务规范，并根据其功能、特点向公众开放，保障其设施用于开展文明、健康的文化体育活动。文化站应在醒目位置标明服务内容、开放时间和注意事项。

第四章　人员和经费

第十三条　文化站应配备专职人员进行管理，编制数额应根据所承担的职能和任务及所服务的乡镇人口规模等因素确定。

第十四条　文化站站长应具有大专以上学历或具备相当于大专以上文化程度，热爱文化事业，善于组织群众开展文化活动，具备开展文化站工作的业务能力和管理水平。文化站站长由乡镇人民政府任命或聘任，事先应征求县级文化行政部门的意见。

第十五条　文化站实行职业资格制度，文化站从业人员须通过文化行政部门或委托的有关部门组织的相应考试、考核，取得职业资格或岗位培训证书。

文化站从业人员可根据本人的学历条件、任职年限、工作业绩和业务水平等申报相应的专业技术资格。

第十六条　文化站实行聘用制和岗位目标管理责任制。在岗人员退休或被调离、辞退后，应及时配备相应人员，确保文化站正常工作不受影响。

第十七条　文化行政部门负责对文化站从业人员进行定期培训。各级文化培训机构、群艺馆、文化馆、图书馆、艺术学校、艺术院团等具体承担人员培训任务。

第十八条　文化站的建设、维修、日常运转和业务活动所需经费，应列入县乡人民政府基本建设投资计划和财政预算，不得随意核减或挪用。中央、省、市级财政可对文化站设施建设和内容建设予以经费补助。

第十九条　鼓励企业、社会团体、个人捐赠或资助文化站。依法向文化站捐赠财产的，捐赠人可按照有关法律规定享受优惠。

第五章　检查和考核

第二十条　文化行政部门负责定期对文化站设施建设、经费投入、工作开展情况等进行检查、考评。文化站建设情况应纳入创建全国和地区性文化先进单位的考核指标体系。

第二十一条　对在农村文化建设中做出突出贡献的文化站和文化站从业人员，由县级以上人民政府或有关部门给予奖励。

第六章　附则

第二十二条　本办法由文化部负责解释。

第二十三条　本办法自2009年10月1日起施行。

(二)《公共图书馆服务规范》①

公共图书馆服务规范(节选)

1　范围

本标准规定了图书馆服务资源、服务效能、服务宣传、服务监督与反馈等内容。

本标准适用于县(市)级以上公共图书馆。街道、乡镇级公共图书馆以及社区、乡村和社会力量办的各类公共图书馆基层服务点参照执行。

……

4　总则

4.1　公共图书馆是公共文化服务体系的重要组成部分。公共图书馆服务规划应体现出公益性、基本性、均等性和便利性。

4.2　公共图书馆服务应体现以人为本的原则，通过就近、便捷、可选择、温馨的服务，不断改进服务质量，统筹兼顾服务资源、服务效能、服务宣传、服务监督与反馈，促进服务的全面协调可持续发展。

4.3　公共图书馆服务对象包括所有公众。应当注重培养少年儿童的阅读习惯，并

① 国家质量监督检验检疫总局，国家标准化管理委员会．公共图书馆服务规范[M]．北京：中国标准出版社，2012：1-8.

努力满足残疾人、老年人、进城务工者、农村和偏远地区公众等的特殊需求。

4.4　公共图书馆的服务与管理除执行本标准的有关规定外，还应符合相关的国家标准和规范。

5　服务资源

5.1　硬件资源

5.1.1　馆舍建筑指标

公共图书馆设置布局应遵循普遍均等原则，选址要考虑服务半径、服务人口等因素，并应按建标〔2008〕74号《公共图书馆建设用地指标》执行。服务人口是指公共图书馆服务范围内的常住人口。

为了保证读者阅览空间和图书馆为读者服务能力，总建筑面积、阅览室用房使用面积的比例、总阅览座位数应按建标108—2008《公共图书馆建设标准》执行。并为残障读者的无障碍服务提供必要的服务设施。

5.1.2　建筑功能总体布局

公共图书馆建筑功能总体布局应遵循以读者服务为中心，与图书馆的管理方式和服务手段相适应，做到分区明确、布局合理、流线通畅、安全节能、朝向和通风良好。

少年儿童阅览区应与成人阅览区分开，宜设置单独的出入口，有条件的可设室外少年儿童活动场地。视障阅览室宜设在图书馆本体建筑与社会公共通道之间的平行层。

5.1.3　电子信息设备

5.1.3.1　计算机

公共图书馆应配备一定数量的计算机专供读者使用。图书馆应配备与经济和技术发展水平相适应的信息技术设备。所需计算机数量见表1。

表1　公共图书馆计算机设备配置及用途指标

等级	计算机 总数量(台)	其中：读者使用 计算机数量(台)	读者用机中OPAC 计算机数量(台)
省级馆	100以上	60以上	12以上
地级馆	60以上	40以上	8以上
县级馆	30以上	20以上	4以上

注1：省级馆包含省(自治区、直辖市)、副省级市(计划单列市)级图书馆；地级馆包含地(市、地区、盟、州)级图书馆；县级馆包含县(市)级图书馆。

注2：OPAC(Online Public Acceess catalogue)指在线公共检索目录。

5.1.3.2　网络与宽带接入

公共图书馆网络与宽带接入，是为读者提供网络信息服务的基础。网络与带宽接入指标见表2。

表 2　公共图书馆网络与带宽接入指标

等级	互联网接口	局域网主干	局域网分支
省级馆	≥100 兆	≥1000 兆	≥100 兆
地级馆	≥10 兆	≥1000 兆	≥100 兆
县级馆	≥2 兆	≥100 兆	≥100 兆

5.1.3.3　信息节点

信息节点指在馆内与局域网或互联网连接的计算机网络接口，阅览室的信息点设置应不少于阅览座位的 30%，电子阅览室的信息点设置应多于阅览座位数。有条件的可提供互联网无线网络接入服务。

5.2　人力资源

5.2.1　人员要求

公共图书馆工作人员应受过专业训练、具备良好的职业道德，在读者服务工作中应平等对待所有公众，尊重和维护读者隐私。工作人员须挂牌上岗，仪表端庄，使用文明用语，热忱并努力为读者提供准确全面的信息服务。

5.2.2　人员配备

公共图书馆应配备数量适宜的工作人员。具有相关学科背景的专业技术人员应占工作人员的 75%以上，少数民族自治地区公共图书馆要配备熟悉少数民族语言文字的专业技术人员。

公共图书馆专业技术人员是指符合下列条件之一并从事相关业务工作的人员：

——具有助理馆员等各类初级及以上专业技术职务任职资格；

——具有图书馆学专业（或图书情报专业）专科或以上学历；

——非图书馆学专业（或图书情报专业）专科或以上学历，须经过省级及以上学会（协会）、图书馆、大学院系举办的图书馆学专业（或图书情报专业）课程培训，培训课时不少于 320 学时并成绩合格。

5.2.3　人员数量

公共图书馆工作人员数量的确定，应以所在区域服务人口数为依据。每服务人口 10 000～25 000 人应配备 1 名工作人员。各级公共图书馆所需的人员数量的配备，还应兼顾服务时间、馆舍规模、馆藏资源数量、年度读者服务量等因素。

5.2.4　教育培训

公共图书馆应坚持实施针对全体工作人员的教育培训计划。年度工作计划中应提供保障员工接受培训教育的安排。

5.2.5　志愿者队伍

公共图书馆应导入志愿者服务机制，吸引更多图书馆工作人员和社会公众加入志愿者队伍。

5.3　文献资源

5.3.1　馆藏文献

5.3.1.1　文献采集原则

馆藏文献资源建设应遵循以下原则：

——与日益增长的读者需求和本地区经济、文化与社会事业发展相适应；

——与本馆文献资源建设规划、采集方针及服务功能相匹配；

——有利于形成资源体系和特色；

——有利于促进区域文献资源共建共享；

——有利于积淀与丰富历史文献；

——与国家知识产权保护等法律法规的要求相一致。

5.3.1.2　馆藏文献总量

馆藏文献包括印刷型文献、电子文献、缩微文献等。公共图书馆应在确保印刷型文献入藏的基础上，逐步增加电子文献的品种和数量，并根据当地读者和居住的外籍人员的需求，积极配置相应的外文文献。

馆藏印刷型文献以物理单元数量统计。应采用国家标准　图书馆统计 GB/T 13191 中建议统计的方式计算。省级馆、地级馆、县级馆的入藏总量分别应达到 135 万册、24 万册、4.5 万册以上，省、地、县级馆年新增藏量分别应达每百人 1.7、1、0.6 册以上。

馆藏电子文献包括电子图书、电子报刊、视听资料等，电子文献的统计，应采用国家标准　图书馆统计 GB/T 13191 中建议统计的方式计算。省级馆、地级馆、县级馆的年入藏量分别应达到 9000 种、500 种、100 种以上。

5.3.1.3　少数民族语言文献

少数民族集聚地区的各级公共图书馆应承担该地区少数民族文字文献资料的收藏和服务的职能。

其他地区各级公共图书馆也应收藏与本地少数民族状况相适应的少数民族语言文献。

5.3.2　呈缴本

省级公共图书馆负有依法接受所在省(市)出版机构呈缴出版物和保存地方文献版本的职能。呈缴本征集的品种、数量应达到地方正式出版物的 70%以上。

5.3.3　政府出版物

公共图书馆应承担当地政府出版物的征集、保存与服务职能，设置政府公开信息查阅点，并做好服务工作。

6　服务效能

6.1　服务能力

6.1.1　服务时间

公共图书馆应有固定的开放时间，双休日应对外开放。其中省级馆每周开放时间不少于64小时；地级馆每周开放时间不少于60小时；县级馆每周开放时间不少于56小时。各级独立建制的少年儿童图书馆每周开放时间不少于40小时。

6.1.2　基本服务

公共图书馆的基本服务是保障和满足公众的基本文化需求的服务，包括为读者免费提供多语种、多种载体的文献的借阅服务和一般性的咨询服务，组织各类读者活动以及其他公益性服务。

6.1.3　流动服务

公共图书馆应通过流动站、流动车等形式，将文献外借服务和其他图书馆服务向社区、村镇等延伸，定期开展巡回流动服务。

6.1.4　远程服务

公共图书馆应利用互联网、手机等信息技术手段和载体，开展不受时空限制的网上书目检索、参考咨询、文献提供等远程网络信息服务。

6.1.5　个性化服务

公共图书馆可为个人、企事业机构及政府部门提供多样化的、灵活的、有针对性的服务。

6.1.6　总分馆服务

公共图书馆应在政府主导、多级投入、集中分层管理、资源共享的原则下，建立普遍均等的公共图书馆服务体系，因地制宜地开展形式多样的总分馆服务，形成统一的机构标识，统一的业务规范，建立便捷的通借通还文献分拣传递物流体系，提升同一地区公共图书馆系统的整体形象和服务能力。

6.2　服务效率

6.2.1　文献加工处理时间

公共图书馆需根据不同类型(如印刷型、电子、缩微等)、不同来源(如购买、受赠、交换等)的文献资源特点和服务要求，优化文献加工处理流程，缩短文献加工处理周期，提高文献加工处理效率。

文献加工处理时间以文献到馆至文献上架(或上线)服务的时间间隔计。其中，报纸到馆当天上架服务，期刊到馆2个工作日内上架服务，省级馆、地级馆及县级馆分别在图书到馆20、15、7个工作日内上架服务。

6.2.2　闭架文献获取时间

闭架文献获取时间以读者递交调阅单到读者获取文献之间的间隔时间计。

闭架文献提供不超过30分钟，外围书库文献提供不超过2个工作日。古籍等特种文献，另按相关规定执行。

6.2.3 开架图书排架正确率

开架图书提倡按中国图书馆分类法分类号顺序排列整齐。省级馆、地级馆及县级馆的开架图书排架正确率分别不低于96％、95％、94％。

6.2.4 馆藏外借量

馆藏外借量以外借文献册数计。

公共图书馆应合理调整外借文献范围、外借文献册数、借期等流通规则，保持馆藏外借量逐年增长。

6.2.5 人均借阅量

公共图书馆应分别根据有效持证读者和服务人口的总数，计算已外借文献量(册)占有效持证读者总数和服务人口总数的比例，以反映流通馆藏对有效持证读者的服务使用情况。

公共图书馆应适时调整外借册数、借期等流通规则，并制定有针对性的服务策略，逐步提高人均借阅量。

6.2.6 电子文献使用量

电子文献使用量由数据库检索量、全文下载量组成。

公共图书馆应积极宣传电子文献，举办电子文献使用辅导讲座，提升读者使用电子文献的信息素养，保持电子文献使用量逐年增长。

6.2.7 文献提供响应时间

文献提供响应时间以收到读者文献请求至回复读者之间的时间计。响应时间不超过2个工作日，并告知读者文献获取的具体时间。

6.2.8 参考咨询响应时间

公共图书馆需提供多样化的文献咨询服务方式，有效缩短文献咨询的响应时间。多样化的文献咨询服务方式包括现场、电话、信件、传真、电子邮件、网上实时、短信等。

响应时间是以收到读者咨询提问至回复读者之间的时间计。现场、电话、网上实时咨询需在服务时间内当即回复读者，其他方式的咨询服务的响应时间不超过2个工作日。

7 服务宣传

7.1 导引标识

7.1.1 方位区域标识

公共图书馆导引标识系统应使用标准化的文字和图形建立，公共信息标识应采用国家标准 GB/T 10001.1《标识用公共信息图形符号　第 1 部分：通用符号》，根据需求可采用双语或多语言对照。

公共图书馆应在主体建筑外竖立明显的导向标识。

公共图书馆入口处应标明区域划分，如阅览区域、活动区域、办公区域等，以方便读者到达目标区域。

公共图书馆应在每一楼层设立醒目的布局功能标识。

7.1.2　文献排架标识

公共图书馆应在阅览区和书库设置文献排架标识。

7.1.3　无障碍标识

公共图书馆应设置无障碍设施的专用标识。

7.2　服务告示

7.2.1　告示内容和方式

公共图书馆的服务范围、服务内容、服务时间、服务公约、读者须知、借阅(使用)规则、服务承诺等基本服务政策应在馆内醒目位置和图书馆网站的相关栏目向读者公示，其他服务政策及各类服务信息等应通过各种途径方便读者获取。

7.2.2　闭馆告示

因故须暂时闭馆，须提前一周向读者公告。

如遇公共安全、网络安全等突发事件须临时闭馆或关闭部分区域、暂停部分服务的，应及时向读者公告。

7.3　馆藏揭示

公共图书馆应借助计算机管理与书目检索系统，将纸质、电子和缩微等不同载体的馆藏文献目录向公众揭示，提供题名、著者、主题等基本检索途径，方便读者查询。

公共图书馆还应通过网站、宣传资料、专题展览等形式，向公众推介、揭示最新入藏的文献和特色馆藏。

7.4　活动推广

公共图书馆应通过媒体、网站、宣传资料、宣传栏及各种现代化通信手段等形式，邀请、吸引读者的参与和互动。

8　服务监督与反馈

8.1　监督途径和方法

公共图书馆应在馆舍显著位置设立读者意见箱(簿)，公开监督电话，开设网上投诉通道，建立馆长接待日制度，组建社会监督员队伍，定期召开读者座谈会。认真对待并正确处理来自读者的意见或投诉，在五个工作日内回复并整改落实。

8.2　读者满意度调查

读者满意度调查表中读者对图书馆满意度的选项为“满意”“基本满意”和“不满意”

三项。读者满意度以参与问卷调查的读者中选择“基本满意”和“满意”的人数占调查总人数的比例计。各级公共图书馆的读者满意度应在85%(含)以上。

公共图书馆每年应进行一次读者满意度调查，可自行或委托相关机构向馆内读者随机发放读者满意度调查表。调查表发放数量，省、地、县级图书馆分别不少于500、300、100份，回收率不低于80%。

公共图书馆应对回收的读者满意度调查表进行分析，针对薄弱环节提出整改意见。调查数据应系统整理，建档保存。

(三)《图书馆服务宣言》①

图书馆服务宣言

(2008年3月21日中国图书馆学会七届四次理事会审议通过)

图书馆是通向知识之门，它通过系统收集、保存与组织文献信息，实现传播知识、传承文明的社会功能。现代图书馆秉承对全社会开放的理念，承担实现和保障公民文化权利、缩小社会信息鸿沟的使命。中国图书馆人经过不懈的追求与努力，逐步确立了对社会普遍开放、平等服务、以人为本的基本原则。我们的目标是：

1. 图书馆是一个开放的知识与信息中心。图书馆以公益性服务为基本原则，以实现和保障公民基本阅读权利为天职，以读者需求为一切工作的出发点。

2. 图书馆向读者提供平等服务。各级各类图书馆共同构成图书馆体系，保障全体社会成员普遍均等地享有图书馆服务。

3. 图书馆在服务与管理中体现人文关怀。图书馆致力于消除弱势群体利用图书馆的困难，为全体读者提供人性化、便利化的服务。

4. 图书馆提供优质、高效、专业的服务。图书馆充分利用现代信息技术，提高数字资源提供能力和使用效率，以服务创新应对信息时代的挑战。

5. 图书馆开展信息资源共建共享。各地区、各类型图书馆加强协调与合作，促进全社会信息资源的有效利用。

6. 图书馆努力促进全民阅读。图书馆为公民终身学习提供保障，促进学习型社会的建设。

7. 图书馆与一切关心图书馆事业的组织和个人真诚合作。图书馆欢迎社会各界通过资助、捐赠、媒体宣传、志愿者活动等各种方式，参与图书馆建设。

---

① 中国图书馆学会. 图书馆服务宣言[J]. 中国图书馆学报，2008(6)：5。

(四)《博物馆条例》①

博物馆条例

(经2015年1月14日国务院第78次常务会议通过,自2015年3月20日起施行)

第一章 总 则

第一条 为了促进博物馆事业发展,发挥博物馆功能,满足公民精神文化需求,提高公民思想道德和科学文化素质,制定本条例。

第二条 本条例所称博物馆,是指以教育、研究和欣赏为目的,收藏、保护并向公众展示人类活动和自然环境的见证物,经登记管理机关依法登记的非营利组织。

博物馆包括国有博物馆和非国有博物馆。利用或者主要利用国有资产设立的博物馆为国有博物馆;利用或者主要利用非国有资产设立的博物馆为非国有博物馆。

国家在博物馆的设立条件、提供社会服务、规范管理、专业技术职称评定、财税扶持政策等方面,公平对待国有和非国有博物馆。

第三条 博物馆开展社会服务应当坚持为人民服务、为社会主义服务的方向和贴近实际、贴近生活、贴近群众的原则,丰富人民群众精神文化生活。

第四条 国家制定博物馆事业发展规划,完善博物馆体系。

国家鼓励企业、事业单位、社会团体和公民等社会力量依法设立博物馆。

第五条 国有博物馆的正常运行经费列入本级财政预算;非国有博物馆的举办者应当保障博物馆的正常运行经费。

国家鼓励设立公益性基金为博物馆提供经费,鼓励博物馆多渠道筹措资金促进自身发展。

第六条 博物馆依法享受税收优惠。

依法设立博物馆或者向博物馆提供捐赠的,按照国家有关规定享受税收优惠。

第七条 国家文物主管部门负责全国博物馆监督管理工作。国务院其他有关部门在各自职责范围内负责有关的博物馆管理工作。

县级以上地方人民政府文物主管部门负责本行政区域的博物馆监督管理工作。县级以上地方人民政府其他有关部门在各自职责范围内负责本行政区域内有关的博物馆管理工作。

第八条 博物馆行业组织应当依法制定行业自律规范,维护会员的合法权益,指

---

① 博物馆条例[EB/OL].[2015-02-09]. http://www.gov.cn/zhengce/2015-03/02/content_2823823.htm。

导、监督会员的业务活动，促进博物馆事业健康发展。

第九条　对为博物馆事业作出突出贡献的组织或者个人，按照国家有关规定给予表彰、奖励。

第二章　博物馆的设立、变更与终止

第十条　设立博物馆，应当具备下列条件：

（一）固定的馆址以及符合国家规定的展室、藏品保管场所；

（二）相应数量的藏品以及必要的研究资料，并能够形成陈列展览体系；

（三）与其规模和功能相适应的专业技术人员；

（四）必要的办馆资金和稳定的运行经费来源；

（五）确保观众人身安全的设施、制度及应急预案。

博物馆馆舍建设应当坚持新建馆舍和改造现有建筑相结合，鼓励利用名人故居、工业遗产等作为博物馆馆舍。新建、改建馆舍应当提高藏品展陈和保管面积占总面积的比重。

第十一条　设立博物馆，应当制定章程。博物馆章程应当包括下列事项：

（一）博物馆名称、馆址；

（二）办馆宗旨及业务范围；

（三）组织管理制度，包括理事会或者其他形式决策机构的产生办法、人员构成、任期、议事规则等；

（四）藏品展示、保护、管理、处置的规则；

（五）资产管理和使用规则；

（六）章程修改程序；

（七）终止程序和终止后资产的处理；

（八）其他需要由章程规定的事项。

第十二条　国有博物馆的设立、变更、终止依照有关事业单位登记管理法律、行政法规的规定办理，并应当向馆址所在地省、自治区、直辖市人民政府文物主管部门备案。

第十三条　藏品属于古生物化石的博物馆，其设立、变更、终止应当遵守有关古生物化石保护法律、行政法规的规定，并向馆址所在地省、自治区、直辖市人民政府文物主管部门备案。

第十四条　设立藏品不属于古生物化石的非国有博物馆的，应当向馆址所在地省、自治区、直辖市人民政府文物主管部门备案，并提交下列材料：

（一）博物馆章程草案；

（二）馆舍所有权或者使用权证明，展室和藏品保管场所的环境条件符合藏品展示、保护、管理需要的论证材料；

（三）藏品目录、藏品概述及藏品合法来源说明；

（四）出资证明或者验资报告；

（五）专业技术人员和管理人员的基本情况；

（六）陈列展览方案。

第十五条　设立藏品不属于古生物化石的非国有博物馆的，应当到有关登记管理机关依法办理法人登记手续。

前款规定的非国有博物馆变更、终止的，应当到有关登记管理机关依法办理变更登记、注销登记，并向馆址所在地省、自治区、直辖市人民政府文物主管部门备案。

第十六条　省、自治区、直辖市人民政府文物主管部门应当及时公布本行政区域内已备案的博物馆名称、地址、联系方式、主要藏品等信息。

第三章　博物馆管理

第十七条　博物馆应当完善法人治理结构，建立健全有关组织管理制度。

第十八条　博物馆专业技术人员按照国家有关规定评定专业技术职称。

第十九条　博物馆依法管理和使用的资产，任何组织或者个人不得侵占。

博物馆不得从事文物等藏品的商业经营活动。博物馆从事其他商业经营活动，不得违反办馆宗旨，不得损害观众利益。博物馆从事其他商业经营活动的具体办法由国家文物主管部门制定。

第二十条　博物馆接受捐赠的，应当遵守有关法律、行政法规的规定。

博物馆可以依法以举办者或者捐赠者的姓名、名称命名博物馆的馆舍或者其他设施；非国有博物馆还可以依法以举办者或者捐赠者的姓名、名称作为博物馆馆名。

第二十一条　博物馆可以通过购买、接受捐赠、依法交换等法律、行政法规规定的方式取得藏品，不得取得来源不明或者来源不合法的藏品。

第二十二条　博物馆应当建立藏品账目及档案。藏品属于文物的，应当区分文物等级，单独设置文物档案，建立严格的管理制度，并报文物主管部门备案。

未依照前款规定建账、建档的藏品，不得交换或者出借。

第二十三条　博物馆法定代表人对藏品安全负责。

博物馆法定代表人、藏品管理人员离任前，应当办结藏品移交手续。

第二十四条　博物馆应当加强对藏品的安全管理，定期对保障藏品安全的设备、设施进行检查、维护，保证其正常运行。对珍贵藏品和易损藏品应当设立专库或者专用设备保存，并由专人负责保管。

第二十五条　博物馆藏品属于国有文物、非国有文物中的珍贵文物和国家规定禁止出境的其他文物的，不得出境，不得转让、出租、质押给外国人。

国有博物馆藏品属于文物的，不得赠与、出租或者出售给其他单位和个人。

第二十六条　博物馆终止的，应当依照有关非营利组织法律、行政法规的规定处理藏品；藏品属于国家禁止买卖的文物的，应当依照有关文物保护法律、行政法规的规定处理。

第二十七条　博物馆藏品属于文物或者古生物化石的，其取得、保护、管理、展示、处置、进出境等还应当分别遵守有关文物保护、古生物化石保护的法律、行政法规的规定。

第四章　博物馆社会服务

第二十八条　博物馆应当自取得登记证书之日起6个月内向公众开放。

第二十九条　博物馆应当向公众公告具体开放时间。在国家法定节假日和学校寒暑假期间，博物馆应当开放。

第三十条　博物馆举办陈列展览，应当遵守下列规定：

(一)主题和内容应当符合宪法所确定的基本原则和维护国家安全与民族团结、弘扬爱国主义、倡导科学精神、普及科学知识、传播优秀文化、培养良好风尚、促进社会和谐、推动社会文明进步的要求；

(二)与办馆宗旨相适应，突出藏品特色；

(三)运用适当的技术、材料、工艺和表现手法，达到形式与内容的和谐统一；

(四)展品以原件为主，使用复制品、仿制品应当明示；

(五)采用多种形式提供科学、准确、生动的文字说明和讲解服务；

(六)法律、行政法规的其他有关规定。

陈列展览的主题和内容不适宜未成年人的，博物馆不得接纳未成年人。

第三十一条　博物馆举办陈列展览的，应当在陈列展览开始之日10个工作日前，将陈列展览主题、展品说明、讲解词等向陈列展览举办地的文物主管部门或者其他有关部门备案。

各级人民政府文物主管部门和博物馆行业组织应当加强对博物馆陈列展览的指导和监督。

第三十二条　博物馆应当配备适当的专业人员，根据不同年龄段的未成年人接受能力进行讲解；学校寒暑假期间，具备条件的博物馆应当增设适合学生特点的陈列展览项目。

第三十三条　国家鼓励博物馆向公众免费开放。县级以上人民政府应当对向公众免费开放的博物馆给予必要的经费支持。

博物馆未实行免费开放的，其门票、收费的项目和标准按照国家有关规定执行，并在收费地点的醒目位置予以公布。

博物馆未实行免费开放的，应当对未成年人、成年学生、教师、老年人、残疾人和军人等实行免费或者其他优惠。博物馆实行优惠的项目和标准应当向公众公告。

第三十四条　博物馆应当根据自身特点、条件，运用现代信息技术，开展形式多样、生动活泼的社会教育和服务活动，参与社区文化建设和对外文化交流与合作。

国家鼓励博物馆挖掘藏品内涵，与文化创意、旅游等产业相结合，开发衍生产品，增强博物馆发展能力。

第三十五条　国务院教育行政部门应当会同国家文物主管部门，制定利用博物馆资源开展教育教学、社会实践活动的政策措施。

地方各级人民政府教育行政部门应当鼓励学校结合课程设置和教学计划，组织学生到博物馆开展学习实践活动。

博物馆应当对学校开展各类相关教育教学活动提供支持和帮助。

第三十六条　博物馆应当发挥藏品优势，开展相关专业领域的理论及应用研究，提高业务水平，促进专业人才的成长。

博物馆应当为高等学校、科研机构和专家学者等开展科学研究工作提供支持和帮助。

第三十七条　公众应当爱护博物馆展品、设施及环境，不得损坏博物馆的展品、设施。

第三十八条　博物馆行业组织可以根据博物馆的教育、服务及藏品保护、研究和展示水平，对博物馆进行评估。具体办法由国家文物主管部门会同其他有关部门制定。

第五章　法律责任

第三十九条　博物馆取得来源不明或者来源不合法的藏品，或者陈列展览的主题、内容造成恶劣影响的，由省、自治区、直辖市人民政府文物主管部门或者有关登记管理机关按照职责分工，责令改正，有违法所得的，没收违法所得，并处违法所得 2 倍以上 5 倍以下罚款；没有违法所得的，处 5000 元以上 2 万元以下罚款；情节严重的，由登记管理机关撤销登记。

第四十条　博物馆从事文物藏品的商业经营活动的，由工商行政管理部门依照有关文物保护法律、行政法规的规定处罚。

博物馆从事非文物藏品的商业经营活动，或者从事其他商业经营活动违反办馆宗旨、损害观众利益的，由省、自治区、直辖市人民政府文物主管部门或者有关登记管理机关按照职责分工，责令改正，有违法所得的，没收违法所得，并处违法所得 2 倍以上 5 倍以下罚款；没有违法所得的，处 5000 元以上 2 万元以下罚款；情节严重的，由登记管理机关撤销登记。

第四十一条　博物馆自取得登记证书之日起 6 个月内未向公众开放，或者未依照本条例的规定实行免费或者其他优惠的，由省、自治区、直辖市人民政府文物主管部门责令改正；拒不改正的，由登记管理机关撤销登记。

第四十二条　博物馆违反有关价格法律、行政法规规定的，由馆址所在地县级以上地方人民政府价格主管部门依法给予处罚。

第四十三条　县级以上人民政府文物主管部门或者其他有关部门及其工作人员玩忽职守、滥用职权、徇私舞弊或者利用职务上的便利索取或者收受他人财物的，由本级人民政府或者上级机关责令改正，通报批评；对直接负责的主管人员和其他直接责任人员依法给予处分。

第四十四条　违反本条例规定，构成犯罪的，依法追究刑事责任。

第六章　附　则

第四十五条　本条例所称博物馆不包括以普及科学技术为目的的科普场馆。

第四十六条　中国人民解放军所属博物馆依照军队有关规定进行管理。

第四十七条　本条例自2015年3月20日起施行。

(五)《中华人民共和国著作权法》①

中华人民共和国著作权法(节选)

(1990年9月7日第七届全国人民代表大会常务委员会第十五次会议通过　根据2001年10月27日第九届全国人民代表大会常务委员会第二十四次会议《关于修改〈中华人民共和国著作权法〉的决定》第一次修正　根据2010年2月26日第十一届全国人民代表大会常务委员会第十三次会议《关于修改〈中华人民共和国著作权法〉的决定》第二次修正)

第四节　权利的限制

第二十二条　在下列情况下使用作品，可以不经著作权人许可，不向其支付报酬，但应当指明作者姓名、作品名称，并且不得侵犯著作权人依照本法享有的其他权利：

(一)为个人学习、研究或者欣赏，使用他人已经发表的作品；

(二)为介绍、评论某一作品或者说明某一问题，在作品中适当引用他人已经发表的作品；

(三)为报道时事新闻，在报纸、期刊、广播电台、电视台等媒体中不可避免地再现或者引用已经发表的作品；

---

① 中华人民共和国著作权法[EB/OL]. [2010-02-06]. http://www.npc.gov.cn/npc/xinwen/2010-02/26/content_1544852.htm。

（四）报纸、期刊、广播电台、电视台等媒体刊登或者播放其他报纸、期刊、广播电台、电视台等媒体已经发表的关于政治、经济、宗教问题的时事性文章，但作者声明不许刊登、播放的除外；

（五）报纸、期刊、广播电台、电视台等媒体刊登或者播放在公众集会上发表的讲话，但作者声明不许刊登、播放的除外；

（六）为学校课堂教学或者科学研究，翻译或者少量复制已经发表的作品，供教学或者科研人员使用，但不得出版发行；

（七）国家机关为执行公务在合理范围内使用已经发表的作品；

（八）图书馆、档案馆、纪念馆、博物馆、美术馆等为陈列或者保存版本的需要，复制本馆收藏的作品；

（九）免费表演已经发表的作品，该表演未向公众收取费用，也未向表演者支付报酬；

（十）对设置或者陈列在室外公共场所的艺术作品进行临摹、绘画、摄影、录像；

（十一）将中国公民、法人或者其他组织已经发表的以汉语言文字创作的作品翻译成少数民族语言文字作品在国内出版发行；

（十二）将已经发表的作品改成盲文出版。

前款规定适用于对出版者、表演者、录音录像制作者、广播电台、电视台的权利的限制。

（六）《信息网络传播权保护条例》①

信息网络传播权保护条例（节选）

（2006 年 5 月 18 日中华人民共和国国务院令第 468 号公布
根据 2013 年 1 月 30 日《国务院关于修改〈信息网络传播权保护条例〉的决定》修订）

第六条　通过信息网络提供他人作品，属于下列情形的，可以不经著作权人许可，不向其支付报酬：

（一）为介绍、评论某一作品或者说明某一问题，在向公众提供的作品中适当引用已经发表的作品；

（二）为报道时事新闻，在向公众提供的作品中不可避免地再现或者引用已经发表的作品；

---

① 信息网络传播权保护条例[EB/OL]. [2013-01-30]. http://www.gov.cn/zhengce/2013-02/08/content_2602617.htm。

（三）为学校课堂教学或者科学研究，向少数教学、科研人员提供少量已经发表的作品；

（四）国家机关为执行公务，在合理范围内向公众提供已经发表的作品；

（五）将中国公民、法人或者其他组织已经发表的、以汉语言文字创作的作品翻译成的少数民族语言文字作品，向中国境内少数民族提供；

（六）不以营利为目的，以盲人能够感知的独特方式向盲人提供已经发表的文字作品；

（七）向公众提供在信息网络上已经发表的关于政治、经济问题的时事性文章；

（八）向公众提供在公众集会上发表的讲话。

第七条　图书馆、档案馆、纪念馆、博物馆、美术馆等可以不经著作权人许可，通过信息网络向本馆馆舍内服务对象提供本馆收藏的合法出版的数字作品和依法为陈列或者保存版本的需要以数字化形式复制的作品，不向其支付报酬，但不得直接或者间接获得经济利益。当事人另有约定的除外。

前款规定的为陈列或者保存版本需要以数字化形式复制的作品，应当是已经损毁或者濒临损毁、丢失或者失窃，或者其存储格式已经过时，并且在市场上无法购买或者只能以明显高于标定的价格购买的作品。

第八条　为通过信息网络实施九年制义务教育或者国家教育规划，可以不经著作权人许可，使用其已经发表作品的片断或者短小的文字作品、音乐作品或者单幅的美术作品、摄影作品制作课件，由制作课件或者依法取得课件的远程教育机构通过信息网络向注册学生提供，但应当向著作权人支付报酬。

第九条　为扶助贫困，通过信息网络向农村地区的公众免费提供中国公民、法人或者其他组织已经发表的种植养殖、防病治病、防灾减灾等与扶助贫困有关的作品和适应基本文化需求的作品，网络服务提供者应当在提供前公告拟提供的作品及其作者、拟支付报酬的标准。自公告之日起 30 日内，著作权人不同意提供的，网络服务提供者不得提供其作品；自公告之日起满 30 日，著作权人没有异议的，网络服务提供者可以提供其作品，并按照公告的标准向著作权人支付报酬。网络服务提供者提供著作权人的作品后，著作权人不同意提供的，网络服务提供者应当立即删除著作权人的作品，并按照公告的标准向著作权人支付提供作品期间的报酬。

依照前款规定提供作品的，不得直接或者间接获得经济利益。

第十条　依照本条例规定不经著作权人许可、通过信息网络向公众提供其作品的，还应当遵守下列规定：

……

（四）采取技术措施，防止本条例第七条、第八条、第九条规定的服务对象以外的其他人获得著作权人的作品，并防止本条例第七条规定的服务对象的复制行为对著作权人利益造成实质性损害；

（五）不得侵犯著作权人依法享有的其他权利。

第十一条　通过信息网络提供他人表演、录音录像制品的，应当遵守本条例第六条至第十条的规定。

第十二条　属于下列情形的，可以避开技术措施，但不得向他人提供避开技术措施的技术、装置或者部件，不得侵犯权利人依法享有的其他权利：

（一）为学校课堂教学或者科学研究，通过信息网络向少数教学、科研人员提供已经发表的作品、表演、录音录像制品，而该作品、表演、录音录像制品只能通过信息网络获取；

……

第十八条　违反本条例规定，有下列侵权行为之一的，根据情况承担停止侵害、消除影响、赔礼道歉、赔偿损失等民事责任；同时损害公共利益的，可以由著作权行政管理部门责令停止侵权行为，没收违法所得，并可处以 10 万元以下的罚款；情节严重的，著作权行政管理部门可以没收主要用于提供网络服务的计算机等设备；构成犯罪的，依法追究刑事责任：

……

（四）为扶助贫困通过信息网络向农村地区提供作品、表演、录音录像制品超过规定范围，或者未按照公告的标准支付报酬，或者在权利人不同意提供其作品、表演、录音录像制品后未立即删除的；

……

第十九条　违反本条例规定，有下列行为之一的，由著作权行政管理部门予以警告，没收违法所得，没收主要用于避开、破坏技术措施的装置或者部件；情节严重的，可以没收主要用于提供网络服务的计算机等设备；非法经营额 5 万元以上的，可处非法经营额 1 倍以上 5 倍以下的罚款；没有非法经营额或非法经营额 5 万元以下的，根据情节轻重，可处 25 万元以下的罚款；构成犯罪的，依法追究刑事责任：

……

（三）为扶助贫困通过信息网络向农村地区提供作品、表演、录音录像制品，未在提供前公告作品、表演、录音录像制品的名称和作者、表演者、录音录像制作者的姓名（名称）以及报酬标准的。

……

（七）《中华人民共和国政府信息公开条例》①

中华人民共和国政府信息公开条例（节选）

（经2007年1月17日国务院第165次常务会议通过，自2008年5月1日起施行）

第十六条 各级人民政府应当在国家档案馆、公共图书馆设置政府信息查阅场所，并配备相应的设施、设备，为公民、法人或者其他组织获取政府信息提供便利。

行政机关可以根据需要设立公共查阅室、资料索取点、信息公告栏、电子信息屏等场所、设施，公开政府信息。

行政机关应当及时向国家档案馆、公共图书馆提供主动公开的政府信息。

第十九条 行政机关应当编制、公布政府信息公开指南和政府信息公开目录，并及时更新。

政府信息公开指南，应当包括政府信息的分类、编排体系、获取方式，政府信息公开工作机构的名称、办公地址、办公时间、联系电话、传真号码、电子邮箱等内容。

政府信息公开目录，应当包括政府信息的索引、名称、内容概述、生成日期等内容。

【本章小结】

本章介绍与公共图书馆、文化馆（站）、博物馆等公共文化机构运营管理相关的政策法规发展历程和主要的业务规范标准。目前，公共图书馆运营管理的业务规范标准相对齐全，文化馆（站）、博物馆正在迎头赶上。近几年出台的《公共图书馆服务规范》《乡镇综合文化站管理办法》《博物馆条例》等，体现了现代公共文化服务理念和时代发展的新需求、新特点。本章还介绍了我国图书馆、博物馆从业人员的职业道德守则，以及公共文化机构运营过程中的知识产权保护法规，安全、卫生、节约等方面的管理规范。

【思考题】

1.《公共图书馆服务规范》出台的意义和作用。

2. 数字图书馆建设的主要业务规范。

3.《乡镇综合文化站管理办法》的新特点。

4. 公共文化机构知识产权保护的原则与立场。

5.《图书馆服务宣言》所体现的现代图书馆服务理念。

6.《博物馆条例》对民营博物馆发展的影响。

---

① 中华人民共和国政府信息公开条例[EB/OL]. [2007-04-05]. http://www.gov.cn/xxgk/pub/govpublic/tiaoli.html。

第九章　公共文化机构评估定级

【目标与任务】

正确认识公共文化机构开展评估定级的目的，了解和掌握公共图书馆、文化馆（站）、博物馆、美术馆等公共文化机构评估定级标准的主要内容、核心指标及最新变化。

一、公共文化机构开展评估定级的目的

公共文化机构的评估定级工作，是对公共文化机构工作条件和工作质量的全面评价，通过评估可以有效推进公共文化服务的规范化、标准化，可以找出公共文化机构以及当地公共文化事业的薄弱环节，做针对性改进，进一步提升公共文化事业的发展水平。

我国公共文化机构的评估定级工作，最早是从 20 世纪 90 年代初公共图书馆评估定级开始的，此后逐步延伸到文化馆、博物馆、美术馆等其他公共文化机构。在公共文化机构评估定级过程中，评估标准是评价工作的标尺与准则。每次评估定级之前，都要认真研究、科学制订评估标准。标准既要考虑公共文化事业发展的现实状况，又要引领今后的发展方向；既要有连续性，又要不断充实、调整。评估标准的指标项增减，指标分值的升降，评估方法与手段的改变等，都具有明确的导向作用。

根据党的十七届六中全会和十八届三中全会精神，未来公共文化机构评估，将建立完善两大评价机制：一是以需求为导向，建立公共文化机构群众评价和反馈机制；二是以效能为导向，完善公共文化机构绩效考核机制。公共文化机构的评价方式、评价手段要逐步走向多元化、科学化。

二、公共图书馆评估定级

1994 年以来，文化部对我国县以上公共图书馆进行了五次评估定级，分别在

1994 年、1998 年、2004 年、2009 年和 2013 年完成。评估定级工作对推动全国公共图书馆事业发展产生了积极的推动作用，全国公共图书馆的基础设施、业务建设和服务水平得以明显提高。从五次评估定级的结果来看，上等级的图书馆数量越来越多，从 1994 年的 1144 家，上升到 2013 年的 2230 家，上等级图书馆已经占到图书馆总数的 70%以上；特别是"一级图书馆"数量，从 1994 年的 68 家，上升到 2013 年的 859 家(见表 9-1)。

表 9-1　历次评估上等级公共图书馆数量变化情况

评估时间	一级图书馆数量（个）	二级图书馆数量（个）	三级图书馆数量（个）	合计
1994 年	68	451	625	1144
1998 年	215	581	755	1551
2004 年	344	412	684	1440
2009 年	480	410	894	1784
2013 年	859	640	731	2230

公共图书馆评估标准覆盖公共图书馆服务条件和服务能力的各个方面。以第五次公共图书馆评估标准为例，评估内容共分为七大块：一是设施与设备，二是经费与人员，三是文献资源，四是服务工作，五是协作协调，六是管理与表彰，七是重点文化工程。省、市、县不同级别的公共图书馆，指标项目和指标权重各有侧重。指标项目包括定性和定量两类指标，其中定量指标又根据实际需要分别设计了绝对值指标和相对值指标。[①] 在公共图书馆一、二级定级标准中，设定了若干项必备条件。其中，省级图书馆的一、二级定级必备条件为 8 项，包括馆舍建筑面积，财政拨款总额，图书年入藏数量，免费开放得分，书刊文献年外借册次，现代化技术条件、数字资源服务两项得分，重点文化工程得分，读者满意率。市级、县级图书馆除了现代化技术条件、数字资源服务两项得分不计入之外，其余项目与省级相同。不同级别图书馆定的指标值下限略有差异。

从最近两次公共图书馆评估标准指标体系的设置和比重来看，图书馆评估定级呈现出五个特色：一是加大了对政府支持公共图书馆建设力度的考查，财政投入、政府参与的考核指标占有较为重要的比重；二是引导图书馆基础业务向高质量、规范化、标准化方向发展，以科学规范提升服务能力；三是将评估的重心从基础业务转向读者服务工作，并对免费开放服务项目和质量提出更高要求；四是重视重大文化惠民工程的建设和可持续发展；五是强调公共图书馆服务体系建设，推进普遍均等服务。

① 李丹，等. 新起点新视野新任务——第五次全国公共图书馆(成人馆部分)评估定级标准解读[J]. 中国图书馆学报，2013(2)：4-17.

三、文化馆评估定级

文化部对文化馆(群艺馆)的评估定级工作目前已进行了四次。从 2001 年开始的第一次评估到 2006 年的第二次评估，到 2011 年的第三次评估，到 2015 年的第四次评估，历时 15 年。这 15 年正是我国深化文化体制改革、加快建设公共文化服务体系、实施免费开放政策的关键时期，评估定级对文化馆的发展具有重要促进和指导作用。

2001 年第一次文化馆评估结果，全国有 889 家文化馆达到等级标准，其中 209 家文化馆被评为“一级馆”；2006 年第二次文化馆评估结果，全国有 1126 家文化馆达到等级标准，其中 383 家文化馆被评为“一级馆”；2011 年第三次文化馆评估结果，全国有 2028 家文化馆达到等级标准，其中 740 家文化馆被评为“一级馆”。2015 年第四次文化馆评估结果，全国有 2550 家文化馆达到等级标准，其中 1152 家文化馆被评为“一级馆”。可见，经过近些年的建设，上等级的文化馆越来越多，高等级的文化馆也越来越多，反映出全国各地文化馆建设所取得的成就。

文化馆的评估标准也随着时代发展而不断更新变化。以 2011 年第三次文化馆评估定级标准为例，一是将“免费开放”列入评估项目，把“初步实现免费开馆，馆内常设免费服务项目”作为评估定级的必备条件。二是将“数字化服务”列入正式评估项目。网站建设、网站原创信息更新量、宽带接入、数字资源建设、数字化服务项目、数字化服务设备、数字化加工设备等，都成为评估项目。三是充分体现软硬件建设并重的原则。馆舍、设备、经费是硬件保障，理论研究、制度建设、人才建设、服务创新是软件保障，二者并重。其中，馆舍建设也实现了理念上的重要转变——从按行政级别确定建设规模转变为依据服务人口确定建设规模，并设定了群众文化活动用房使用面积达到总使用面积的 65%。评估标准特别重视文化馆人才队伍建设，把队伍建设项目列为必备条件，要求业务人员不低于全馆人员总数的 60%，给出了从业人员在职培训的具体指标，在馆办活动中补充了“课题研究”“群众文艺创作和群文作品推广”两个项目，“提高指标”部分补充了“文化馆服务创新项目”等。

四、乡镇综合文化站评估定级

2013 年 4 月，文化部布置第一次全国乡镇综合文化站评估定级工作，以后将每四年开展一次，旨在加强基层公共文化服务体系建设，促进乡镇综合文化站规范化建设和管理，提高乡镇综合文化站的服务效能。

文化站评估定级工作实行“统一要求、分省实施”的原则，即由文化部制定全国乡镇综合文化站评估定级标准指导纲要，统一规定评估定级的主要内容、基本项目、基本要求和最低指标；各省(区、市)文化厅(局)根据文化部的指导纲要，结合本地区实际，制定具体的评估定级标准，负责开展评估定级工作。

文化部出台的《全国乡镇综合文化站评估定级标准指导纲要》，是根据近年来中央关于基层文化建设的相关要求，总结全国乡镇综合文化站建设管理实践经验，在2012年部分省(区、市)开展评估定级试点的基础上制定的，由"上等级必备条件"和"评估定级参考标准"两大部分组成。上等级必备条件，包括馆舍建筑面积、文化共享工程服务室与公共电子阅览室、免费开放和业务经费拨款、文化活动、专职工作人员和安全责任6个项目；评估定级参考标准包括办站条件、队伍建设、公共服务、领导管理及提高指标五大部分。其中，有关提供公共文化服务方面的指标最为重要，占了41%的比重，包括举办的各类活动、文化艺术指导辅导、图书借阅、数字化服务、非物质文化遗产保护、文物保护宣传和文化市场监督等内容，引导乡镇综合文化站把主要精力放在健全服务内容、提高服务质量上。

五、博物馆评估定级

国家文物局自2008年起实施博物馆评估定级工作，每三年一次。2008年5月18日"国际博物馆日"当天，国家文物局公布了首批83家国家一级博物馆名单。2008年下半年，国家文物局启动了二、三级博物馆评估定级工作，并于2009年5月，正式确定了171家国家二级博物馆，288家国家三级博物馆。2010年开始对国家一级博物馆进行博物馆运行评估工作。2012年开始了第二批一、二、三级博物馆的评估定级工作。

博物馆评估目的旨在评估博物馆提供公共文化产品、发挥公共文化传播功能的能力和实绩，科学考评博物馆的藏品保护、科学研究，特别是展示水平和服务质量，引导博物馆加强自身建设，焕发生机和活力，提高社会贡献率，同时便于社会关注与监督。博物馆评估的主要依据是国家文物局颁布的《全国博物馆评估办法》和《博物馆评估标准》及《评分细则计分表》。博物馆评估标准包括定性评估和定量评估。定性评估是对博物馆藏品收集效果、科研成果的价值、陈列展览质量、社会教育效果、公共关系和服务质量、人员队伍的素质和博物馆管理水平的综合判断；定量评估是对一级博物馆的藏品搜集和科研成果、临时展览、教育项目以及人才培养等可以量化的指标进行统计的数据核查。

六、美术馆评估定级

美术馆评估定级旨在进一步加强和规范全国美术馆行业管理和分类指导，充分发挥美术馆的公益文化服务作用，推动美术馆标准化、规范化建设，全面提高美术馆的建设管理水平和服务质量，繁荣文化艺术事业，满足人民群众文化生活需求。文化部于2008年11月发布了《全国重点美术馆评估办法》和《全国重点美术馆评估标准(暂行)》及《全国重点美术馆评估标准评分细则表(暂行)》，2010年开展了首次全国重点美术馆评估工作。美术馆评估标准涵盖了美术馆的综合管理、建筑与环境、藏品资源、展览与社会影响、公共教育和公共文化服务等诸多方面，对“基础设施”与“管理和服务”设定了许多量化评价标准，从而使美术馆的展览、收藏、教育形成了基本的规范和标准。

七、重要政策法规选编

(一)《县级公共图书馆评估指标及指标值》①

县级公共图书馆评估指标及指标值(WH/T70.1—2015)(节选)

评估指标		指标值	
指标序号	指标名称	基本值	良好值
A.1.1.1	建筑面积	800平方米	3000平方米
A.1.1.2	读者服务区比例	50%	60%
A.1.1.3	阅览座席数量	60个	240个
A.1.1.4	少年儿童阅览座席数量	18个	72个
A.1.2.1	计算机终端数量	30台	45台
A.1.2.2	可供读者使用的计算机终端数量	20台	30台
A.1.2.3	网络带宽	2Mbps	10Mbps
A.1.2.4	存储容量	4TB	5TB
A.1.2.5	自动化管理系统	定性考查	
A.2.1.1	年财政拨款总额	25万元	120万元
A.2.1.2	财政拨款年增长率与当地财政收入年增长率的比率	70%	100%
A.2.1.3	年新增藏量购置费	4万元	10万元
A.2.2.1	大学专科以上学历人员比例	30%	50%
A.2.2.2	中级以上职称人员比例	15%	30%
A.2.2.3	领导班子履职能力	定性考查	
A.2.2.4	员工年人均参加教育培训学时数	40学时	50学时
A.2.2.5	业务研究	定性考查	

① 中华人民共和国文化部．公共图书馆评估指标[M]．北京：国家图书馆出版社，2015：74-95.

续表

评估指标		指标值	
指标序号	指标名称	基本值	良好值
A. 3. 1	文献资源采选制度	定性考查	
A. 3. 2. 1	总藏量	3 万册/件	20 万册/件
A. 3. 2. 2	电子图书藏量	100 种	500 种
A. 3. 2. 3. 1	图书年入藏量	500 种	2500 种
A. 3. 2. 3. 2	报纸、期刊年入藏量	30 种	240 种
A. 3. 2. 3. 3	视听文献年入藏量	10 种	30 种
A. 3. 2. 4	地方文献入藏	定性考查	
A. 3. 3. 1	文献资源编目标准化	定性考查	
A. 3. 3. 2	文献资源编目时效	普通图书和视听文献到馆 20 个工作日完成编目，期刊、报纸到馆 2 个工作日完成记到	
A. 3. 3. 3	机读目录编制比例	40%	80%
A. 3. 4. 1	加工整理质量	定性考查	
A. 3. 4. 2	开架文献排架	定性考查	
A. 3. 4. 3	目录	定性考查	
A. 3. 4. 4	文献资源保护	定性考查	
A. 3. 5. 1	数字资源本地存储量	1TB	4TB
A. 3. 5. 2	地方文献数据库建设	定性考查	
A. 3. 6	文献资源整合	定性考查	
A. 4. 1. 1	公共空间免费开放	定性考查	
A. 4. 1. 2	基本服务免费提供	定性考查	
A. 4. 2. 1	每周开馆时间	56 小时	60 小时
A. 4. 2. 2	文献开架比例	50%	80%
A. 4. 2. 3	文献年外借册次	2 万册次	10 万册次
A. 4. 2. 4	文献年流通率	20%	70%
A. 4. 2. 5	馆外流动服务点文献年借阅册次	500 册次/年	5000 册次/年
A. 4. 2. 6	年每千人接受服务次数	80 次/千人	100 次/千人
A. 4. 2. 7	文献推介	定性考查	
A. 4. 2. 8	政府公开信息服务	定性考查	
A. 4. 3	参考咨询服务	定性考查	
A. 4. 4	为特殊群体服务	定性考查	
A. 4. 5	网站建设与服务	定性考查	
A. 4. 6. 1	年讲座、培训次数	9 次	18 次
A. 4. 6. 2	年展览次数	1 次	5 次

续表

评估指标		指标值	
指标序号	指标名称	基本值	良好值
A.4.6.3	年阅读推广活动次数	4次	12次
A.4.6.4	活动宣传	定性考查	
A.4.7	读者满意率	80%	95%
A.5.1	参与上级图书馆组织的协作协调工作	定性考查	
A.5.2.1	本地区服务体系建设规划	定性考查	
A.5.2.2	加入本地区服务体系的图书馆比例	5%	40%
A.5.2.3	本地区服务体系内的文献资源共享	定性考查	
A.5.3.1	基层业务指导	定性考查	
A.5.3.2	基层业务辅导与培训	定性考查	
A.6.1	年度计划	定性考查	
A.6.2	业务管理	定性考查	
A.6.3	财务管理	定性考查	
A.6.4	人力资源管理	定性考查	
A.6.5	国有资产管理	定性考查	
A.6.6	档案管理	定性考查	
A.6.7	环境管理	定性考查	
A.6.8	统计工作	定性考查	
A.6.9	安全保卫	定性考查	
A.6.10	上级表彰	定性考查	

(二)《第四次文化馆评估定级标准》①

第四次文化馆评估定级标准·县(市、区)文化馆等级必备条件(节选)

标号	项目	标准	等级	说明	评估细则
1	馆舍建筑面积(平方米)	2500	1	达标是指服务人口≤3万的县，面积虽未达到1500平方米，但已达到《文化馆建设标准》规定的馆舍面积指标。(1万—1400m²；2万—1100m²；1万—800m²)。服务人口以其所在城镇常住人口进行计算。	以2014年统计报表中“实际使用房屋建筑面积”为依据。
		2000	2		
		1500或达标	3		

① 县(市、区)文化馆等级必备条件评估标准[EB/OL].[2015-04-16]. http://www.ndcnc.gov.cn/cpcca/fujian/201504/t20150416_1088004.htm。

续表

标号	项目	标准	等级	说明	评估细则
2	人均财政拨款金额(元)	1.40	1	服务人口≤60万	此项要求政府财政经费拨款必须达到相应的标准。人口：2014年常住人口数(以统计部门当年发布的数据为准)。财政拨款：2014年财务报表中财政补贴收入和上级补助收入之和。
		1.20	2		
		1.00	3		
		1.30	1	服务人口在60万～80万(最低拨款总数不得低于上档60万人口总数的下限)	
		1.10	2		
		0.90	3		
		1.20	1	服务人口＞80万(最低拨款总数不得低于上档80万人口总数的下限)	
		0.90	2		
		0.60	3		
3	馆内常设免费服务项目(项)	10	1		指利用馆舍开展的每周都有活动并予以公示的免费服务项目，包括免费的演出、视听、展览、阅览、培训、讲座、游艺、体育，以及免费为群众业余文艺团队提供活动场地等服务项目。
		8	2		
		6	3		
4	具备数字服务能力	有网站	1	网站应具备信息发布、艺术欣赏、咨询指导等3项基本功能。	上网检查
			2		
		有网页	3	网页应有信息发布功能。	
5	业务人员主要门类配备齐全	5	1	业务人员主要门类包括音乐、舞蹈、戏剧(曲艺)、美术(书法、摄影)、文学5类。缺少一个主要门类降一级。	提供各门类业务人员名单
		4	2		
		3	3		
6	群众文艺创作及辅导	有文艺创作及辅导部门		省级馆、副省级馆、地市级馆应设有群众文艺创作及辅导的部门和人员，县级馆应有群众文艺辅导的部门和人员。	提供馆设机构名册，查看办公场所。
7	群众对文化馆工作的满意度(%)	90	1	由文化行政部门组织第三方考评，进行公众满意度调查，调查表发放数量不少于300份，回收率不低于80%。	提供测评情况及整改意见。满意度调查问卷见附件5。
		85	2		
		80	3		

续表

标号	项目	标准	等级	说明	评估细则
8	执行党的方针政策，无违法违纪情况发生				文化馆应认真贯彻执行党的方针政策，遵守国家法律法规。2011年以来，本馆因违法违纪行为，受到通报批评以上处罚；馆领导班子主要成员因违法违纪行为，受过党纪政纪处分或追究刑事责任，均取消定级资格。
注：8项条件中，高、中、低三项指标分别为一、二、三级馆必备条件，单一指标为一、二、三级馆均需具备指标。 8项条件均达到相关等级标准的，方具备该等级馆的评定资格。					

(三)《全国乡镇综合文化站评估定级参考标准》①

全国乡镇综合文化站评估定级参考标准

本标准分为五个部分，共1000分。其中：

一、办站条件：350分

二、队伍建设：100分

三、公共服务：410分

四、领导管理：100分

五、提高指标：40分

标号	指标	起点指标			分值	说明
		西部	中部	东部		
1	**办站条件**				**350**	
11	设施建设				190	
111	站舍建筑面积(平方米)	300↑	400↑	500↑	40—100	影剧院、出租房屋不计入站舍面积；出租房屋超过总建筑面积1/5的扣5分。加分指标：最多加分不超过15分。

① 文化部办公厅关于开展第一次全国乡镇综合文化站评估定级工作的通知[EB/OL]. [2013-04-18]. http://www.mcprc.gov.cn/whzx/bnsjdt/ggwhs/201403/t20140305_429560.html。

续表

标号	指标	起点指标			分值	说明
		西部	中部	东部		
112	室外活动场地面积(平方米)	500↑			10—20	
113	设有多功能厅、辅导培训、图书阅览和电子阅览室(共享工程活动室)(个)	4↑			10—30	每个活动室不得少于30平方米。
114	设有宣传橱窗、板报栏、文化走廊(平方米)	15↑			10—20	
115	站容站貌(含地理位置、建筑设计、环境卫生、绿化美化、文化氛围等)	优 良 合格			8—20	建在乡镇政府办公用房内的不得分。
12	器材设备				100	
121	演出、阅览、培训、展览、体育健身五类设备齐全	齐备 基本齐备			20—40	以20为基本分，缺少一类设备减5分。
122	信息网络传输设备(台)	达标 基本齐备			10—20	达标是指达到文化部公共电子阅览室设备配备标准。
123	站办图书馆(室)藏书(千册)；订阅报刊(种)	2千册 4种↑	3千册 6种	5千册 8种	10—20	每种书复本超过5本按5本计算，加分指标：最高加分不超过10分。
124	年新增设备(万元)	0.5↑	1	2	5—20	以最近3年平均数为准。
13	年度经费				60	
131	年度业务经费拨款(万元)	1↑	2↑	3↑	10—30	“免费开放”的基本文化服务经费5万元不计入其中。 加分指标，最高加分不超过15分。
132	年度公用经费财政拨款人均(万元)	0.3	0.4	0.5	10—30	
2	**队伍建设**				**100**	
21	文化站专职人员配备(人)	2↑	3↑	3↑	10—30	不含兼职，专职是指年度直接从事文化站工作时间不低于240天。 正式列入当地事业编制加10分。

续表

标号	指标	起点指标			分值	说明
		西部	中部	东部		
22	文化站长素质	优 良 合格			10—20	具有大专以上学历或相当于大专以上文化程度，事业心强，有较强专业能力和组织管理能力。
23	人员培训				50	
231	人员参加县文化馆、图书馆培训率(%)	100			15	
232	人员参加培训、继续教育学时达到每年48学时的比例(%)	70↑			8—15	
24	站办业余文艺团队(支)	3↑	4↑	5↑	10—20	
3	**公共服务**				**410**	
31	站办活动				130	
311	每周对公众开放提供服务的时间(小时)	28↑	35↑	42↑	10—20	包括电子阅览室开放时间。
312	常设免费活动项目(项)	4↑	5↑	6↑	10—20	
313	公示文化服务内容	优 良 合格			5—10	公示内容：项目、时间、地点、组织者。
314	组织综合性大型文化活动(次)	1↑			10—20	综合性大型文化活动是指面向全镇群众、内容为综合性的活动。
315	举办单项性文体活动	3↑	4↑	5↑	10—20	不含展览、培训、读书、非遗展示、共享工程活动。
316	举办展览(次)	2↑	3↑	4↑	10—20	不含常设性非遗展示。
317	编办文化走廊、宣传橱窗、板报等(期)	8↑			10—20	
32	指导、辅导				60	
321	指导、辅导本镇辖区内的村文化室所占比例(%)	60↑			10—20	

续表

标号	指标	起点指标			分值	说明
		西部	中部	东部		
322	为辖区群众举办讲座和培训(次)	2↑			10—20	
323	为辖区内文化骨干(文艺团队)举办文体培训(次)	2↑			10—20	
33	图书借阅				60	
331	年藏书流通每册书(册次)	0.1↑	0.2↑	0.3↑	10—30	
332	年度开展优秀读物推荐和读书活动(次)	2↑	3↑	4↑	10—30	
34	数字化服务				60	
341	利用共享工程资源开展活动(次)	2↑	3↑	4↑	10—30	
342	利用共享工程资源开展信息服务，编辑文艺、信息等刊物、资料(期、次)	2↑	3↑	4↑	10—30	
35	非物质文化遗产保护				60	
351	年举办非遗活动(含表演、展览、比赛、传承培训)(次)	2↑	3↑	4↑	10—30	
352	建立完整的民间艺术、非物质文化遗产档案	优 良 合格			10—30	加分指标：评估期内有非物质文化遗产项目的收集、整理、申报，加10分。
36	文物保护宣传和文化市场监督				40	
361	文物保护宣传	优 良 合格			10—20	有记录档案、保护标志及说明，有相关制度，有日常检查，有宣传。
362	文化市场监督	优 良 合格			10—20	有健全的文化市场监督制度，有日常巡查监管记录，有违规处理建议。
4	**领导管理**				**100**	
41	当地党委、政府重视，	优 良 合格			10—20	每年专题讨论文化工作2次以上。加分指标：列入乡镇年度工作计划的加5分。

续表

标号	指标	起点指标			分值	说明
		西部	中部	东部		
42	建立完整的档案	优 良 合格			10—20	
43	建立健全各种规章制度，并认真执行。年初有计划，年终有总结	优 良 合格			12—20	重点是业务、财产、安全保卫制度、应急方案、工作计划、工作总结 6 项。以 12 分为基数缺 1 项扣 2 分。
44	服务监督	优 良 合格			20 15 10	包括设意见箱，公开监督电话，定期召开公众座谈会。对群众的意见或投诉认真研究，回复并整改落实。
45	公众满意度(%)	80			20	调查表发放数量不少于 100 份，回收率不低于 80%，满意率不低于 80%。对回收的调查表进行分析，提出整改意见，改进服务。
5	**提高指标**				**40**	
51	文化站 3 年来被上级党委、政府或各部门表彰、奖励				15 10 5	加分指标：获表彰、奖励，按奖励的级别加分，最高加 15 分。
52	文艺创作获奖(件、次)	1↑			5—15	加分指标：本站及培养辅导的人员创作、演出的作品(节目)获县级以上奖励，或在县级以上刊物发表。获省和国家奖的，最高加分 15 分。
53	服务创新和特色活动				10	是指连续开展三年以上、有地方特色并产生广泛影响，在地市级以上媒体宣传报道过的。
总计					**1000**	

【本章小结】

本章阐述了公共文化机构开展评估定级工作的意义，介绍了评估定级工作的由来演变；系统介绍了公共图书馆、文化馆、乡镇综合文化站、博物馆、美术馆等公共文化机构评估定级的目的、方法、原则，以及评估标准的主要内容、基本指标、定级必备条件等，分析概括了公共图书馆、文化馆最新评估标准的特点。

【思考题】

1. 公共文化机构开展评估定级工作的意义。
2. 我国公共文化机构开展评估定级工作的现状。
3. 公共图书馆和文化馆评估标准的新特点。
4. 乡镇综合文化站评估定级标准关注的重点工作。

第十章　文化遗产的保护与利用

【目标与任务】

理解物质文化遗产与非物质文化遗产的区别与联系，了解我国文化遗产保护方面的当前主要法律法规。了解文物保护、非物质文化遗产保护及古籍保护的主要规范与标准。正确理解文化遗产的保护性利用的意义价值、基本方针、方法途径。

一、文化遗产保护法律法规现状

文化遗产包括物质文化遗产和非物质文化遗产。物质文化遗产是具有历史、艺术和科学价值的文物，包括古遗址、古墓葬、古建筑、石窟寺、石刻、壁画、近代现代重要史迹及代表性建筑等不可移动文物，历史上各时代的重要实物、艺术品、文献、手稿、图书资料等可移动文物；以及在建筑式样、分布均匀或与环境景色结合方面具有突出普遍价值的历史文化名城(街区、村镇)。非物质文化遗产是指各种以非物质形态存在的与群众生活密切相关、世代相承的传统文化表现形式，包括口头传统、传统表演艺术、民俗活动和礼仪与节庆、有关自然界和宇宙的民间传统知识和实践、传统手工艺技能等，以及与上述传统文化表现形式相关的文化空间。

党和政府历来重视文化遗产的保护。2004 年 8 月 28 日，全国人大常委会批准加入联合国教科文组织大会上通过的《保护非物质文化遗产公约》。国内文化遗产保护的法律法规，目前已有《中华人民共和国文物保护法》《中华人民共和国非物质文化遗产法》和《传统工艺美术保护条例》，《古籍保护条例》正在研究制定过程中。

《中华人民共和国文物保护法》是中国文化遗产保护领域层级最高、涉及面最广的一部法律。该法律对文化遗产保护作了一系列的规定：文化遗产受国家保护；政府设立专门部门，负责文化遗产的认定和保护工作；政府要确保文化遗产的安全；基本建设和旅游发展的具体项目和活动，不得对文化遗产造成损坏；政府要加强文化遗产保护的宣传教育，增强民众的文化遗产保护意识；建立“文物保护单位”制度，为古建筑等古迹提供法律保护；老城、老街区、老村镇也是文化遗产，政府也应负责保护；政府制定城市和农村发展规划，应当把保护文化遗产的规定作为规划的一部分内容；对古建筑等古迹进行修缮，不能改变它们的原状。

《中华人民共和国非物质文化遗产法》对于保护文化的多样性非常重要，它与文物保护法有一个重要的区别，就是非物质文化遗产法主要是保护传承人。该法制定了鼓励代表性传承人开展传承、传播活动的具体措施，包括帮助提供必要的传承场所，提供必要的经费资助其开展授徒、传艺、交流等活动，支持其参与社会公益性活动，以及支持其开展传承传播活动的其他措施等。如果代表性传承人因身体、年龄等原因丧失传承能力时，文化主管部门可以重新认定该项目的代表性传承人。此外，该法律还对代表性传承人的审定、保护以及应当履行的义务进行了明确规定：非物质文化遗产代表性项目的代表性传承人无正当理由不履行传承义务的，文化主管部门可以取消其代表性传承人资格，重新认定该项目的代表性传承人。

国务院分别于2006年、2008年、2011年、2014年命名了四批国家级非物质文化遗产代表性项目，其中，第一批518项，第二批510项，第三批191项，第四批153项，共计1372项。

《传统工艺美术保护条例》是为了保护传统工艺美术，促进传统工艺美术事业的繁荣与发展而制定的。所谓传统工艺美术，是指百年以上、历史悠久、技艺精湛、世代相传、有完整的工艺流程、采用天然原材料制作、具有鲜明的民族风格和地方特色、在国内外享有声誉的手工艺品种和技艺。国家对传统工艺美术品种和技艺实行保护、发展、提高的方针。

古籍保护目前还没有专门的法律法规。文物保护法对古籍保护有一定的作用，但该法律更多的是有关“不可移动文物”“考古发掘”等非文献资料保护的规定，真正适用于古籍的规定相对较少。2009年1月，《古籍保护条例》调研组成立。2011年4月，受文化部委托，国家图书馆、国家古籍保护中心成立《古籍保护条例》起草小组，根据古籍保护工作的特殊性，《古籍保护条例》拟对文物保护法已有规定进行细化，同时对文物保护法未及事项进行补充，以形成有关古籍保护的专门法规。

除了专门的文化遗产保护法律法规外，其他相关法律法规中也有涉及文物、文化遗产保护内容的，如《中华人民共和国民法通则》《中华人民共和国民族区域自治法》《中华人民共和国森林法》《中华人民共和国继承法》《中华人民共和国矿产资源法》《中华人民共和国治安管理处罚法》《中华人民共和国档案法》《中华人民共和国大气污染防治法》《中华人民共和国环境保护法》《中华人民共和国著作权法》《中华人民共和国城市规划法》《中华人民共和国军事设施保护法》等，这些法律法规从不同角度对文化遗产保护做出了规定，是文化遗产保护法律法规体系的重要组成部分。

二、文化遗产保护技术规范

技术标准规范建设是文化遗产保护中一项重要的基础性工作，旨在规范文化遗产保护行为，促进先进科技成果的应用和转化，加强文化遗产保护质量控制，提高文化遗产利用和管理的效率。开展文化遗产保护标准化工作，尽快建立科学合理、先进实用、适应文化遗产保护事业发展的标准体系，有利于推动文化遗产保护工作的开展。

(一)文物保护的系列规范与标准

文物在保存过程中，经受着人为和自然两种因素的破坏。如古建筑、石窟寺、古墓葬被战火焚毁、被拆除或维修不当失去原貌，金属器、书画、竹木漆器、陶瓷等因保护、搬运不当被损坏；风、雨、雷、电、火、地震、光线、虫害、霉菌等自然因素对文物造成的破坏。文物保护技术是一门综合性的专业知识，包括文物制作、保护以及与防治有关的科学技术、材料性能、操作工艺和各种勘察、检测等。

文物保护应遵照预防为主，维修为辅的方针。不可移动文物的防潮、防漏、防火、防雷、防震等，主要依靠工程技术来解决，而防虫害、鸟害等，则主要采用工程技术与化学处理相结合的方法。大气中的粉尘、二氧化硫和含硫化合物等对文物的污染，主要通过减轻或解除污染源解决。可移动文物的保护，应首先注意博物馆库房和陈列室中的防潮、防震、防霉等防护措施，然后再对不同质地的各类文物分别进行防护，如金属器的防锈，砖石质地文物的防风化，丝绸纸张的防霉、防蠹、防老化等。目前，我国已经形成了为数不少的文物保护技术标准规范，它们是长期实践的经验结晶，是文物保护过程中必须遵守的技术规范。

已经成为国家标准的文物保护技术标准规范主要有：《历史文化名城保护规划规范》《文物保护单位标志》《文物保护单位开放服务规范》《文物运输包装规范》《博物馆照明设计规范》。

目前，作为行业标准的文物保护技术标准规范数量较多，主要有：《古代壁画病害与图示》《石质文物病害分类与图示》《馆藏出土竹木漆器类文物病害分类与图示》《馆藏青铜器病害与图示》《馆藏铁质文物病害与图示》《古代壁画现状调查规范》《石质文物保护修复方案编写规范》《馆藏出土竹木漆器类文物保护修复方案编写规范》《馆藏金属文物保护修复方案编写规范》《馆藏金属文物保护修复档案记录规范》《馆藏出土竹木漆器类文物保护修复档案记录规范》《石质文物保护修复档案记录规范》《馆藏丝织品病害与图示》《馆藏丝织品保护修复方案编写规范》《馆藏丝织品保护修复档案记录规范》《馆藏文物保存环境质量检测技术规范》《馆藏文物登录规范》《馆藏文物出入库规范》《馆藏文物展览点交规范》《文物藏品档案规范》《陶质彩绘文物病害与图示》《陶质彩绘文物保护修复方案编写规范》《陶质彩绘文物保护修复档案记录规范》《文物保护工程文件归档整理规范》《馆藏纸质文物保护修复方案编写规范》《馆藏纸质文物病害分类与图示》《馆藏纸质文物保护修复档案记录规范》《砂岩质文物防风化材料保护效果评估方法》《长城资源要素分类、代码与图式》《古代建筑彩画病害与图示》《古代壁画脱盐技术规范》《古代壁画地仗层可溶盐分析的取样与测定》《田野考古出土动物标本采集及实验室操作规范》等。①

（二）非物质文化遗产保护的规范与标准

我国对非物质文化遗产采取认定、记录、建档等措施建立名录体系，逐步形成有中国特色的非物质文化遗产保护制度。具体做法包括以下几种。

一是开展非物质文化遗产普查工作。普查摸底是非物质文化遗产保护的基础性工作。在充分利用已有工作成果和研究成果的基础上，分地区、分类别制订普查工作方案，组织开展对非物质文化遗产的现状调查，全面了解和掌握各地各民族非物质文化遗产资源的种类、数量、分布状况、生存环境、保护现状及存在问题，运用文字、录音、录像、数字化多媒体等各种方式，对非物质文化遗产进行真实、系统和全面的记录，建立档案和数据库。

二是建立非物质文化遗产代表名录体系。通过制定评审标准并经过科学认定，建立国家级和省、市、县级非物质文化遗产代表作名录体系。国家级非物质文化遗产代表名录由国务院批准公布，省、市、县级非物质文化遗产代表作名录由同级政府批准公布，并报上一级政府备案。

三是加强非物质文化遗产的研究、认定、保存和传播工作。组织各类文化单位、科研机构、大专院校及专家学者对非物质文化遗产的重大理论和实践问题进行研究，重视科研成果和现代技术的应用。组织力量对非物质文化遗产进行科学认定，鉴别真伪。经各级政府授权的有关单位可以征集非物质文化遗产实物、资料，并予以妥善保管。采取有效措施，防止珍贵非物质文化遗产实物和资料流出境外。对非物质文化遗产的物质载体也要予以保护，对已被确定为文物的，要按照《中华人民共和国文物保护法》的相关规定执行。充分发挥各级图书馆、文化馆、博物馆、科技馆等公共文化机构的作用，有条件的地方可设立专题博物馆或展示中心。

四是建立科学有效的非物质文化遗产传承机制。对列入各级名录的非物质文化遗产代表作，采取命名、授予称号、表彰奖励、资助扶持等方式，鼓励代表作传承人（团体）进行传习活动。通过社会教育和学校教育，使非物质文化遗产代表作的传承后继有人。加强非物质文化遗产知识产权的保护。研究探索对传统文化生态保持较完整并具

---

① 国家文物局．中华人民共和国文物保护标准汇编[M]．北京：文物出版社，2010.

有特殊价值的村落或特定区域，进行动态整体性保护的方式。在传统文化特色鲜明、具有广泛群众基础的社区、乡村，开展创建民间传统文化之乡的活动。

目前，我国非物质文化遗产保护的规范主要有：《国家级非物质文化遗产代表作申报评定暂行办法》，规定了国家级非物质文化遗产代表作的申报标准；《国家级非物质文化遗产项目代表性传承人认定与管理暂行办法》，确定了传承人的认定标准和支持方式等。近年来，地方政府出台了许多有关非物质文化遗产保护的条例、办法、规范等。

(三)古籍保护的规范与标准

我国古代文献典籍是中华民族在数千年历史发展过程中创造的重要文明成果，蕴含着中华民族特有的精神价值、思维方式和想象力、创造力，是中华文明绵延数千年、一脉相承的历史见证，也是人类文明的瑰宝。古籍具有不可再生性，保护好这些古籍，对促进文化传承、联结民族情感、弘扬民族精神、维护国家统一及社会稳定具有重要作用。同时，加强古籍保护工作，让“书写在古籍里的文字都活起来”，也是建设社会主义先进文化，贯彻落实科学发展观和构建社会主义和谐社会的客观要求。

由于诸多原因，当前我国古籍保护存在不少突出问题，如现存古籍底数不清，老化、破损严重；修复手段落后，保护和修复人才匮乏，尤其是少数民族古籍，保护和整理人员极度缺乏，面临失传的危险；大量珍贵古籍流失海外。因此，加强古籍保护工作刻不容缓。

继 2002 年的“中华再造善本工程”之后，2005 年，文化部、财政部又启动了“中华古籍特藏保护计划”，希望通过这一工程，对现存古籍的存藏环境加以改善，对破损古籍有计划地进行修复，对原件实施原生性保护。因此，有关的标准规范应运而生。文化部委托国家图书馆主持制订相关标准，包括《古籍定级标准》《古籍普查规范》《古籍特藏破损定级标准》《古籍修复技术规范与质量要求》《图书馆古籍特藏书库基本要求》等。五项标准相互关联，为有效实施“中华古籍特藏保护计划”提供了基本保证。

《古籍定级标准》(WH/T 20—2006)，由文化部颁布，自 2006 年 10 月 1 日起施行。该标准的定级对象是汉文古籍；全国现存其他特种古代文献，如甲骨、简策、帛书、敦煌遗书、金石拓本、舆图、书札、鱼鳞册、契约、文告、少数民族语文图书，以及域外翻刻、抄写的中国古籍，如和刻本、高丽本等，不在定级范围之内。该标准规定了古籍基本术语和定义，以及古籍的级别和等次，适用于全国各级各类型图书馆、博物馆等单位的古籍保护、整理和利用工作，同时供出版、教学、科研及国内外相关业务单位使用。

《古籍普查规范》(WH/T 21—2006)，由文化部颁布，自 2006 年 10 月 1 日起施行。按该规范实施普查，可以厘清现今古籍的存量，评定现存古籍的级别等次，掌握现今古籍的存藏环境状况，了解古籍的破损程度、致损成因、破损数量，据以制定修复计划，以便有目标地进行人才培养，置办设备，建立古籍保护实验室，最后完成中国古籍的登录任务。该规范规定了普查范围、规范性引用文件、古籍普查工作要求和古籍普查人员条件等内容。适用于各类型图书馆的古籍普查工作。

《古籍特藏破损定级标准》(WH/T 22—2006)，由文化部颁布，自 2006 年 10 月 1 日起施行。古籍中存在大量破损现象。对破损古籍进行分类并合理定级，为制订修复保护计划提供准确数据，对科学保护古籍，集中力量抢救、修复濒危古籍具有重要意义。该标准规定了划分古籍特藏破损级别的方法，适用于有古籍特藏收藏的各类型图书馆。

《古籍修复技术规范与质量要求》(WH/T 23—2006)，由文化部颁布，自 2006 年 10 月 1 日起施行。该标准规定了古籍修复基本术语及定义、技术规范及质量要求，适用于古籍修复行业，并供出版、教学、科研及国内外相关技术业务交往使用。

《图书馆古籍特藏书库基本要求》(WH/T 24—2006)，由文化部颁布，自 2006 年 10 月 1 日起施行。古籍特藏储藏环境的温湿度、空气质量和光照条件，是影响文献保存寿命的重要因素；古籍特藏书库的消防、安防设施，则是保障文献安全的重要措施。该标准规定了图书馆古籍特藏书库的温湿度要求、空气净化要求、光照和防紫外线要求，以及书库的建筑、消防、安防等与文献保护和安全相关的基本条件，适用于收藏有古籍特藏的各类型图书馆。

三、文化遗产的保护性利用

文化遗产是不可再生的珍贵资源，加强保护刻不容缓。但与此同时，也需要以发展的态度来对待文化遗产的保护性利用。毕竟在我国文化遗产中，蕴含着大量中华民族所独有的精神价值、思维方式、想象力等，体现着中华民族的生命力和创造力，是各民族智慧的结晶，也是全人类文明的瑰宝。保护并适度开发利用文化遗产，对于保持民族文化的传承、连结民族情感纽带、增进民族团结，以及维护国家统一、社会稳定具有重要意义，对维护世界文化多样性和创造性，促进人类共同发展同样具有重要意义。

国务院下发的《关于加强文化遗产保护的通知》明确规定了文化遗产保护的基本方针：物质文化遗产保护要贯彻“保护为主、抢救第一、合理利用、加强管理”的方针，非物质文化遗产保护要贯彻“保护为主、抢救第一、合理利用、传承发展”的方针。这两个方针中都提到了“合理利用”的理念。这就是说，在坚持保护文化遗产的真实性和完整性、坚持依法和科学保护的同时，也要学会正确处理经济社会发展与文化遗产保护的关系，学会对文化遗产的保护性利用。

2011 年 8 月 17 日，国家文物局下发了《关于促进生态(社区)博物馆发展的通知》，旨在通过生态(社区)博物馆的发展，充分挖掘相关文化遗产资源的内涵，依托旅游观光、文化休闲产业，科学、合理地发挥生态(社区)博物馆推动经济社会发展的特有作用，促进资源优势转化为经济优势，推动各地特别是农村、民族地区的产业调整。文件强调，生态(社区)博物馆在旅游发展中要坚持科学发展观，因地制宜，统筹规划，整合资源，务求实效，必须有助于文化遗产和生态环境的保护，必须有助于维护和改善为旅游者提供当地特色产品和服务的传统生活和生产环境，必须符合有关法律法规的规定。

2016年3月4日，国务院又下发了《关于进一步加强文物工作的指导意见》，在明确责任，加强保护的同时，明确要求发挥文物资源在文化传承中的作用，丰富城乡文化内涵，彰显地域文化特色，优化社区人文环境；发挥文物资源在促进地区经济社会发展、壮大旅游业中的重要作用，打造文物旅游品牌，培育以文物保护单位、博物馆为支撑的体验旅游、研学旅行和传统村落休闲旅游线路，设计生产较高文化品位的旅游纪念品，增加地方收入，扩大居民就业。

2016年5月11日，国务院办公厅又转发了文化部、国家发展改革委、财政部、国家文物局《关于推动文化文物单位文化创意产品开发的若干意见》，旨在深入发掘文化文物单位馆藏文化资源，发展文化创意产业，开发文化创意产品，弘扬中华优秀文化，传承中华文明，推进经济社会协调发展，提升国家软实力。

因此，在严格遵守《中华人民共和国文物保护法》和《中华人民共和国非物质文化遗产法》的前提下，各地根据实际情况进行改革探索，逐步建立相对规范、分类指导的文化遗产保护性利用管理体系，是文化遗产保护中的又一重要任务。

四、重要政策法规选编

(一)《国务院关于进一步加强文物工作的指导意见》①

国务院关于进一步加强文物工作的指导意见(节选)

国发〔2016〕17号

……

二、总体要求

(一)指导思想。全面贯彻落实党的十八大和十八届二中、三中、四中、五中全会

① 关于进一步加强文物工作的指导意见[EB/OL].［2016-03-08］. http://www.gov.cn/zhengce/content/2016-03/08/content_5050721.htm。

精神，按照党中央、国务院决策部署，坚持创新、协调、绿色、开放、共享的发展理念，坚持“保护为主、抢救第一、合理利用、加强管理”的文物工作方针，深入挖掘和系统阐发文物所蕴含的文化内涵和时代价值，切实做到在保护中发展、在发展中保护，努力为建设社会主义文化强国作出更大贡献。

（二）基本原则。

坚持公益属性。政府在文物保护中应发挥主导作用，公平对待国有和非国有博物馆，发挥文物的公共文化服务和社会教育功能，保障人民群众基本文化权益，拓宽人民群众参与渠道，共享文物保护利用成果。

坚持服务大局。始终把保护文物、传承优秀传统文化、建设共有精神家园作为文物工作服务大局的出发点和落脚点，统筹协调文物保护与经济发展、城乡建设、民生改善的关系，充分发挥文物资源传承文明、教育人民、服务社会、推动发展的作用。

坚持改革创新。深化行政管理体制改革，简政放权、放管结合、优化服务，破除影响文物事业发展的体制机制障碍。更新观念，协同创新，发挥社会各方面参与文物保护利用的积极性。

坚持依法管理。完善文物法律法规体系，全面落实法定职责，健全依法决策机制，强化责任追究。加大执法力度，严肃查处违法行为，严厉打击文物犯罪。

（三）主要目标。到2020年，文物事业在传承中华优秀传统文化、弘扬社会主义核心价值观、推动中华文化走出去、提高国民素质和社会文明程度中进一步发挥重要作用；文物资源状况全面摸清，全国重点文物保护单位、省级文物保护单位保存状况良好，市县级文物保护单位保存状况明显改善，尚未核定公布为文物保护单位的不可移动文物保护措施得到落实；馆藏文物预防性保护进一步加强，珍贵文物较多的博物馆藏品保存环境全部达标；文物保护的科技含量和装备水平进一步提高，文物展示利用手段和形式实现突破；主体多元、结构优化、特色鲜明、富有活力的博物馆体系日臻完善，馆藏文物利用效率明显提升，文博创意产业持续发展，有条件的文物保护单位基本实现向公众开放，公共文化服务功能和社会教育作用更加彰显；文物法律法规体系基本完备，文物保护理论架构基本确立，行业标准体系和诚信体系基本形成；文物行业人才队伍结构不断优化，专业水平明显提升；文物执法督察体系基本建立，执法力量得到加强，安全责任体系更加健全，安全形势明显好转；社会力量广泛参与文物保护利用格局基本形成，文物保护成果更多惠及人民群众，文物资源促进经济社会发展的作用进一步增强，促进中外人文交流的作用进一步发挥。

三、明确责任

（一）落实政府责任。各级人民政府要进一步提高对文物保护重要性的认识，敬重祖先留下来的珍贵遗产，依法履行管理和监督责任。地方人民政府要切实履行文物保护主体责任，把文物工作列入重要议事日程，作为地方领导班子和领导干部综合考核评价的重要参考；建立健全文物保护责任评估机制，每年对本行政区域的文物保存状况进行一次检查评估，发现问题及时整改。

(二)强化主管部门职责。要支持文物行政部门依法履行职责，加强文物行政机构建设，优化职能配置。文物保护，基础在县。县级人民政府应根据本地文物工作实际，明确相关机构承担文物保护管理职能。各级文物行政部门要深化行政管理体制改革，转变职能，强化监管，守土尽责，敢于担当。

(三)加强部门协调。各地要建立由主管领导牵头的文物工作协调机制，地方各级人民政府相关部门和单位要认真履行依法承担的保护文物职责。在有关行政许可和行政审批项目中，发展改革、财政、住房城乡建设、国土资源、文物等部门要加强协调配合。建立文物、文化、公安、住房城乡建设、国土资源、环境保护、旅游、宗教、海洋等部门和单位参加的行政执法联动机制，针对主要问题适时开展联合检查和整治行动。发挥全国文物安全工作部际联席会议作用，公安、海关、工商、海洋、文物等部门和单位要保持对盗窃、盗掘、盗捞、倒卖、走私等文物违法犯罪活动的高压态势，完善严防、严管、严打、严治的长效机制，结案后应及时向文物行政部门移交涉案文物。加强文物行政执法和刑事司法衔接，建立文物行政部门和公安、司法机关案情通报、案件移送制度。工业和信息化、文物等部门和单位要共同推进文物保护装备产业发展。教育部门要在文物工作急需人才培养方面给予支持和倾斜。

四、重在保护

(一)健全国家文物登录制度。完善文物认定标准，规范文物调查、申报、登记、定级、公布程序。抓紧制定不可移动文物的降级撤销程序和馆藏文物退出机制。建立国家文物资源总目录和数据资源库，全面掌握文物保存状况和保护需求，实现文物资源动态管理，推进信息资源社会共享。

(二)加强不可移动文物保护。对存在重大险情的各级文物保护单位应及时开展抢救性保护，在项目审批上开辟“绿色通道”，在资金安排上予以保障；组织实施一批具有重大影响和示范意义的文物保护重点项目；加强文物日常养护巡查和监测保护，提高管理水平，注重与周边环境相协调，重视岁修，减少大修，防止因维修不当造成破坏。文物保护工程要遵循其特殊规律，依法实行确保工程质量的招投标方式和预算编制规范。加强长城保护。注重革命文物的维修保护。加强大遗址保护和国家考古遗址公园建设。开展水下考古调查，基本掌握水下文物整体分布和保存状况，划定水下文物保护区，实施一批水下文物保护重点工程，加快建设国家文物局水下文化遗产保护中心南海基地，研究建立涵括水下文化遗产的海洋历史文化遗址公园。做好世界文化遗产申报和保护管理工作，加快世界文化遗产监测预警体系建设。

（三）加强城乡建设中的文物保护。高度重视城市改造和新农村建设中的文物保护，突出工作重点，区分轻重缓急，加强历史文化名城、村镇、街区和传统村落整体格局和历史风貌的保护，防止拆真建假、拆旧建新等建设性破坏行为；涉及各级文物保护单位建设控制地带和地下文物埋藏区的建设项目，应当严格按照文物保护法律法规的规定办理相关手续；不可移动文物不得擅自迁移、拆除，因建设工程确需迁移、拆除的，应当严格按照文物保护法律法规的规定办理相关手续。做好基本建设中的考古调查、勘探、发掘和文物保护工作，搞好配合，提高时效。研究制定文物保护补偿办法，依法确定补偿对象、补助范围等内容。利用公益性基金等平台，采取社会募集等方式筹措资金，解决产权属于私人的不可移动文物保护维修的资金补助问题，使文物所有者和使用者更好地履行保护义务。

（四）加强文物保护规划编制实施。要将文物行政部门作为城乡规划协调决策机制成员单位，按照“多规合一”的要求将文物保护规划相关内容纳入城乡规划。国务院文物行政部门统筹指导各级文物保护单位保护规划的编制工作。全国重点文物保护单位保护规划由省级人民政府组织编制，经国务院文物行政部门审核同意后公布实施。地方各级人民政府要及时核定本行政区域相应级别的文物保护单位和不可移动文物名录，依法划定文物保护单位保护范围和建设控制地带，并通过政务信息平台向社会公开，接受社会监督。

（五）加强可移动文物保护。实施馆藏文物修复计划，及时抢救修复濒危珍贵文物，优先保护材质脆弱珍贵文物，分类推进珍贵文物保护修复工程，注重保护修复馆藏革命文物。实施预防性保护工程，对展陈珍贵文物配备具有环境监测功能的展柜，完善博物馆、文物收藏单位的文物监测和调控设施，对珍贵文物配备柜架囊匣。要为处于地震带的博物馆的珍贵文物配置防震保护设备。实施经济社会发展变迁物证征藏工程，征集新中国成立以来反映经济社会发展的重要实物，记录时代发展，丰富藏品门类。

（六）加强文物安全防护。实施文物平安工程，完善文物建筑防火和古遗址古墓葬石窟寺石刻防盗防破坏设施，切实降低文物保护单位安全风险。落实文物管理单位主体责任。夯实基层文物安全管理，健全县（市、区）、乡镇（街道）、村（社区）三级文物安全管理网络，逐级落实文物安全责任；发挥乡镇综合文化站作用，完善文物保护员制度，推行政府购买文物保护服务，逐处落实文物安全责任单位或责任人。

（七）制定鼓励社会参与文物保护的政策措施。指导和支持城乡群众自治组织保护管理使用区域内尚未核定公布为文物保护单位的不可移动文物。制定切实可行的政策措施，鼓励向国家捐献文物及捐赠资金投入文物保护的行为。对社会力量自愿投入资金保护修缮市县级文物保护单位和尚未核定公布为文物保护单位的不可移动文物的，可依法依规在不改变所有权的前提下，给予一定期限的使用权。培育以文物保护为宗旨的社会组织，发挥文物保护志愿者作用。鼓励民间合法收藏文物，支持非国有博物馆发展。制定文物公共政策应征求专家学者、社会团体、社会公众的意见，提高公众参与度，形成全社会保护文物的新格局。

五、拓展利用

（一）为培育和弘扬社会主义核心价值观服务。挖掘研究文物价值内涵，以物知史，以物见人，传播优秀传统文化，引领社会文明风尚。推出一批具有鲜明教育作用、彰显社会主义核心价值观的陈列展览、文物影视节目和图书等多媒体出版物。推动建立中小学生定期参观博物馆的长效机制，鼓励学校结合课程设置和教学计划，组织学生到博物馆开展学习实践活动。

（二）为保障人民群众基本文化权益服务。完善博物馆公共文化服务功能，扩大公共文化服务覆盖面，将更多的博物馆纳入财政支持的免费开放范围。建立博物馆免费开放运行绩效评估管理体系。加强革命老区、民族地区、边疆地区、贫困地区博物馆建设，促进博物馆公共文化服务标准化、均等化。考古发掘单位要依法向博物馆移交文物。推动博物馆由数量增长向质量提升转变，完善服务标准，提升基本陈列质量，提高藏品利用效率，促进馆藏资源、展览的共享交流。实施智慧博物馆项目，推广生态博物馆、流动博物馆，有条件的地方可以建立社区博物馆。提升古遗址古建筑石窟寺展示利用水平，拓宽近现代文物的利用方式。推动有条件的行政机关、企事业单位管理使用的文物保护单位定期或部分对公众开放。

（三）为促进经济社会发展服务。发挥文物资源在文化传承中的作用，丰富城乡文化内涵，彰显地域文化特色，优化社区人文环境。发挥文物资源在促进地区经济社会发展、壮大旅游业中的重要作用，打造文物旅游品牌，培育以文物保护单位、博物馆为支撑的体验旅游、研学旅行和传统村落休闲旅游线路，设计生产较高文化品位的旅游纪念品，增加地方收入，扩大居民就业。实行文物保护的分类管理、精准管理，针对城市、乡村、荒野等不同地域，以考古勘探等工作为基础，合理划定古遗址的保护区划；对传统村落中的文物建筑分别实行整体保护、外貌保护、局部保护，实现文物保护与延续使用功能、改善居住条件相统一。切实加强文物市场和社会文物鉴定的规范管理，积极促进文物拍卖市场健康发展。

（四）大力发展文博创意产业。深入挖掘文物资源的价值内涵和文化元素，更加注重实用性，更多体现生活气息，延伸文博衍生产品链条，进一步拓展产业发展空间，进一步调动博物馆利用馆藏资源开发创意产品的积极性，扩大引导文化消费，培育新型文化业态。鼓励众创、众筹，以创新创意为动力，以文博单位和文化创意设计企业为主体，开发原创文化产品，打造文化创意品牌，为社会资本广泛参与研发、经营等活动提供指导和便利条件。实施“互联网＋中华文明”行动计划，支持和引导企事业单位通过市场方式让文物活起来，丰富人民群众尤其是广大青少年的精神文化生活。

(五)为扩大中华文化影响力服务。积极参与国际文化遗产保护事务，扩大与相关国际组织的合作，形成文物交流双边、多边合作机制。与更多国家和地区签署防止盗窃、盗掘和非法进出境文物双边协定，通过外交、司法、民间等多种形式推进非法流失海外文物的追索与返还。拓宽文物对外展示传播渠道，加强文物与外交、文化、海洋等部门和单位联动。推进与“一带一路”沿线国家文物保护领域的实质性合作。

(六)合理适度利用。任何文物利用都要以有利于文物保护为前提，以服务公众为目的，以彰显文物历史文化价值为导向，以不违背法律和社会公德为底线。文物景区景点要合理确定游客承载量；国有不可移动文物不得转让、抵押，不得作为企业资产经营，不得将辟为参观游览场所的国有文物保护单位及其管理机构整体交由企业管理。

六、严格执法

(一)完善文物保护法律法规。加快推进文物保护法、水下文物保护管理条例等法律法规修订工作。省级人民政府和具有立法权的市级人民政府要推动文物保护地方性法规规章制修订工作，健全法治保障体系。

(二)强化文物督察。完善文物保护监督机制，畅通文物保护社会监督渠道。加强层级监督，依法对地方履行文物保护职责情况进行督察，对重大文物违法案件和文物安全事故进行调查督办，集中曝光重大典型案例，对影响恶劣的要约谈地方人民政府负责人。优化国务院文物行政部门执法督察力量配置。

(三)加强地方文物执法工作。地方各级人民政府要结合综合行政执法改革，进一步加强文物执法工作，落实执法责任。加强省级文物行政部门执法督察力量。市县级文物行政部门要依法履行好行政执法职能，也可通过委托由文化市场综合执法队伍或其他综合行政执法机构承担文物执法职能。文物资源密集、安全形势严峻的地方可根据实际需要，设立专门的警务室。文物行政部门要强化预防控制措施，加大执法巡查力度，及时制止违法行为；建立案件分级管理、应急处置、挂牌督办等机制，建设文物执法管理平台。

(四)严格责任追究。地方各级人民政府、各有关部门和单位因不依法履行职责、决策失误、失职渎职导致文物遭受破坏、失盗、失火并造成一定损失的，要依法依纪追究有关人员的责任；涉嫌犯罪的，移送司法机关处理。造成国家保护的珍贵文物或者文物保护单位损毁、灭失的，要依法追究实际责任人、单位负责人、上级单位负责人和当地政府负责人的责任。建立文物保护责任终身追究制，对负有责任的领导干部，不论是否已调离、提拔或者退休，都必须严肃追责。建立健全文物保护工程勘察设计、施工、监理、技术审核质量负责制，对违反国家法律法规和相关技术标准，造成文物和国家财产遭受重大损失的，要依法追究相关单位和人员的责任。

（五）加大普法宣传力度。要将文物保护法的学习宣传纳入普法教育规划，纳入各级党校和行政学院教学内容。文化、新闻出版广电等部门和单位要主动做好文物保护法的宣传普及工作。落实“谁执法谁普法”的普法责任制，各级文物行政部门要将文物保护法的宣传普及作为重要工作任务常抓不懈，切实提高全民文物保护意识和执行文物保护法的自觉性。开展多种形式的以案释法普法教育活动。建立健全文物、博物馆、考古等有关企事业单位的守法信用记录，完善守法诚信行为褒奖机制和违法失信行为惩戒机制。

七、完善保障

（一）保障经费投入。县级以上人民政府要把文物保护经费纳入本级财政预算。要将国有尚未核定公布为文物保护单位的不可移动文物保护纳入基本公共文化服务范畴，积极引导和鼓励社会力量参与，多措并举，落实保护资金的投入。探索对文物资源密集区的财政支持方式，在土地置换、容积率补偿等方面给予政策倾斜。加强经费绩效管理和监督审计，提高资金使用效益。大力推广政府和社会资本合作(PPP)模式，探索开发文物保护保险产品，拓宽社会资金进入文物保护利用的渠道。

（二）加强科技支撑。发挥科技创新的引领作用，充分运用云计算、大数据、“互联网＋”等现代信息技术，推动文物保护与现代科技融合创新。通过国家科技计划（专项、基金等），重点支持文物价值认知、保护修复和传统工艺科学化、考古综合技术、大遗址展示利用、文物预防性保护、智慧博物馆等方面的科技攻关，突破一批共性、关键、核心技术；针对土遗址、彩塑壁画、石质文物、纸质文物、纺织品的保护，实施一批重点科技示范工程，形成系统解决方案；建立跨部门跨地区的协同创新工作机制，在重点方向成立工程技术研究中心和技术创新战略联盟，全面提升集成创新、区域创新能力。提高文物保护装备制造能力。加快重要和急需标准制修订，支持有关企业、行业标准的制订，完善文物保护准则，进一步推广应用文物保护技术标准和行业规范，提升文物工作标准化、科学化水平。

（三）重视人才培养。实施人才培养“金鼎工程”，加快文博领军人才、科技人才、技能人才、复合型管理人才培养，形成结构优化、布局合理、基本适应文物事业发展需要的人才队伍。组织高等院校、科研院所以及文物大省的专业人才，实施保护项目与人才培养联动战略，加快文物保护修复、水下考古、展览策划、法律政策研究等紧缺人才培养。重视民间匠人传统技艺的挖掘、保护与传承。加强县级文物行政执法、保护修复等急需人才培训，适当提高市县文博单位中高级专业技术人员比例。加大非国有博物馆管理人员、专业人员培训力度，完善文物保护专业技术人员评价制度，加强高等院校、职业学校文物保护相关学科建设和专业设置。

……

(二)《关于推动文化文物单位文化创意产品开发的若干意见》[①]

关于推动文化文物单位文化创意产品开发的若干意见

文化部　国家发展改革委　财政部　国家文物局

为深入发掘文化文物单位馆藏文化资源，发展文化创意产业，开发文化创意产品，弘扬中华优秀文化，传承中华文明，推进经济社会协调发展，提升国家软实力，根据《国务院关于进一步加强文物工作的指导意见》(国发〔2016〕17号)有关要求，现提出以下意见。

一、总体要求

文化文物单位主要包括各级各类博物馆、美术馆、图书馆、文化馆、群众艺术馆、纪念馆、非物质文化遗产保护中心及其他文博单位等掌握各种形式文化资源的单位。文化文物单位馆藏的各类文化资源，是中华民族五千多年文明发展进程中创造的博大精深灿烂文化的重要组成部分。

依托文化文物单位馆藏文化资源，开发各类文化创意产品，是推动中华文化创造性转化和创新性发展、使中国梦和社会主义核心价值观更加深入人心的重要途径，是推动中华文化走向世界、提升国家文化软实力的重要渠道，是丰富人民群众精神文化生活、满足多样化消费需求的重要手段，是增强文化文物单位服务能力、提升服务水平、丰富服务内容的必然要求，对推动优秀传统文化与当代文化相适应、与现代社会相协调，推陈出新、以文化人，具有重要意义。

推动文化创意产品开发，要始终把社会效益放在首位，实现社会效益和经济效益相统一；要在履行好公益服务职能、确保文化资源保护传承的前提下，调动文化文物单位积极性，加强文化资源系统梳理和合理开发利用；要鼓励和引导社会力量参与，促进优秀文化资源实现传承、传播和共享；要充分运用创意和科技手段，注意与产业发展相结合，推动文化资源与现代生产生活相融合，既传播文化，又发展产业、增加效益，实现文化价值和实用价值的有机统一。力争到2020年，逐步形成形式多样、特色鲜明、富有创意、竞争力强的文化创意产品体系，满足广大人民群众日益增长、不断升级和个性化的物质和精神文化需求。

二、主要任务

(一)充分调动文化文物单位积极性。具备条件的文化文物单位应结合自身情况，

---

① 国务院办公厅转发文化部等部门关于推动文化文物单位文化创意产品开发若干意见的通知[EB/OL]. [2016-05-11]. http://cq.mof.gov.cn/mofhome/mof/zhengwuxinxi/zhengcefabu/201605/t20160517_1993251.htm。

依托馆藏资源、形象品牌、陈列展览、主题活动和人才队伍等要素，积极稳妥推进文化创意产品开发，促进优秀文化资源的传承传播与合理利用。鼓励文化文物单位与社会力量深度合作，建立优势互补、互利共赢的合作机制，拓宽文化创意产品开发投资、设计制作和营销渠道，加强文化资源开放，促进资源、创意、市场共享。

(二)发挥各类市场主体作用。鼓励众创、众包、众扶、众筹，以创新创意为动力，以文化创意设计企业为主体，开发文化创意产品，打造文化创意品牌，为社会力量广泛参与研发、生产、经营等活动提供便利条件。鼓励企业通过限量复制、加盟制造、委托代理等形式参与文化创意产品开发。鼓励和引导社会资本投入文化创意产品开发，努力形成多渠道投入机制。

(三)加强文化资源梳理与共享。推进文化文物单位各类文化资源的系统梳理、分类整理和数字化进程，明确可供开发资源。用好用活第三次全国文物普查和第一次全国可移动文物普查数据。鼓励依托高新技术创新文化资源展示方式，提升体验性和互动性。支持数字文化、文化信息资源库建设，用好各类已有文化资源共建共享平台，面向社会提供知识产权许可服务，促进文化资源社会共享和深度发掘利用。

(四)提升文化创意产品开发水平。深入挖掘文化资源的价值内涵和文化元素，广泛应用多种载体和表现形式，开发艺术性和实用性有机统一、适应现代生活需求的文化创意产品，满足多样化消费需求。结合构建中小学生利用博物馆学习的长效机制，开发符合青少年群体特点和教育需求的文化创意产品。鼓励开发兼具文化内涵、科技含量、实用价值的数字创意产品。推动文化文物单位、文化创意设计机构、高等院校、职业学校等开展合作，提升文化创意产品设计开发水平。

(五)完善文化创意产品营销体系。创新文化创意产品营销推广理念、方式和渠道，促进线上线下融合。支持有条件的文化文物单位在保证公益服务的前提下，将自有空间用于文化创意产品展示、销售，鼓励有条件的单位在国内外旅游景点、重点商圈、交通枢纽等开设专卖店或代售点。综合运用各类电子商务平台，积极发展社交电商等网络营销新模式，提升文化创意产品网络营销水平，鼓励开展跨境电子商务。配合优秀文化遗产进乡村、进社区、进校园、进军营、进企业，加强文化创意产品开发和推广。鼓励结合陈列展览、主题活动、馆际交流等开展相关产品推广营销。积极探索文化创意产品的体验式营销。

(六)加强文化创意品牌建设和保护。促进文化文物单位、文化创意设计企业提升品牌培育意识以及知识产权创造、运用、保护和管理能力，积极培育拥有较高知名度和美誉度的文化创意品牌。依托重点文化文物单位，培育一批文化创意领军单位和产品品牌。建立健全品牌授权机制，扩大优秀品牌产品生产销售。

(七)促进文化创意产品开发的跨界融合。支持文化资源与创意设计、旅游等相关产业跨界融合，提升文化旅游产品和服务的设计水平，开发具有地域特色、民族风情、文化品位的旅游商品和纪念品。推动优秀文化资源与新型城镇化紧密结合，更多融入公共空间、公共设施、公共艺术的规划设计，丰富城乡文化内涵，优化社区人文环境，使城市、村镇成为历史底蕴厚重、时代特色鲜明、文化气息浓郁的人文空间。将文化创意产品开发作为推动革命老区、民族地区、边疆地区、贫困地区文化遗产保护和文化发展、扩大就业、促进社会进步的重要措施。鼓励依托优秀演艺、影视等资源开发文化创意产品，延伸相关产业链条。

三、支持政策和保障措施

(一)推动体制机制创新。鼓励具备条件的文化文物单位在确保公益目标、保护好国家文物、做强主业的前提下，依托馆藏资源，结合自身情况，采取合作、授权、独立开发等方式开展文化创意产品开发。逐步将文化创意产品开发纳入文化文物单位评估定级标准和绩效考核范围。文化文物事业单位要严格按照分类推进事业单位改革的政策规定，坚持事企分开的原则，将文化创意产品开发与公益服务分开，原则上以企业为主体参与市场竞争；其文化创意产品开发取得的事业收入、经营收入和其他收入等按规定纳入本单位预算统一管理，可用于加强公益文化服务、藏品征集、继续投入文化创意产品开发、对符合规定的人员予以绩效奖励等。国有文化文物单位应积极探索文化创意产品开发收益在相关权利人间的合理分配机制。促进国有和非国有文化文物单位之间在馆藏资源展览展示、文化创意产品开发等方面的交流合作。鼓励具备条件的非国有文化文物单位充分发掘文化资源开发文化创意产品，同等享受相关政策支持。

(二)稳步推进试点工作。按照试点先行、逐步推进的原则，在国家级、部分省级和副省级博物馆、美术馆、图书馆中开展开办符合发展宗旨、以满足民众文化消费需求为目的的经营性企业试点，在开发模式、收入分配和激励机制等方面进行探索。试点名单由文化部、国家文物局确定，或者由省级人民政府文化文物部门确定并报文化部、国家文物局备案。允许试点单位通过知识产权作价入股等方式投资设立企业，从事文化创意产品开发经营。试点单位具备相关知识和技能的人员在履行岗位职责、完成本职工作的前提下，经单位批准，可以兼职到本单位附属企业或合作设立的企业从事文化创意产品开发经营活动；涉及的干部人事管理、收入分配等问题，严格按照有关政策规定执行。参照激励科技人员创新创业的有关政策完善引导扶持激励机制。探索将试点单位绩效工资总量核定与文化创意产品开发业绩挂钩，文化创意产品开发取得明显成效的单位可适当增加绩效工资总量，并可在绩效工资总量中对在开发设计、经营管理等方面作出重要贡献的人员按规定予以奖励。

(三)落实完善支持政策。中央和地方各级财政通过现有资金渠道，进一步完善资金投入方式，加大对文化创意产品开发工作的支持力度。研究论证将符合条件的文化创意产品开发项目纳入专项建设基金支持范围。认真落实推进文化创意和设计服务与相关产业融合发展、发展对外文化贸易等扶持文化产业发展的税收政策，支持文化创意产品开发。将文化创意产品开发纳入文化产业投融资服务体系支持和服务范围。面向从事文化创意产品开发的企事业单位，培育若干骨干文化创意产品开发示范单位，加强引领示范，形成可向全行业推广的经验。将文化创意产品开发经营企业纳入各级文化产业示范基地评选范围。强化文化市场监管和执法，加大侵权惩处力度，创造良好市场环境。鼓励各级地方政府创新文化创意产品开发机制，用机制创新干事。

（四）加强支撑平台建设。发挥国家级文化文物单位和骨干企业作用，支持实施一批具有示范引领作用的项目，搭建面向全行业的产品开发、营销推广、版权交易等平台。支持有条件的地方和企事业单位建设文化创意产品开发生产园区基地。实施“互联网＋中华文明”行动计划，遴选和培育一批“双创”空间，实施精品文物数字产品和精品展览数字产品推广项目。充分发挥重点文化产业、文物展会作用，促进优秀文化创意产品的展示推广和交易。规范和鼓励举办产品遴选推介、创意设计竞赛等活动，促进文化创意产品展示交易。借助海外中国文化中心、国际展览展示交易活动、文物进出境展览和交流等平台，促进优秀文化创意产品走出去。

（五）强化人才培养和扶持。以高端创意研发、经营管理、营销推广人才为重点，同旅游、教育结合起来，加强对文化创意产品开发经营人才的培养和扶持。将文化创意产品设计开发纳入各类文化文物人才扶持计划支持范围。文化文物单位和文化创意产品开发经营企业要积极参与各级各类学校相关专业人才培养，探索现代学徒制、产学研结合等人才培养模式，并为学生实习提供岗位，提高人才培养的针对性和适用性。通过馆校结合、馆企合作等方式大力培养文化文物单位的文化创意产品开发、经营人才。支持文化文物单位建设兼具文化文物素养和经营管理、设计开发能力的人才团队，并通过多种形式引进优秀专业人才，进一步畅通国有和民营、事业单位和企业之间人才流动渠道。鼓励开展中外文化创意产品设计开发、经营管理人才交流与合作，定期开展海外研习活动。

（六）加强组织实施。地方各级文化、发展改革、财政、文物等部门要按照本意见的要求，根据本地区实际情况，加强对推动文化创意产品开发工作的组织实施，做好宣传解读和相关统计监测工作。部门间、地区间要协同联动，确保各项任务措施落到实处。注意加强规范引导，因地制宜，突出特色，科学论证，确保质量，防止一哄而上、盲目发展。强化开发过程中的文物保护和资产管理，制定严格规程，健全财务制度，防止破坏文物，杜绝文物和其他国有资产流失。充分发挥各级各类行业协会、中介组织、研究机构等在行业研究、标准制定、交流合作等方面的作用。

【本章小结】

本章阐述了物质文化遗产与非物质文化遗产的内涵，介绍了文化遗产保护的主要法律法规和标准规范。《中华人民共和国文物保护法》是我国文化遗产保护领域层级最高、涉及面最广的法律，对文化遗产保护做了较为全面的规定。《中华人民共和国非物质文化遗产法》主要通过保护传承人实现对非物质文化遗产的保护。目前我国文化遗产保护方面已经出台了一系列相关规范与标准。文化遗产保护标准化建设，有助于规范文化遗产保护行为，促进先进科技成果的应用和转化，加强文化遗产保护质量控制，提高文化遗产利用和管理的效率。保护性利用是文化遗产保护的重要方面。物质文化遗产保护贯彻“保护为主、抢救第一、合理利用、加强管理”的方针，非物质文化遗产保护贯彻“保护为主、抢救第一、合理利用、传承发展”的方针。

【思考题】

1. 物质文化遗产与非物质文化遗产的区别与联系。
2.《中华人民共和国文物保护法》的主要内容。
3.《中华人民共和国非物质文化遗产法》的主要内容。
4. 文化遗产保护性利用的基本方针与方法途径。

后　记

《公共文化政策法规解读》曾于2014年7月公开出版，主要针对2013年年底之前现行公共文化政策法规，作了较为全面系统的解读。该书一经面世，就获得了广大读者好评，我们也深受鼓舞。2014年以来，中央又陆续推出一系列重磅的公共文化政策法规，如《关于加快构建现代公共文化服务体系的意见》《中华人民共和国公共文化服务保障法》等。因此，原书的政策法规解读相关内容，需要及时作出相应的调整更新。

经申报，《公共文化政策法规解读》(修订版)一书，于2015年11月被原文化部列为第二批全国基层文化队伍培训用书。此次修订，我们对原有内容作了较大调整，删除了“国家重大文化惠民工程”一章和“附录：与公共文化相关的三大国际公约”内容，新增了“公共文化服务均等化标准化建设”“公共文化体制机制改革”两章内容，并对原有各章内容进行了大量充实与更新，还对原有章节编排顺序作了适当调整。

《公共文化政策法规解读》(修订版)，现共设十章。第一章是本书内容的入门介绍，系统解释了我国公共文化政策法规体系的构成层级、主要特点，以及现行公共文化政策法规内容的获取利用。第二章至第十章，分为九个专题，对改革开放以来特别是党的十八届三中全会以来，现代公共文化服务体系构建、公共文化服务均等化标准化建设、公共文化服务社会化发展、公共文化体制机制改革、公共文化设施免费开放、公共文化设施建设规范、公共文化机构运营管理、公共文化机构评估定级、文化遗产的保护与利用等现行有效的相关政策法规的基本内涵、核心内容、现代理念以及相关背景、重要特征、未来发展等，作了系统梳理和全面解读，以便于读者更好地通览政策法规全文，抓住重点，面向未来，在公共文化服务的实践过程中加以灵活运用。

本书修订过程得到文化和旅游部公共服务司、中央文化和旅游管理干部学院科研处等有关领导和同人的关心和指导，北京师范大学出版社为本书的出版提供了许多帮助，在此一并表示感谢。我们期待着专家、读者对本书提出进一步完善的意见和建议。

图书在版编目(CIP)数据

公共文化政策法规解读 / 金武刚，李国新著. —2 版(修订本). —北京：北京师范大学出版社，2019.1(2022.6 重印)
(全国基层文化队伍培训用书)
ISBN 978-7-303-23372-4

Ⅰ. ①公… Ⅱ. ①金… ②李… Ⅲ. ①文化事业－方针政策－中国－业务培训－教材②文化事业－行政管理－法规－中国－业务培训－教材 Ⅳ. ①G120②D922.169

中国版本图书馆 CIP 数据核字(2018)第 013629 号

营 销 中 心 电 话 010-58807651
北师大出版社高等教育分社微信公众号 新外大街拾玖号

GONGGONG WENHUA ZHENGCE FAGUI JIEDU

出版发行：北京师范大学出版社 www.bnup.com
北京市西城区新街口外大街 12-3 号
邮政编码：100088

印 刷：北京虎彩文化传播有限公司
经 销：全国新华书店
开 本：787 mm×1092 mm 1/16
印 张：16.25
字 数：350 千字
版 次：2019 年 1 月第 2 版
印 次：2022 年 6 月第 3 次印刷
定 价：49.80 元

策划编辑：周 粟 责任编辑：王艳平
美术编辑：王齐云 装帧设计：王齐云
责任校对：陈 民 责任印制：马 洁